国家自然科学基金面上项目（41471138）
教育部人文社会科学重点研究基地重大项目（11JJDZH007）

Urban and Regional Development along Yangtze River in Central China:
Multidimensional Perspectives of Government, Market and Public

中部沿江城市与区域发展：
基于政府、市场和公众的多维视域

何 丹 等◎著

科学出版社

北 京

内 容 简 介

本书在回顾和总结城市政治经济学的基础上,从政府、市场和公众视角来审视中部沿江城市与区域发展的演化进程和未来路径。本书采用多种计量模型,注重可视化表达,与实践紧密结合,内容翔实,可为该地区的城市与区域发展提供决策参考,助推长江经济带高质量发展这一国家战略的实施。

本书可供城市地理、城市与区域规划及相关部门的研究者和管理者、高等院校相关专业的师生参考。

图书在版编目(CIP)数据

中部沿江城市与区域发展:基于政府、市场和公众的多维视域 / 何丹等著. —北京:科学出版社,2021.11
(中国城市研究丛书)
ISBN 978-7-03-069988-6

Ⅰ. ①中⋯ Ⅱ. ①何⋯ Ⅲ. ①长江流域-区域发展-研究 Ⅳ. ①F127.5

中国版本图书馆 CIP 数据核字(2021)第 203116 号

责任编辑:杨婵娟 李嘉佳 / 责任校对:王晓茜
责任印制:徐晓晨 / 封面设计:有道文化

科 学 出 版 社 出版
北京东黄城根北街 16 号
邮政编码:100717
http://www.sciencep.com

北京建宏印刷有限公司 印刷
科学出版社发行 各地新华书店经销

*

2021 年 11 月第 一 版　开本:720×1000　B5
2021 年 11 月第一次印刷　印张:13 3/4
字数:277000

定价:88.00 元
(如有印装质量问题,我社负责调换)

丛书序

城市是人类创造的一种具有高度文明的聚居形式,她很早就在人类活动的历史长河中占有一定的地位。但因生产力发展长期处于落后的水平,农村一直是人类的主要聚居形式。直至进入工业化时代,城市化进程始开始加速。20世纪后半叶起,发展中国家城市化进程开始加速,促使世界城市化水平逐步提高。根据联合国经济和社会理事会(Economic and Social Council,ECOSOC)人口与发展委员会《世界城市化展望》(2005年版)的报告,2008年世界城市化水平首次达到50%,这意味着城市开始成为人类的主要聚居形式,人类从此进入城市时代。

中国有着数千年的城市发展历史。1978年实施改革开放政策后,融入全球化时代的中国进入城市快速发展时期。2014年,国家统计局公布的我国城市化率已达54.77%,城市人口超过了全国人口的半数,较2000年的36.09%城市化率提升了18.68个百分点,年均增加1.33个百分点。快速城市化推动了大量剩余农业劳动力向城市中的非农业部门转移,加快了我国经济、社会转型和空间重组。与此同时,城市居民的居住条件、城市各项服务设施和基础设施水平也有显著提升,人居环境得到改善。因此,城市化已和工业化、信息化、市场化、全球化一起成为当前我国经济社会发展的重要特征,并和其他"四化"彼此间相互作用、相互影响。但过快的城市化也使各种城市问题伴之而生。其中,既有和其他国家共同面临的城市问题,如中低收入群体居民的居住问题、交通堵塞、环境污染、城市蔓延等,也有具有中国特色的城市问题,如大规模的农村人口流动及由户籍制度限制导致的进城农民的"半城市化"、城中村等现象,以及城市化进程中的区域差异扩大等问题。

面对快速发展的中国城市化进程,2003年,华东师范大学成立了中国现代城市研究中心,主要由来自于校内地理、社会、经济、历史、城市规划等学科的研究人员组成,还聘请了数位国外教授担任中心的兼职研究员。2004年11月,中心被教育部批准为普通高等学校人文社会科学重点研究基地。自中国现代城市研究中心成立以来,中心科研人员承担了大量的国家级和省部级研究项目,在城市研究领域取得了丰硕的成果,并主办多次较大规模的国际学术会议,在国内外产生了积极的影响。

为繁荣城市科学的学术研究，从2007年起，中国现代城市研究中心在科学出版社的大力支持下组织出版"中国城市研究丛书"。这套丛书汇集了中心研究人员在中国城市研究领域的代表性成果，迄今已有8部专著问世。这些专著聚焦于城市网络、城市与区域经济、全球生产网络、大都市区空间组织等城市研究前沿，从信息化、全球化、网络化等角度探讨了中国城市发展的新动态、新特点。这些著作的出版在国内外学术界产生了积极的反响，其中有些还获得了省部级奖。"中国城市研究丛书"将进一步拓展研究领域，逐步出版中心研究人员在城市化、城市群、城市社会融合等方面的最新研究成果，以促进中国城市科学研究的进步。

18世纪的工业革命开启了人类社会现代化的进程，也带来了城市化的进程。在城市化推动经济和社会进步的同时，各种城市问题与城市化进程如影相随，甚至产生严重的病症。正如19世纪伟大的英国作家狄更斯在《双城记》中所言："这是最好的时代，这是最坏的时代。这是智慧的年代，这是愚昧的年代。"2010年，上海举办了以"城市，让生活更美好"为主题的世博会，这在世博会历史上是第一次，表明应对快速城市化带来的问题已成为人类社会面临的挑战。我国未来的城市化进程仍然任重而道远，中国现代城市研究中心同仁将继续积极投身中国城市的研究，为中国城市化的持续健康发展做出自己的贡献。

宁越敏
华东师范大学中国现代城市研究中心主任
2015年10月于华东师范大学丽娃河畔

前 言

城市与区域研究、规划和实践的丰硕成果表明政府、市场、公众都是影响城市与区域发展的重要因素。西方城市学者从20世纪60年代就开始注重从政治经济学角度来研究城市空间重构,国内学者基于中国社会经济深刻转型的背景,也对中国城市做出大量卓有成效的研究,但是选择政治经济学作为研究视角的还比较缺乏。近几年来,部分中国学者已经注意到该领域的重要性并进行了相关的探索性研究,但研究对象过多地集中在城市层面,即使是在城市群层面上的研究也多是集中在东部沿海地区相对发达的城市群;研究方法单一,主要体现在描述城市经济空间差异、城市协调与管治等,更多的是引介西方理论。很少有研究对中西部城市群的演化发展和可能趋势展开理性化、系统化的分析。

中部沿江地区的城市与区域发展正处于工业化、城镇化、生态保护等"时空压缩"的阶段。这个阶段所存在的矛盾将突出地表现在各种利益主体(政府、市场、公众等)的相互博弈上,以及应对外部环境(区域交通、土地指标、产业准入、环境标准)的变化时其政治经济制度安排的调整上。因此,本书基于城市政治经济学理论,从政府、市场、公众这三个角度对中部沿江地区的城市与区域展开研究。聚焦交通基础设施建设和高等教育等(准)公共物品,从物质和智力的投入两方面来探讨政府视角下如何促进城市与区域的发展。市场视角主要是关注中部沿江地区企业的空间布局、企业联系与城市网络、城市区域"社团化"空间组织及形成机制等问题。在校大学生作为未来建设中部沿江地区的主角之一,他们对于区域空间的认知决定了其未来就业场所的选择,这对于城市与区域发展有着潜在的影响,也是公众视角下观察城市与区域发展的重要棱镜之一。

本书遵循"理论体系的建构—分析模型的确立—案例研究的运用—一般规律的总结"的技术路线。在理论体系的建构板块,整体性地梳理了城市政治经济学知识体系的演化脉络,特别是探讨如何使该理论体系在中国特色社会主义制度背景下实现本地化的路径。在分析模型的确立板块,基于城市政治经济学中的"行动者-制度安排"理论平台,构建了政府、市场主体和公众三者视角下的分析框架。在案例研究的运用板块，在分析框架的基础上针对特定的案例地区构建了不同的方法论对中部沿江地区进行实证研究，并提出中部沿江地区城市与区域发展的政策建议。本书的研究成果可为中部沿江地区发展提供决策参考，对于实现长江经济带高质量发展这一国家战略具有推动作用。

本书是国家自然科学基金面上项目（41471138）和教育部人文社会科学重点研究基地华东师范大学中国现代城市研究中心重大项目（11JJDZH007）的成果之一。本书的研究工作都是在教育部人文社会科学重点研究基地——华东师范大学中国现代城市研究中心完成的，特别感谢创始主任宁越敏教授、现任主任曾刚教授长期以来对我的关心和指导，也感谢中心和城市与区域科学学院杜德斌教授、谷人旭教授、孙斌栋教授、孔翔教授、汪明峰教授、刘承良教授、滕堂伟教授、王列辉教授、姜允芳教授、曲凌雁副教授等同仁的大力支持。本书的写作也一直得到同窗好友同济大学建筑与城市规划学院栾峰教授、上海大学美术学院刘勇教授的关心和支持，在此深表谢意；也要感谢李秉勤教授给我提供在澳大利亚新南威尔士大学访学的机会；感谢法国狄德罗大学的 Claude Grasland 教授邀请我参加"The EuroBroadMap"项目的合作研究；感谢香港理工大学刘锐业（Lau Yui Yip）等学者的支持和帮助。

本书借鉴了许多我们研究团队已经出版的研究成果，包括《地理科学》（2019年第4期）、《长江流域资源与环境》（2018年第6期）、《地理研究》（2018年第9期）、《人文地理》（2017年第6期）、《中国高教研究》（2017年第9期）、《地理科学》（2016年第12期），但都做了大量修改，同时也补充了新资料。感谢相关出版机构对已发表成果的使用授权，也感谢上述论文的匿名审稿人及编辑老师提出的宝贵意见。

本书是集体劳动的结晶。相关章节的作者如下：第一章为何丹、高鹏、殷清眉；第二章为何丹、殷清眉；第三章为何丹、高鹏、殷清眉、程伟、郑曼欣、龚鹏、杨牡丹；第四章为何丹、高鹏、唐露园、陈小兵、孙志晶；第五章为何丹、孙丽芹、单冲；第六章为何丹、殷清眉、高鹏。感谢章志琼和拔芊两位研究生对本书的图表和参考文献等格式的细心整理。何丹对全书进行了最后的统稿。

何 丹
2020 年 9 月 20 日

目 录

- 丛书序 ·· i
- 前言 ·· iii
- **第一章 绪论** ·· 1
  - 第一节 研究缘起 ·· 1
  - 第二节 研究内容 ·· 3
- **第二章 城市政治经济学** ··· 8
  - 第一节 城市政治经济学演化脉络 ·· 9
  - 第二节 城市政治经济学国内外研究进展 ································ 14
  - 第三节 城市政治经济学的利益相关者理论 ····························· 17
- **第三章 政府视角** ·· 20
  - 第一节 交通基础设施建设与城市群一体化发展 ······················ 20
  - 第二节 港口腹地演变及港口-腹地经济协调发展 ······················ 32
  - 第三节 区域高等教育与经济发展协调关系 ····························· 44
  - 第四节 产业结构变迁与高校产出互动关系 ····························· 55
- **第四章 市场视角** ·· 71
  - 第一节 制造业发展与空间分布特征 ······································ 71
  - 第二节 基于全行业的城市群网络结构演化 ····························· 87
  - 第三节 基于生产性服务业的城市群网络结构演化 ·················· 122

第五章 公众视角 ··· 140

第一节 长江中游城市群空间范围认知研究 ······················ 140

第二节 案例研究：武汉、长沙、南昌大学生的区域认知地图 ······ 156

第三节 案例研究：重庆、成都大学生的区域认知地图 ············ 165

第四节 结论与讨论 ··· 176

第六章 研究总结 ··· 179

第一节 重要结论 ··· 179

第二节 政策建议 ··· 182

第三节 研究展望 ··· 183

参考文献 ·· 186

第一章

绪　论

第一节　研究缘起

　　欧美城市学者从 20 世纪 50 年代开始就注重从政治经济学角度来研究城市，并逐渐认识到城市发展与城市政治力量和经济力量之间的互动密切相关。随着政治经济学理论体系逐步完善，相关的城市研究在 80 年代后期达到了顶峰，并在随后数十年里将研究对象逐步扩展到城市区域（城市群）等层面。现有的研究已经认识到城市与区域发展会受到下列因素的影响：①政府在其治理区域内的公共政策；②市场（资本）主体在区域空间内的经济势力强度及范围；③公众对于该区域空间的认可程度和居住意愿或迁徙愿望。为了促进区域社会经济的协调发展，通常情况下，各利益主体会通过博弈和协商来调整各自"行为"，进而使得相关的治理行为得以顺畅实施。城市政治经济学中既承认政府、市场主体和公众存在着不同的利益诉求，也承认不同利益主体具有发展共识——区域经济社会的高度协同化可以提供更为有效的公共服务、强化基础设施和避免不必要的"外部不经济性"，更承认利益主体间的博弈可以促进城市和区域发展模式与机制上的协调。

　　国内学者基于中国社会经济深刻转型的背景，对中国城市做出大量卓有成效的研究。但其中以城市政治经济学为研究视角的文献还较少。原因归纳起来不外乎：①以往，在经济增长优先的指导思想下，大家（包括城市研究学界）都在自觉或不自觉地回避城市政治问题。②城市研究学界缺乏对城市政治经济学的关注，政治经济制度被认为是城市发展的既定前提。③当转型中国的城市规划（发展）逐渐褪去"计划"的合理性光环后，转而更加依赖源自设计学科的"技术理性"和"工具理性"。可以查阅到的研究多聚焦经济空间差异、产业转型与升级等经济力量对城市发展的影响，但是现有的城市发展实践和规划，以及欧美城市与区域研究成果都表明政府、市场主体与公众都是影响城市的重要因素之一。

　　国内学者缺少政治经济学角度的城市研究，因而现有相关文献大多数是在英语语境下以西方城市区域为对象的研究。近几年来，部分中国学者已经注意到该领域的重要性并进行了相关的探索性研究，但存在着研究对象集中和研究方法单一的倾向。研究对象过多地集中在城市层面，即使是在城市区域层面上的研究，其研究对象也是集中在东部沿海相对发达的城市区域。研究方法主要集中在描述城市经济空间差异、城市协调与管治等，更多的是引介欧美相关理论。本书试图从城市政治经济学的分析视角来诠释中国城市与区域发展，构建一个适合中国城市区域发展的城市政治经济学分析框架来丰富和发展中国城市研究的理论体系。

　　2009年以来国家为了应对国际金融危机以及扩大内需，批复了一系列的区域发展规划（或政策），其中有4个涉及中部地区，分别是安徽省的皖江城市带承接产业转移示范区、江西省的鄱阳湖生态经济区、湖北和湖南的两型社会建设综合配套改革试验区。2012年末李克强在江西九江主持召开区域发展与改革座谈会，讨论了构建长江中游城市群的议题，将原来的长江中游城市群的江西、湖南和湖北构成的"中三角"扩展到了安徽、江西、湖南和湖北的"中四角"。2010年发布的《长江三角洲地区区域规划》在"泛长三角"层面上将安徽的部分沿江城市收纳其中。2015年4月国务院批复同意了《长江中游城市群发展规划》，将长江中游城市群定位为中国经济新增长极、中西部新型城镇化先行区、内陆开放合作示范区、"两型"社会建设引领区。

　　2016年12月，国家发展和改革委员会正式印发了《促进中部地区崛起"十三五"规划》，规划指出实施促进中部地区崛起战略，是党中央、国务院做出的重大决策部署。长江中游沿江区域承东启西、连南接北，是长江经济带的重要组成部分，也是实施促进中部地区崛起战略、全方位深化改革开放和推进新型城镇化的重点区域，在我国区域发展格局中占有重要地位。

　　如果说以上海为代表的长江下游地区的城市与区域发展是处于产业升级转型和生态环境修复基础上的后工业化、城市群优化和融入全球城市区域（global city-regions）体系的阶段，那么长江中游沿江区域的发展是处于"时空压缩"的阶段，面临着工业化、城镇化、生态保护等方面的问题。长江中游沿江区域发展中出现的矛盾将突出地表现在各种利益主体（政府、市场、公众等）的相互博弈上，表现在应对外部环境（区域交通、土地指标、产业准入、环境标准）的变化时其制度的调整上。因此，本书以长江中游沿江城市和区域为研究范围进行实证研究，不仅可以丰富上述的研究视角和分析框架，而且对中部崛起这一国家战略具有推动作用，并为中部地区其他区域规划和产业发展提供参考。

第二节 研究内容

城市与区域发展中存在多个利益相关者。诚然，决策者不仅要面对人口迅速增长、大规模的迁移、不可抗拒的气候变化、国家的能源和资源限制以及全球经济的影响等复杂局面，而且面临着处理利益相关者固有的各种利益冲突、重塑价值观和目标的重大挑战。因此，让哪些利益相关者在城市与区域发展决策中发出自己的声音，这对决策者来说是一个较难的选择。为了有效地全面了解利益相关者的关注点，并有效处理利益相关者之间的对抗、偏见和冲突，必须进一步聚焦对利益相关者的研究（Robinson，2005）。

公众、政府和市场被视为最重要的行为主体（行动者）。城市与区域发展意味着这三个行动者的持续协调，行动者在城市与区域发展过程中不断重塑自己的影响范围（Potter，2012），这对区域社会经济发展产生了重要影响（Stimson et al.，2006），并导致政府规划、市场行为和公众认知之间形成空间分异。国家疆域越大和民族越多，就越有可能无法对个别地区和城市的优先事项做出正确的反应（Oates，1972）。更好地理解这三个行动者的空间分异在政策制定中具有重要意义。本书主要从政府（第三章）、市场（第四章）、公众（第五章）三个不同的视角对长江中游沿江城市与区域的发展展开研究。

一、政府视角

提供公共产品与服务、协调经济发展是政府重要的职能，而其中基础设施建设、教育是较为重要的公共产品，它们与经济发展的关系一直是学者们研究的重点。本书选择了交通基础设施建设、港口腹地演变、区域高等教育和区域发展的关系，以及产业结构变迁与高校产出互动关系作为政府视角的讨论重点。

（1）交通基础设施建设与城市群一体化发展。交通基础设施作为城市区域物质空间构成的重要组成部分之一，为居民出行和产品运输提供便捷的服务，并通过节约交通时间、增加通行能力和聚集经济等作用促进城市与区域的发展。城市群一体化程度与"道路"和"交通"的发展水平有着密切关系，为了能清晰地把握城市群一体化与交通基础设施的相互关系。笔者首先利用区域经济联系强度模型和城市流强度模型测度城市群一体化水平，并将交通基础设施建设量化为交通投资水平和交通规模水平，然后通过格兰杰（Granger）因果关系检验、向量自回归（vector auto-regression，VAR）模型等动态计量经济学方法探究城市群一体化水平与交通投资水平、交通规模水平之间的数理因果关系以及相互影响程度。

（2）港口腹地演变及港口-腹地经济协调发展。近年来，长江中游港口发展迅速，但港口群内部，特别是主要港口之间无序竞争严重，港口-腹地经济系统发展不平衡加剧，空间结构亟待优化。笔者运用场强模型计算近年来长江中游主要港口的场强值，对长江中游港口腹地演变特征及趋势进行分析，并参照钱纳里多国模型划分腹地经济的发展阶段，在此基础上运用协调发展度和相对发展度模型对处于不同经济发展阶段的腹地与其所属港口的协调关系进行评价，从而把长江中游港口与腹地的隶属关系和协调关系纳入一个统一的研究框架。

（3）高等教育与区域经济发展协调关系。随着知识经济时代的来临，高等教育对经济发展的促进作用表现得越来越明显，如何有效地利用长江中游城市群丰富的高等教育资源来促进区域经济更好更快地发展成为当今主要研究课题之一。在总结国内外相关理论研究和实证研究的基础上，笔者尝试深入阐述高等教育对经济发展的影响机制，主要包括梳理教育经济学思想的发展历程、探究高等教育规模对经济增长的影响、分析高等教育结构对经济结构的影响机制；然后将实证研究和规范研究相结合、定性和定量研究相结合，采用标准差、极差、极差率、变异系数等区域差异测量方法全面描述长江中游城市群高等教育与经济发展的现状，利用灰色关联分析、因子分析法对高等教育与区域经济的关联性、协调性进行较为系统的实证研究。

（4）产业结构变迁与高校产出互动关系。明确产业结构变迁与高校产出的关系对于推动产业结构优化升级、完善高校发展策略有重要意义。笔者将产业结构变迁量化为产业结构高级化和合理化两个指标，将高校产出量化为毕业生规模、学历高级化和创新产出3个指标，最后通过格兰杰因果关系检验、VAR模型、脉冲响应函数（impulse response function，IRF）和方差分解（variance decomposition）确定它们之间的因果关系及影响程度。

二、市场视角

市场主体通过产业对城市与区域产生影响，主要包括制造业、生产者服务业等。制造业和生产者服务业所形成的企业网络对城市与区域的影响也是学者们研究的重点。本书主要关注以下三个方面。

（1）制造业发展与空间分布特征。作为工业的重要组成部分和国民经济的支柱产业，制造业对一个国家或地区的经济发展具有极其重要的作用。特别是在产业转移和中部崛起等历史背景下，区域制造业的发展势必是需要重点关注和研究的问题。笔者首先梳理制造业发展和空间分布的相关研究。其次，从产值增长、产业结构、产业发展类型、产业专业化程度等方面全面分析制造业的发展现状和演变趋势。再次，利用三次经济普查的企业层面数据，从区域制造业的角度解析制造业的空间分布特征和集聚程度、集聚结构；从制造业分行业的角度考察28个制造业行业大类在区域层面和分省层面上的空间集聚程度、变化特征以及主要集中地区。在此基础上，从要素禀赋、规模经济、政策制度三个方面探讨影响制造业空间分布的因素，并采用计量模型进行实证分析。最后，结合分析结果对制造业的发展提出可行的政策建议。

（2）城市网络发展与结构特征。城市群经济空间的本质特征是区域内城市间和产业间存在的经济联系网络，该特征在部分发育水平较高的城市群区域已有显现，某些城市正加速嵌入全球和地方的各种生产网络中，而基于传统等级体系和规模属性的研究视角已无法真实反映当前城市网络的发展水平和结构特征。因此，城市体系的研究范式迫切需要向城市网络研究转变。以长江中游城市群为研究区域，以县域为基本分析单元，遵循全球化与世界城市研究网络（Globalization and World Cities Study Group and Network，GaWC）研究小组所开创的基于企业内部组织的实证路径，笔者首先利用11315全国企业征信系统获取研究区企业名录，将其导入全国企业信用信息公示系统进行二次查询确认并补充所需信息，经过一系列处理后建构出企业总部-分支机构的关系型数据库；其次运用社会网络分析方法，在2000年、2007年和2014年三个时间截面下，对基于全行业的长江中游城市群城市网络进行综合测度，并结合核密度估计和反距离加权空间差值等分析技术揭示基于全行业的城市网络发展与结构演变特征；再次对基于生产性服务业的城市网络进行整体网络和节点分析，并开展两类城市网络的比较分析；然后利用面板数据模型探索性地分析交通网络可达性对城市网络发展与结构演变的影响；最后基于以上实证研究发现和判断提出几点有益的政策启示。

（3）城市群"社团化"空间组织及形成机制。长江中游城市群作为国家规划的重要制造业基地，必然要求配套式发展与之紧密关联的生产性服务业。生产性服务业具有较高的区域乘数效应，能够产生激发内需潜力、扩大就业、改善生活、引领产业向价值链高端提升等一系列的积极影响，其空间格局演化将成为今后区域城市体系结构重塑的重要推动力量之一。基于生产性服务业企业网络的实证路径，借助网络分析中的相关算法，拟解决如下3个问题：长江中游城市群社团结构的演化特征是什么？邻近机制特别是行政邻近机制对其社团结构的影响如何？各维度邻近机制和其他影响因素在不同城市社团中的影响效应是否存在差异？希冀在丰富城市群研究案例的同时深化对城市群空间结构的理论认知，并为提高城市群发展质量提供科学依据和政策参考。

三、公众视角

公众参与规划（一定意义上也是一种知识生产）受到知识生产的权力等级规则的挑战。规划编制和公共政策的制定也遵循和延续这种传统的权力等级规则。有研究发现代表商业利益的经济精英和有组织的政治精英对美国政府政策具有实质性的独立影响，而普通公民和公众利益集团几乎没有独立影响力（Gilens and Page，2014）。但是这并不意味着公众无法参与到知识生产中来，情况恰恰相反，作为政策行动者的公众也参与到区域发展领域（Albrechts et al.，2003），但是有着不同的层次和深度（Shirk et al.，2012；Haklay，2013；Bonney et al.，2016）——公民只是规划信息资源的提供者；公民成为规划信息数据的解释者，其中包含相应的认知学习活动；公民参与规划问题界定、数据收集和分析的所有工作。在这些参与过程中，公民个体的情境性因素发挥了很重要的作用，公众对空间知识的消化吸收总是要受到传统习俗、生活常识、周遭环境、个人经历、风险感知以及价值观等多重力量的干扰和过滤（Ziman，1991），而且公众掌握的地方性知识和生活智慧有其特定的效能。例如，公众的空间影响范围可以通过持续的互动被反复重塑（Potter，2012），他们对大尺度区域的认知也会有效地决定他们愿意在哪里生活和工作（Boschmann，2011）；这些因素反过来也会影响大区域的社会经济发展（Stimson et al.，2006）。

公众的空间思维和环境形象可以通过认知映射的方式来表达，这种认知映射产生于空间科学传统中的行为地理学（Kitchin，1994）。认知地图作为一种基于人们对空间环境感知来理解人类行为的技术，几十年来在环境心理学中扮演着举足轻重的角色（Heft，2013）。Appleyard（1970）的研究将认知地图学者的注意力转移到了城市空间结构上。然而，过去的研究主要以大学校园（Sherman et al.，1979）、社区（Song et al.，2011）和镇区（蒋志杰等，2004）为研究对象，这些研究中物质个体（如建筑物、道路、河流边界等）成为感知对象来映射城市或者校园这样小尺度的意象。在大尺度的城市群中，特别是千万级人口的城市群中，上述微观物质形态在人脑中的映射作用非常微小。然而，探知城市群空间范围在人脑中的映射，从规划的角度来看，是一个特别有趣的方法。它可以为那些缺乏严格的行政边界定义的城市群（通常这些"软空间"中也缺乏正式的规划工具和决策规则）提供潜在的公众参与规划的手段，而这些手段往往在传统和正式规划领域有所欠缺。

  本部分的研究问题是：如何获取公众的手绘区域认知地图？如何刻画区域认知地图的主体要素及其表达？哪些因素影响了主体要素及其表达？本书的研究借助问卷获取5座城市的大学生对长江中游城市群空间范围的认知地图，通过绘制认知范围集成图、密度图和认知比重图等分析其认知特性；并通过构建面积偏差系数和中心偏差系数度量了认知地图与规划地图的差异；最后探究个体社会属性对认知差异的影响。

第二章
城市政治经济学

城市与区域发展研究主要有两个方向。一种认为城市与区域的发展是在同一个市场环境下的竞争，必须努力争取推动经济的发展。这一研究方向是经济学逻辑，强调理性参与者的概念，即追逐个人利益和利益最大化的经济理性人。经济学逻辑的一个核心观点是，城市必须将自己视为同商界企业一样的争取利益最大化的"组织体"，整个城市就是一个立志提高经济生产力的"组织体"。另一种强调城市内部的政治力量塑造了城市与区域发展的选择。这一方向的研究认为，一个政治系统中的缝隙或者空间是最重要的，这个空间允许政治压力相互叠加并决定发展的优先顺序。在这个意义上，城市与区域发展的行为符合政治学的逻辑。其认为城市不是商界企业而是政治实体，城市或者区域的领导人必须建立凝聚力，赢得政治支持。根据这一政治学逻辑，城市或者区域会分配发展所得的利益，寻求奖励绝大部分的选民，提供公共利益。政治逻辑不同于经济效率、社会价值或法律权利，它包含了执政者对政治的重大考量（赵杰等，2014）。赞成经济学逻辑的学者更容易关注结构性的因素，他们认为城市除了服从竞争性市场的限制之外别无选择；强调政治学逻辑的学者更倾向关注政治主体和公众的互动范围。

西方资本主义语境下对市场与政府关系的争辩，塑造了政治学和经济学两门学科之间"分分合合"的历史。学者也认识到了人为地割裂经济和政治的研究方法对于全面正确把握城市与区域发展是不利的。一个关于城市与区域发展的理论不应该仅局限在政治或经济方面，要将经济学和政治学联系起来（张燕晖，2005），去解释城市与区域发展政策中政治和经济力量之间的相互作用（米勒和波格丹诺，2002）。最终在20世纪70年代出现以具有两门学科明显交叉特点为标志的新的政治经济学（陈振明和黄新华，2004），并派生出诸多的学派——新制度经济学派和公共选择学派等。新的政治经济学不仅体现了经济学研究范围和领域从经济福利扩展到经济权利，还体现了经济学研究主题从资源配置到权力和利益配置的转变。新的政治经济学的"新"主要体现在三个方面，一是用经济学的分析工具把政治过程纳入分析对象；二是通过分析决策背后的政治约束，打开经济政策形成的"黑箱"；三是通过整合政治学和经济学的研究，把政治学和经济学的研究对象都纳入新的政治经济学的研究中来。新的政治经济学的出现，使人们开始从另一个全新的角度理解政治和经济过程，无论是从研究方法还是从理论发展上看，新的政治经济学都具有重要的意义（孔媛，2011）。

第一节 城市政治经济学演化脉络

虽然从柏拉图等人的著作中可以找到有关精英主义的只言片语，但是较为系统并对当代有影响的是形成于19世纪末20世纪初的意大利精英学派（Italian school of elitism）。1953年，美国的社会学家亨特在《社区权力结构：决策者研究》（Hunter, 1953）一书提出，少数的商业精英掌握了"区域城市"（即亚特兰大）的决策权，而地方政府屈从于他们的权力。这一著作被认为是社会学中精英权力（elitist theory）研究的起点，随后也出现了大量的支持研究（Hawley and Svara, 1972）。当然，这些也招致了来自政治科学界的激烈批评。1961年，美国政治学家达尔在《谁统治？美国城市中的民主与权力》（Dahl, 1961）一书中对他居住的城市纽黑文进行实证研究，认为城市决策是分散的，不存在少数精英掌握决策权的情况。达尔的理论又被称为"多元理论"。到20世纪70年代末，该理论在威尔逊（Wilson）、克雷恩（Krane）和彼特拉克（Petrarca）的演绎下又发展成后多元主义。此后，许多学者以亨特和达尔的理论为基础，开展了大量实证研究。

20世纪60~70年代英美等西方国家的经济面临极大困难，日趋严重的住房、交通、就业等社会问题引发了多次大规模的社会暴动和反政府主义运动。空间不平等、不平衡的福利计划、城市贫穷等问题刺激了有自觉意识的学者们去思考地理与社会的关联（董慧和陈兵，2018）。新马克思主义正是城市社会研究者注意到第二次世界大战后资本主义城市社会变化的这些特点，并对其做出理论思考和分析的结果（张应祥，2005）。其代表人物有列斐伏尔（Lefebvre）、卡斯特（Castells）和哈维（Harvey）等，他们大多数继承了马克思、韦伯和恩格斯对资本主义的分析及批判思想。

城市空间的政治经济学派的理论创始人是法国的理论家列斐伏尔

（Merrifield，2006），他是第一个将空间作为城市社会学主要研究对象的学者。他在城市研究领域的贡献是将马克思对生产方式的关注转变为对空间生产的关注。他强调，空间是政治的，尽管空间看起来是客观或自然的现象，但它是社会的产物（列斐伏尔，2012）。"城市"作为一种空间形式，既是资本主义关系的产物，也是资本主义关系的再生产者（吴军和张娇，2018）。空间生产过程中的基本矛盾就是剥削空间以谋取利润的资本要求与消费空间的人的社会需求之间的矛盾，是交换价值和使用价值的矛盾，这种矛盾的政治表现就是政治斗争。根据列斐伏尔的看法，马克思主义先前所揭示的资本主义生产力和生产关系之间的矛盾在发达资本主义阶段已经由于空间的扩张而被克服。在这一资本主义的新阶段，列斐伏尔认为资本主义已从一种以工业为基础的生产逐步转变到一种以城市为基础的现代资本主义生产，即所谓资本的"城市革命"（王伟强，2005）。

与新马克思主义的主流研究注重从生产领域出发研究社会冲突和社会问题的角度不同，卡斯特则从消费领域出发研究当代资本主义城市。对卡斯特来说最重要的概念，就是集体消费（collective consumption）。集体消费是卡斯特提出的一个城市研究命题。其含义是：要让工人能够每天不断地提供劳动力，就必须供应给他们食品、住房、交通工具、医疗卫生和教育培训等；由于人口日益集中，所有这些消费项目更集中在城市环境中提供，教育培训、交通、住房和医疗卫生方面的供给越来越成为国家事务，因为私人资本认为无利可图；这种由国家提供的集体形式消费，正在成为政治关心和行动的对象；然而国家很难满足集体消费的巨大支出，因此存在一个消费供应的危机趋势，并导致城市社会运动（吴军和张娇，2018）。卡斯特以这种观点理解和把握城市这一系统的构成和发展，即城市是集体消费的空间单位，而国家提供教育培训、医疗卫生、公共交通、公共住房等集体消费的经费，从而逐渐涉及日常性的劳动力再生产。

在列斐伏尔之后有不少学者展开了对城市空间的政治经济学思考，主要有罗维斯（Roweis）、斯科特（Scott）、索雅（Soja）、哈维等。其中，论述比较系统且对城市社会学影响比较大的当数哈维。列斐伏尔的理论思想对哈维产生了极大的影响和启发，但二者又不完全相同。例如，哈维和列斐伏尔均认为在资本主义社会，空间对确保其再生产比以往任何时候都显得更为重要，但哈维并不同意列斐伏尔的城市革命论。他认为有必要在马克思主义的基础上，将历史唯物主义发展成历史地理唯物主义，通过理论的创新来解释空间是如何生产的以及空间生产过程是如何整合进资本主义动态发展及其矛盾中去的，从而为城市过程的理论化开辟了新的道路。资本三次循环是哈维一个重要的理论，其内容如下：第一次循环即资本向生产资料和消费资料的利润性生产的投入，第二次循环即资本向建成性环境的投入，第三次循环主要包括保证劳动力不断再生产的科教、卫生福利事业等的投入（魏海涛，2005），政府在其中起着主导作用。Feagin（1988）引用了哈维的资本三次循环理论，认为城市产生变化是城市中的强势团体，即开发商、银行家，以及投机者起了关键的作用，他们是美国城市的真正塑造者。在巴奈特等合著的《浴火重生——美国都市更新的奋斗故事》一书中，同样揭示了美国社会城市形态的形成与变迁是公私部门等社会力量共同作用的结果（王伟强，2005）。虽然后来哈维自己在《社会正义和城市》一书中检讨三个循环公式存在实验性和不正确的问题，但哈维的研究对城市研究领域的影响深远，至今仍是研究城市问题的基本框架之一。

与新马克思主义同时期的另一个城市研究的重要思潮就是新韦伯主义城市社会学。传统城市研究中的空间概念是新韦伯主义城市社会学分析的基本出发点，而由城市的"社会-空间"系统产生的生活机会分配的不平等以及由此引发的社会冲突则是他们分析的焦点。"权力"是韦伯社会学研究的中心，当个体试图实现他们的不同目标时，社会矛盾及其冲突就必然地产生了。新韦伯主义主要研究不同机构的动机和行为在城市舞台上的表现。将其称为"新韦伯主义"是因为他们承袭了韦伯以市场中的生活机会来划分阶级的观点和对行动者行动价值的关注。新韦伯主义的代表人物是雷克斯（Rex）、摩尔（Moore）和帕尔（Pahl）。

新韦伯主义对城市发展的研究起始于20世纪60年代，雷克斯和摩尔通过对英国工业城市伯明翰一个内城区斯巴布鲁克的住房与种族关系的经验研究，提出了"住房阶级"理论，为城市社会学提供了一个新的研究视角和理论框架。帕尔继承了雷克斯和摩尔的这些观点，但他从与城市稀缺资源接近的社会空间限制要素的角度，阐述了更具普遍性的理论。他认为城市资源的不平等分配模式并不是由空间或区位决定的，而是那些在社会系统中占据重要位置的个体的行为后果。在城市生活中，形形色色的城市经理人（urban managers）决定着不同类型的城市稀缺资源在不同人群中的分配。他认为城市经理人扮演着协调私人部门利益与社会需要、中央政府政策与地方民众要求之间的关系的重要角色。帕尔早期的研究夸大了地方官员的权力和影响力，忽视了国家精英、社会制度、市场因素以及城市经理人的作用，而后者才是影响城市资源分配的决定性力量（李健和宁越敏，2006）。

20世纪70年代以来，城市增长成为核心价值理念。城市增长可以为西方政府带来更多的税收，提高政治精英的社会支持度，提高居民物业的价值，为开发商、企业主、金融业者等带来经济上的巨大回报。依附于土地的政治经济精英影响着城市发展决策，为达到促进人口增长、工商业经济规模扩张以及更多土地开发等目的，城市成为西方政府和各种利益集团的"增长机器"，成为西方政府、资本家及地方精英等追求利益同构、资源互赖和权力共享的场域，而其中共同推动城市增长的不同力量则因具体目标的差异组成了不同的增长联盟。以城市区域的增长为主要价值取向的"增长联盟"由西方公共部门的政治精英所主导，他们整合各种利益集团联盟以增强其权力基础，城市的发展与空间的变化正是增长联盟行动的结果（马学广，2011）。

20世纪90年代之后，北美城市政治经济学研究取得了进一步发展，他们将研究核心聚焦于：为什么或在什么条件下地方政府采取什么样的城市治理模型，谁参与了城市治理以及他们如何治理城市，尤以城市政体（urban regime）理论最为著名（何丹，2003）。城市政体理论认为在市场经济条件下，城市权力是分散在地方政府和私人部门手中的，城市政体是一种"合作性"的制度安排。通过这种安排，地方政府和私人部门能够形成管理城市的能力。西方政府和经济精英都拥有城市管治的资源：地方政府拥有立法和政策制定的权力，而经济精英则拥有创造就业机会、增加财政税收的资本。城市政体正介于这两者之间，就像一个组织器官一样，在政策执行结果和外部环境之间建立了因果联系。城市政体主要关注联盟建构中内部的动态变化，或者说是关注政府和私人部门之间的非正式的合作关系。斯通（Stone）通过权力的"社会生产模式"（social production model）来理解城市政体的内部动态变化，他认为城市政体所表达的政治权力应该是一种能够促进城市发展的权力或能力，而不是一种高于他人的特权或社会控制权。这种能力或者合作并不是一成不变的，需要不断地创新和进行维护。城市政体经常通过"选择性的激励机制"（selective incentive），如合同协议、就业机会或向特殊社区提供特别服务，解决城市的社会问题，维持某个利益主体在发展联盟中的参与地位。当然，利益主体在发展联盟中不仅能获得物质性的利益，还可能获得权益等非物质性的利益。

斯通（Stone，1989）对亚特兰大40多年的城市政体研究表明，尽管亚特兰大更换了5届政府，但是在其城市管治联盟中，经济精英一直是一个重要的参与者。因此促进城市发展的理念基本没有改变，城市政体保持着相对的稳定性。当然，并不是说这种合作关系就代表着各个利益主体价值观和信仰的一致性，特别是其他参与者出现时，如社区利益集团、环境利益集团或者一些特殊的经济利益集团，政策偏好就会随之而改变，斯通将城市政体分为四种类型：维持型或看管型政体、发展型政体、中产阶层进步型政体和低收入阶层机会扩展型政体。基于斯通的研究，Stoker和Mossberger（1994）对其所描述的城市政体特征总结如下：①政体是一个非正式的但相对稳定的，能够对城市发展政策发挥持续控制作用的制度性资源，它通过正式的制度安排或者非正式的合作关系完成。②政体旨在掌控公共资源的政府和控制经济资源的私人部门之间建立沟通。除此之外，其他的社区组织（如美籍非裔的中产阶级团体）也参与其中。③合作不是上天的恩赐物，需要努力去争取，而且城市政体不是存在于所有的城市。④政体是一个相对稳定的制度安排，并不一定随着行政管理者的更换而变化。⑤政体的性质是由参与者所控制的资源，以及参与者之间的关系所决定的。⑥政体可以通过"可选择性的激励"达成一致意见。⑦政体并不表明在价值观和信仰上的完全一致，但是合作的过程是趋向政策上的一致。城市政体理论提出后，它的实用价值和洞察力的广泛性受到了学界的关注。但正如道丁（Dowding）所说的，从严格的意义上讲，城市政体只是一个概念，或者是一个模型，因为它不能或很少能够解释或预测城市政体的形成、发展和演化，所以很多学者试图从其他的角度对这一模型进行修正，来增强它的解释力和预见力（何丹，2003）。

随着社会环境的变化，产生于20世纪90年代的治理理论对政体理论进行了延续和深化。治理的理念来源于70年代的西方国家，它的运行不是仅仅依靠政府的权威，而是凭借合作网络的互动，多元社会行动者通过资源整合与功能协调而形成的网络化多中心权力格局和多层次的行动方案是治理理论的核心。广义的城市治理是指城市区域政策得以制定和落实的社会过程，标志是以政府主导的传统型城市管理模式快速被政企合作主导的"城市企业主义"治理模式所取代。这是因为传统的政府垄断供给主导下的政策方式不能有效地满足地区发展需要，因此就要引入工商资本和社会资本，进而，全球市场竞争中的市场压力迫使市政当局放弃部分自治权并扮演起企业型角色。城市企业主义的治理模式将市场精神与企业经营的手段引入城市治理过程中，地方政府将市场机制、竞争、创新、公私合伙、风险承担等企业经营方略和企业营销手段整合于城市开发中，形成政府与企业合力推动地方发展的增长联盟或结盟的合伙机制。在区域层面上，越来越多跨越区域界线、超越单一政府权限的跨域事务的产生迫使地方政府治理模式产生变革，形成了"多中心-多层次"的区域治理格局（马学广，2011）。

发展中的市场需求、国家干预以及社会行动者互动都会影响到城市发展的方向。当今社会是网络化的社会，无论信息传播、交通往来还是人际互动都呈现出网络化的形态。网络成为描述当今社会形态的关键词，它强调将个人或组织置于网络结构中来观察，强调从相互联系而不是相互孤立的角度来研究社会组织或个体之间的关系。作为一种组织间的协调方式，"网络"突破了传统的等级体系，转而强调跨越不同政府层级和功能领域的相互依赖关系。利用网络模型来刻画社会行动者间关系以及分析社会关系模式和规律的方法被称为"行动者网络理论"(actor-network theory, ANT)(Callon, 1986)。ANT 以"网络"来描述行动者之间的关系,而"关系"则是行动者之间资源传送或流动的通道。行动者网络既是公共行政组织、工商企业组织以及民间组织等在共同目标和利益共享激励下互利合作的组织形式,又是行动者获取行动能力、推动目标实现的桥梁和工具。行动者网络既对行动者提供了机会又同时施加了限制,个人、群体或组织的行为及获取的资源都受到与其他网络成员之间关系的影响,行动者通过沟通、谈判、协作等社会互动行为变无序为有序。由于没有任何行动者能单独依靠自身资源解决所有问题,所以他们之间存在着资源相互依赖的关系,即使各参与者拥有不同的目标与利益,但都必须依赖其他参与者作为达成其目标的手段。行动者网络在城市研究中应用的代表性理论是"增长联盟"理论,其认为西方政治精英、企业精英和来自西方社会各个阶层的行动者在增长的意识形态和不同的结构性约束条件下相互结合与互动而形成联盟,进而推动城市土地开发和城市经济增长。

城市政治经济学作为一个发展中的研究领域,并不代表政治经济学对地方公共政策的形成没有交互影响,只是城市政治经济学是一个较新的领域,它的理论视角和分析模型还未被广泛地应用到城市政策问题研究中。城市政治经济学概括地讲就是用政治经济学的方法来研究城市的社会经济现象和城市体系的演化。城市政治经济学认为城市化和城市发展以及城市社会内部各阶层的不平衡现象是特定社会经济关系的产物,而不完全是市场经济体制这一"看不见的手"作用下的结果(沈建法,2000)。

第二节 城市政治经济学国内外研究进展

一、国外城市政治经济学的发展

自 20 世纪 80 年代后期以来,城市和区域研究中的一个重要背景是从凯恩斯主义的城市和区域发展的"管理主义"的范式(其中重要的观点"集体消费")(Saunders et al., 1981)转变为"企业家"的范式(Harvey, 1989; Swyngedouw, 1989)。这种变化被认为伴随着福特主义向后福特主义"灵活积累"(flexible accumulation)生产消费制度的转变并与之相适应(Schoenberger,

1985；Gertler，1988）。在 90 年代中期至后期，更明确的重点转向可在政治经济形式的"全球化"中解释这一切（Amin and Thrift，1995；Cox，1997；Dicken et al.，1997）。

城市发展的政治经济学分析相关理论与实践形成和发展于北美地区，在西欧诸国得到移植和运用，并且在 20 世纪 80 年代形成了城市研究的主流（He and Ning，2008）。西方学者主要从利益相关者（stakeholders）间的冲突入手来阐释城市发展的动态模式和动力机制。例如，Peterson（1981）提到城市商业领导、政治领袖和普通老百姓都拥有着一个共同的利益目标——吸引资本投资，提升收入水平。Fainstein 和 Fainstein（1983）、Fainstein（1985）运用政治经济学的分析方法揭示第二次世界大战之后美国城市的再开发是经济动力、政治行动和政府政策共同作用的结果，同时关注到了公私合作模式（public-private partnership，PPP）。值得关注的是，两个具有里程碑意义的模型——"增长机器"（growth machine）模型（Logan and Molotch，1987）和城市政体模型（Stone and Sanders，1987；Stone，1989，1993）分析了美国城市政治经济的结构性变化。随后在 90 年代城市研究学者将这些分析手段运用到其他国家（如英国、法国等）的部分城市（Haughton et al.，1997；Dowding et al.，1999）的其他层面，如社区（Ferman，1996）等。随着经济全球化的进程，国家间的竞争逐步让渡给城市间的竞争，进而是城市区域间的竞争（Brenner，2004a，2004b；Keating，1998，2001）。西方城市研究学者把城市政治经济学研究重点转向了城市区域层面。尽管城市区域的具体界定，或者文章用词如 metropolis、city region、region、global cities、metropolitan 和 regional governance 等并不完全一致（Markusen，1999；Tewdwr-Jones and McNeill，2000；Scott，2001），但是学者都一致认为城市区域是经济力量和政治力量交织作用的特殊再生体（Jonas and Ward，2007）。随之而来的富有成效的研究集中在了全球城市区域（Scott et al.，2001a；Scott，2001；Scott and Storper，2003），序列化世界经济贸易活动中城市的地位（Beaverstock et al.，1999），政府在城市区域竞争与发展中的作用（Harrison，2007；McGuirk，2007），城市区域发展的新区域主义分析（Deas and Ward，2000），城市区域的经济竞争力、集体消费和社会再生产的政治经济学解释（Donald，2001；Jonas and Ward，2007），城市区域不平衡发展的政治经济学分析（Etherington and Jones，2009），城市区域发展政策的复制和变迁（Harrison，2007；MacLeod，2001；Ward and Jonas，2004），城市区域的管治研究（Brenner，2002；Brenner and Theodore，2002；Harrison，2008；Leibovitz，2003），城市区域的空间战略规划（Goodchild and Hickman，2006；Tewdwr-Jones and McNeill，2000）。这些研究共同的理论基点在于承认政治经济学分析方法对城市区域发展的诠释能力,同时政府公共机构、市场主体和市民团体都意识到区域经济政治一体化可以提供更为有效的公共服务、增强基础设施和避免不必要的"外部不经济性"（Laquian,2005；Harrison,2010）。

二、国内城市政治经济学的发展

通过不断对西方学者相关研究成果的引介,国内城市研究学者对政治经济学分析的关注主要集中在城市空间结构层面上,并遵循了"理论引介—框架构建—实证研究"的发展路径。例如,引介城市政体（何丹,2003）和促进增长的城市联盟（Zhu,1999；Zhang,2002）的理论模型,从政治经济学的角度建构了城市空间重构的分析框架（张庭伟,2001；张京祥等,2008；陈浩等,2010）,实证研究集中在了上海（Wu,2000,2003；Zhang,2002；何丹等,2004；He and Ning,2008；何丹,2008）、南京（张京祥等,2007；吕卫国和陈雯,2009）、广州（马学广等,2010）和开发区层面上（罗小龙和沈建法,2006a,2006b）。相关政治经济学角度的城市群研究一方面注重对城市区域概念的引介（刘艳军等,2006；韦亚平,2006；易千枫和张京祥,2007；罗震东和张京祥,2009；郑文晖和宋小冬,2009；刘超群等,2010）,另一方面也关注了区域协调与空间管治的研究（张京祥和庄林德,2000；张京祥和吴缚龙,2004；罗小龙和沈建法,2007）。绝大多数现有的研究或是基于城市空间形态来探寻城市群发展的动力机制（陈修颖,2003a,2003b；姚士谋等,2006a,2006b；叶玉瑶,2006；刘艳军等,2006；吕韬等,2010）,或是基于城市群在社会经济学视角下的演变机制（刘静玉和王发曾,2004）。实证案例则是集中在长江三角洲（简称长三角）地区、珠江三角洲（简称珠三角）地区等沿海地区的城市群（胡序威等,2000；李健和宁越敏,2006；宁越敏和李健,2009）,而对于中部地区的城市群发展的研究则集中在区域经济联系分析（刘承良等,2007；李俊峰和焦华富,2010）、区域治理模式构建等方面（刘晓丽等,2008；方创琳和蔺雪芹,2008）。

综上所述,国内政治经济学发展存在着以下的欠缺。其一是研究对象:从政治经济学角度来探究城市与区域的研究仍较少。其二是研究对象:研究案例集中在长三角、珠三角、京津冀等地区。而中部地区作为服务国家承东启西发展战略的重要地区,其相关研究较为分散,与其重要地位不相符,特别体现在未能将中部地区的沿江城市区域作为潜在的巨型城市群来整体研究它们所面临的经济增长、城镇化、生态保护等多重压力。其三是研究方法:对中国城市的实证分析往往采用定性和描述性方法,定量分析技术方法采用很少。尤其是缺乏针对某一特定城市区域相关发展政策的定量研究。政治经济学的分析方法不仅仅认识到政治力量在城市区域经济发展政策形成中的作用,而且也关注到了如何对发展政策进行经济学的解释。因此,政治经济学分析模型的架构和运用在国内亟待突破和发展。

第三节 城市政治经济学的利益相关者理论

一、城市政治经济学的地理空间

在传统的国家政治概念中,重点是国家及其领土,城市往往被理解为国家的子系统。伴随着全球化和国家次区域重组,城市和区域变得越来越重要(Brenner, 2004a),新的政治空间通常以城市和区域的形式出现。城市和区域成为不同层面政治的行动者,它们通过各种网络联系在一起,甚至跨越国家。在新的区域话语中,城市在履行"增长引擎"方面发挥着特殊的作用。因此,地方和地方政治成为全球化和国家次区域重组的关键场所(Clarke, 2006)。城市和区域的发展不仅挑战了人们对传统国家领土的想象,也对地方政治的概念提出了根本性的挑战(Dannestam, 2008)。传统上,地方政治等同于地方政府内部的决策过程以及由此产生的政策(Baldersheim and Wollmann, 2006),这是一种相当狭隘的观点。地方政府不应仅仅被概念化为中央政府的子单位。地方化和全球化进程是相互构成的,地方政府参与了许多超越传统边界的活动。

在"全球城市地区"(Scott et al., 2001)和"新的"城市区域主义(Ward and Jonas, 2004)的号召下,人们越来越多地支持城市-区域在政治经济中的复兴,以至于它们已经被作为"全球经济的基本动力"和"后福特主义经济的大部分领土平台"(Scott, 2001)。20年前,区域(regions)是政治经济学的热门话题。现如今城市-区域(city-regions)受到重视,城市-区域是重要的竞争领域,它反映了城市和区域在地方政治经济发展中的关系。

二、城市与区域的利益相关者理论

(一)利益相关者理论

20世纪60年代,美国斯坦福研究院的学者提出了"利益相关者"术语,意指"那些没有其支持,组织就不可能生存的团体",之后得到Rhenman等学者的关注,从而为利益相关者理论(stakeholder theory)搭建了较为完善的理论框架。其核心观点主要如下(肖菲和陈晓燕,2016)。

第一,利益相关者存在共同利益诉求。众多学者认为,利益相关者是组织的参与者,他们为自己的利益或目标所驱动,不同程度地向组织投入了资本并承担了风险。战略管理的鼻祖——Ansoff(1957)指出,"利益相关者是对组织有请求权或其他权利要求的团体或个人"。Rhenman也坚持认为利益相关者对组织有诉求,"利益相关者与组织之间是双向互动的关系,利益相关者依靠组织来实现其个人目标,而组织也依靠他们来维持生存"(江若玫和靳云汇,2009)。那些能够影响组织生存与发展的利益群体,他们有着共同的利益诉求,均衡地分享组织的各种利益。

第二,利益相关者之间存在利益冲突。Ansoff将利益相关者这一概念引入微观经济和管理研究中,指出:"理想组织目标的形成,必须兼顾与组织利益相关的各方主体之间相互冲突的权利。"Clarkson(1995)在进行利益相关者分类研究中,将利益相关者分为自愿利益相关者和非自愿利益相关者。由于这些利益相关者对于组织建设活动的重要性和影响程度的差异性,他们又拥有异于彼此的利益诉求。这些利益诉求的相互碰撞以及被满足的程度差异,会产生不同程度的冲突,直接或间接地影响组织发展。

第三,利益相关者需要利益平衡。美国经济学家Freeman(2010)指出:"利益相关者的概念是在自由、权利和积极创造的条件下产生的,他们的合作、参与以及责任具有复杂性,需要不断创新和应对新的竞争。"这种"创新"意指平衡好利益相关者之间复杂的利益关系。他提出了利益相关者分析的三个层面:理性层面、过程层面、交易层面。由于组织的发展需要相关部门、相关利益主体的大力支持与配合,共建合作机制,加强衔接,联合推进。因此,组织在战略管理活动中,必须从理性层面明晰核心利益相关者,从过程层面和交易层面处理好其同利益相关者的交互影响关系,既要保证利益相关者做出积极的贡献,又要寻求适当的方式将组织的权益较为公平地分配给不同的利益相关者，满足他们的利益诉求，协调利益冲突，将利益相关者融合到组织的战略实施过程中。

（二）城市与区域的利益相关者

城市和区域的发展涉及政府、企业和公众三个核心利益相关主体（宁越敏，1998；蔡小慎和牟春雪，2015）。在政府层面，现代社会的执政阶层代表了一定社会群体的利益，必然会在政策上有所体现。政府政策会影响城市与区域的发展，国家对公共物品的投资建设又往往对城市发展产生决定性的作用。政治官员集团的价值观和行动总是各方利益关系的协调和权力配置的结果，其理性的真实意图常常被其表象的非理性所消解。目标多元化、复杂化被看作是以强调社会的整体利益来掩盖官员实现个人利益的手段。

在企业层面，作为城市的经济组织单元，企业总是以最小的成本投入换取最大的效用为目的，这构成了企业在城市中选址的基本原则。以技术进步为基础的产业活动在城市区域空间格局中占支配地位。因此，企业是城市区域发生结构性演变的重要推动者。然而，企业利益集团追求经济利润最大化。在发展城市经济、优化资源配置、保证效率优先及税收贡献的同时却往往产生负的外部效应，损害公众利益，破坏公平正义。

在公众层面，公众为了维护自身在城市空间和土地利用中的特定利益而参与企业和住宅的投资。但与政府和企业相比，他们的影响力或在城市活动中的"话语权"是有限的，往往处于天然的劣势。仅有个别市场化比较发达的国家，公众对城市发展的作用比较明显（王伟强，2005）。不过，随着社会治理体系的完善，非政府组织正逐渐从边缘走向社会舞台的中心。普通市民借助民间社会团体及网络媒体等媒介获得了越来越多、越来越强的话语权，为政府决策提供咨询和为政策的有效执行提供帮助，使决策系统更具有开放性和动态性。由于信息的严重不对称，公民原本极易由个体理性走向集体非理性，随着政府行政的逐渐公开透明，公民促进社会公平公正的作用越来越大（罗可和张金荃，2006）。

由此可见，每个利益主体的行动结果都具有两面性，城市与区域的发展过程就是三方利益的冲突与均衡、博弈与选择，也就是在复杂的协调过程中寻求公平与效率的平衡，促进社会的整体进步和可持续发展。

第三章
政府视角

第一节　交通基础设施建设与城市群一体化发展

在经济全球化与区域一体化的影响下，城市群已经成为区域经济增长的重要地域单元（杨牡丹，2013），城市群的结构与功能在不断发生变化，一体化发展已经成为城市群提高整体竞争力的必然选择（朱有志，2008；顾朝林，2011）。广义的城市群一体化是指多个城市群之间日益融合的动态过程；本节所研究的城市群一体化是城市群内各个城市彼此加强协调合作从而促进共同发展的过程（林森，2010）。交通基础设施（包括公路、铁路、港口、机场等）作为城市群物质空间的重要组成部分为居民出行和社会产品运输提供便捷的服务（张敏琦和黎红梅，2012），它通过节约时间、增加通行能力和集聚经济要素等促进城市群发展（Holl，2004b；Aschauer，1989a，1989b；Boamet，1998；Holtz-Eakin and Lovely，1996）。

随着社会、经济的发展，城市群一体化发展与交通基础设施的关系研究成为地理学、经济学、城市规划学等学科的一个重要研究方向。近年来，国内外学者多聚焦于解释交通基础设施能否促进区域经济增长，关于如何促进城市群一体化发展的研究较为匮乏。已有研究以定性分析为主，定量分析也在逐渐增多，使用的数据结构和内容也更加丰富（高峰，2005），研究发现交通基础设施对于区域发展的影响作用呈多元化趋势（刘学华等，2009；刘生龙和胡鞍钢，2011）。其中，部分学者采用动态计量经济学的方法研究了两者之间的关系。张学良和孙海鸣（2008）发现经济增长能够促进交通基础设施扩张，表现出单向格兰杰因果关系；董大朋和陈才（2009）运用 VAR 模型研究发现东北地区经济增长与交通基础设施存在双向格兰杰因果关系；鞠晴江（2006）研究四川省道路建设发现经济增长和道路基础设施存在着双向格兰杰因果关系。在已有文献中，大多数学者采用交通基础设施投资额来代表交通基础设施建设水平，但是区域性交通基础设施建设水平不应该仅仅由投资额（水平）决定，而且和交通运输规模息息相关。交通基础设施投资增加并不一定带来交通运输量的同步增长。有的地区新建了大量区域性的道路设施，却没有带来交通运输量相应的增长，存在"有（大）道路无（小）交通"的现象。

通过现实观察，笔者发现区域一体化程度与"道路"和"交通"的发展水平有着密切关系，但还不能明确"谁因谁果"、影响程度如何。这些就成为本节研究的逻辑起点。基于此，本节试图将交通基础设施建设量化为交通投资水平和交通规模水平两个指标，以长株潭"3+5"城市群为案例，基于1990～2013年的相关统计数据，通过格兰杰因果关系检验、VAR模型等动态计量经济学方法来验证本节的研究假设（hypothesis）：在不考虑其他因素的影响下，城市群一体化水平与交通投资水平、交通规模水平存在单向格兰杰因果关系，后者的提升会促进前者的发展；但交通投资水平与交通规模水平在时间序列上对城市群一体化水平的影响并不是完全同步的，而且影响程度存在差异性。

一、研究框架与模型构建

（一）研究框架

为了能清晰地把握城市群一体化发展与交通投资水平、交通规模水平的相互关系，笔者建立了城市群一体化发展与交通基础设施建设动态关系研究框架（图 3-1），试图通过格兰杰因果关系检验探究它们之间的因果关系，并在构造 VAR 模型的基础上通过脉冲响应函数和方差分解分析交通投资水平、交通规模水平对城市群一体化发展的不同影响。具体实证过程通过 Eviews 6.0 软件实现。

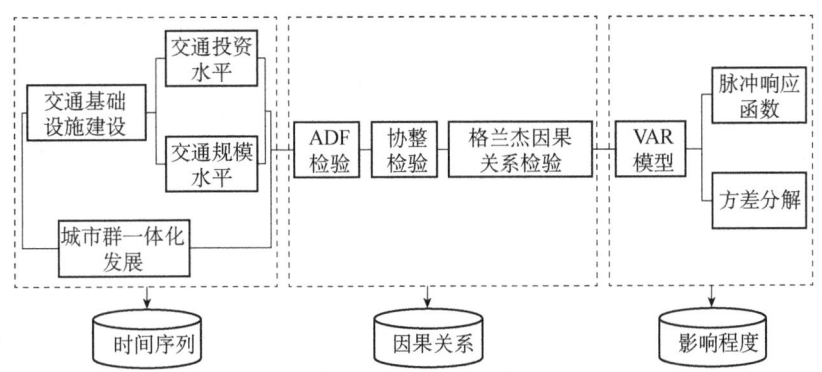

图 3-1　城市群一体化发展与交通基础设施建设动态关系研究框架

ADF 检验即增广迪基-福勒检验

（二）模型与方法

格兰杰因果关系检验主要看过去的 x 在多大程度上能够解释现在的 y 以及在加入 x 的滞后值后解释程度是否有所提高（高铁梅，2006）。Eviews 6.0 软件通过检验以下方程中的统计量来判断因果关系及其方向。

$$\Delta y_t = a + \sum_{i=1}^{n} \beta \Delta y_{t-1} + \sum \gamma_j \Delta x_{t-j} + \phi \varepsilon_{t-1} + v_t \quad (3-1)$$

式中，y_t 和 x_t 分别为两组时间序列；a 为常数项；β 和 γ_j 为检验系数；j 为最大滞后阶数；ϕ 为回归系数；v_t 为误差纠正项的扰动项；ε_{t-1} 为误差纠正项，它来自以下方程：

$$y_t = \phi \times x_t + \varepsilon_t \quad (3-2)$$

当 $\sum_{j=1}^{m} \gamma_j \Delta x_{t-j}$ 显著不等于 0，同时 ε_{t-1} 在统计上不显著则拒绝 x 为 y 的原因。因果性检验对序列的稳定性非常敏感，大多数宏观经济时间序列是不稳定的（Nelson and Plosser，1982），直接进行回归分析往往会导致"伪回归"问题，因此需要使用针对非平稳时间序列而提出的标准分析方法——协整分析（张学良，2009）。协整分析首先需要用 ADF 检验各个序列的平稳性，即进行单位根检验。若序列平稳，可做协整检验判断变量间是否存在长期均衡关系；若非平稳，进行差分，当进行到第 i 次差分时序列平稳，则序列服从 i 阶单整。若所有检验序列均服从同阶单整可用 Johansen 极大似然法进行协整检验（Johansen，1988）。

VAR 模型可以预测时间序列随机扰动对变量系统的动态影响。其一般数学表达式如下（叶耀明和王胜，2007）：

$$y_t = A_1 y_{t-1} + \cdots + A_p y_{t-p} + B_1 x_t + \cdots + B_r x_{t-r} + \varepsilon_t \quad (3-3)$$

式中，$(A_1, \cdots, A_p)$ 和 $(B_1, \cdots, B_r)$ 为待估计的参数矩阵；ε_t 为随机扰动项；y_t 为 m 维内生变量，有 p 阶滞后期；x_t 为 d 维外生变量，有 r 阶滞后期。本节试图在构造 VAR 模型的基础上通过脉冲响应函数和方差分解分析交通投资水平、交通规模水平对城市群一体化发展的不同影响。其中，脉冲响应函数是分析某方差变量冲击对系统的动态影响，方差分解是分析每个冲击对内生变量变化的贡献度从而评价其相对重要程度。

（三）研究区域

长株潭"3+5"城市群（以下简称长株潭城市群）是随着长株潭三市的内聚力和辐射力不断扩大而逐渐形成的一个更大规模、更具影响力的城市群，是湖南省社会经济发展的核心和中部地区的重要增长极。长株潭城市群是以长沙、株洲、湘潭三市为核心,一个半小时通勤为半径,包括岳阳、益阳、娄底、常德、衡阳 5 个城市在内的城市群(张萍,2008)。在建设"两型社会"的背景下,加速长株潭城市群一体化进程对于缩小东中西部的区域差距具有重要作用(叶耀明和王胜,2007)。

二、指标选取与数据处理

为了分析长株潭城市群一体化发展与交通基础设施建设之间的动态关系,需要对城市群一体化水平、交通基础设施建设水平进行测度。

首先是城市群一体化水平的测度。国内外学者先后提出了基本引力、综合规模等模型来研究两城市间经济联系强度,其中较为典型的是 $Y = \sum \left(\sqrt{P_i V_i} \times F_i \right)$,但空间距离并不能真实地反映各城市之间的联系强度。因此本节用城市流强度 F 来代替空间距离 D 得到城市群一体化水平(Y)的计量模型如下(汤放华和陈立立,2011;王德忠和庄仁兴,1996;张虹鸥等,2004;徐建斌等,2015;朱顺娟和郑伯红,2010):

$$Y = \sum \left(\sqrt{P_i V_i} \times F_i \right) \quad i=1, 2, \cdots, n \quad (3-4)$$

式中,$F_i = N_i \times E_i = \sum E_{ij} \times \text{GDP}_i / G_i$,其中外向功能 E 主要取决于区位熵,当 $L_{ij} < 1$ 时,$E_{ij} = 0$;当 $L_{ij} > 1$ 时,$E_{ij} = G_{ij} - G_i \times \left(G_j / G \right)$;$P_i$ 为 i 城市的年末总人口;V_i 为 i 城市的地区生产总值;G_i 为 i 城市从业人员总数;G_{ij} 为 i 城市 j 部门的从业人员数;G_j 为 j 部门的从业人员;G 为从业人员总数;N_i 为 i 城市的功能效率;GDP_i 为 i 城市的地区生产总值;E_i 为 i 城市的外向功能量。

其次是交通基础设施建设水平的测度。因为用交通投资额(常常包含邮电业、仓储等设施投资)衡量交通基础设施建设水平容易产生系统性的测量误差,所以 Demurger(2001)和 Fleisher 等(2010)采用交通密度(铁路、公路、内河航道里程除以区域面积)来衡量交通基础设施建设水平。本节在 Demurger 和 Fleisher 的基础上利用铁路密度、公路密度、高速公路密度以及内河航道密度来衡量交通投资水平;利用客运总量、货运总量和人均民用汽车拥有量来衡量交通规模水平。研究所需的数据来源于《湖南统计年鉴》和《中国城市统计年鉴》,各指标数据的描述统计如表 3-1 所示。具体过程通过 SPSS 20.0 软件的主成分分析方法实现。

表 3-1 各指标数据描述

变量	样本量 N	范围	最小值	最大值	平均值	标准差
铁路密度/(m/km²)	24	7.086	14.894	21.980	17.638	2.286

续表

变量	样本量N	范围	最小值	最大值	平均值	标准差
公路密度/（m/km²）	24	998.623	355.380	1 354.002	652.153	371.912
高速公路密度/（m/km²）	24	26.883	0.000	26.883	7.810	7.576
内河航道密度/（m/km²）	24	6.813	69.876	76.690	74.190	2.019
人均民用汽车拥有量/辆	24	0.135	0.005	0.140	0.040	0.043
客运总量/万人次	24	108 962	31 195	140 157	66 597	34 048
货运总量/万 t	24	114 222	20 940	135 162	56 610	40 860

三、城市群一体化与交通基础设施建设的测度与分析

（一）城市群一体化水平的测度与分析

首先对城市群一体化水平测度模型中的数据做极大值标准化处理。在数据标准化的基础上，根据模型计算出 1990~2013 年长株潭城市群一体化水平衡量指数 Y（表 3-2）。从图 3-2 可以看出，长株潭城市群一体化的发展经历了一个曲折的过程。1990~2004 年长株潭城市群发展核心长沙、株洲、湘潭三市与其他城市的联系较小，城市群一体化水平较低且发展缓慢；2005 年长株潭"3+5"城市群的建设提上日程后各城市的联系加强，城市群一体化水平迅速提高。

表 3-2　长株潭城市群一体化水平指数（1990~2013 年）

年份	1990	1991	1992	1993	1994	1995	1996	1997
Y	0.094	0.090	0.108	0.207	0.371	0.508	1.261	0.745
年份	1998	1999	2000	2001	2002	2003	2004	2005
Y	0.890	0.855	0.904	0.764	0.833	0.988	0.426	0.671
年份	2006	2007	2008	2009	2010	2011	2012	2013
Y	0.814	1.047	1.552	2.414	3.022	4.253	4.811	5.276

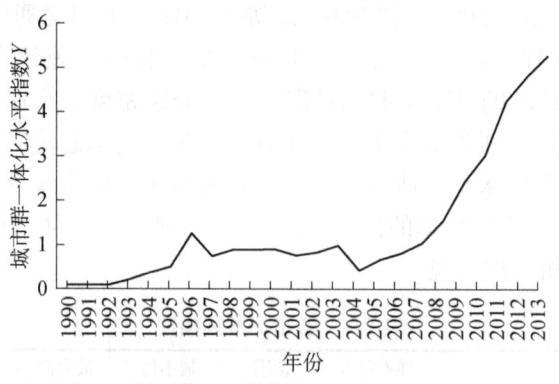

图 3-2　长株潭城市群一体化发展过程

（二）交通基础设施建设的测度与分析

首先利用 SPSS 20.0 软件的 Z-score 法对交通基础设施的原始数据进行标准化处理，消除原始指标数据的量纲影响。在此基础上对交通投资水平和交通规模水平的数据分别进行主成分分析。从变量相关系数（值越大，相关性越高）矩阵（表3-3）可以看出，影响交通投资水平的4个因子中，相关性较大的有：铁路密度与公路密度、铁路密度与高速公路密度、公路密度与高速公路密度。这些因子的相关系数最高为0.896，最低为0.869。影响交通规模水平的3个因子中，相关性较大的有：人均民用汽车拥有量与客运总量、人均民用汽车拥有量与货运总量、客运总量与货运总量。这些因子的相关系数最高为0.984，最低为0.978，这说明它们之间有着相互的联系。

表3-3 变量相关系数矩阵

交通投资水平					交通规模水平			
变量	铁路密度	公路密度	高速公路密度	内河航道密度	变量	人均民用汽车拥有量	客运总量	货运总量
铁路密度	1.000	0.869	0.879	-0.487	人均民用汽车拥有量	1.000	0.984	0.983
公路密度	0.869	1.000	0.896	-0.633	客运总量	0.984	1.000	0.978
高速公路密度	0.879	0.896	1.000	-0.410	货运总量	0.983	0.978	1.000
内河航道密度	-0.487	-0.633	-0.410	1.000				

由特征值（>1）和主成分贡献率[①]表可知，在交通投资水平方面，第一主成分的特征值大于1，累计贡献率达78.262%，故只求第一主成分（表3-4）；从主成分载荷矩阵（表3-5）可以看出，第一主成分与铁路密度、公路密度、高速公路密度3个因素有较大的相关性，这些因子是政府对交通基础设施建设投资的主要对象，因此第一主成分可以认为是交通投资水平的代表。在交通规模水平方面，第一主成分的特征值大于1，累计贡献率已达98.798%，故只求第一主成分；第一主成分与人均民用汽车拥有量、客运总量、货运总量有较大的相关性，因此，第一主成分可以认为是交通规模水平的代表。

表3-4 特征值和主成分贡献率（%）

交通投资水平				交通规模水平			
成分	特征值	贡献率	累计贡献率	成分	特征值	贡献率	累计贡献率
1	3.130	78.262	78.262	1	2.964	98.798	98.798
2	0.673	16.819	95.081	2	0.022	0.732	99.530
3	0.132	3.308	98.389	3	0.014	0.470	100.000
4	0.064	1.611	100.000				

注：KMO检验值分别为0.710（>0.5）、0.790（>0.5），Bartlett's球形检验值都为0.000（<0.05）。

---

① 贡献率越大，说明该主成分所包含的原始变量的信息越强。

表 3-5 主成分载荷矩阵

交通投资水平		交通规模水平	
变量	成分 1	变量	成分 1
铁路密度	0.933	人均民用汽车拥有量	0.995
公路密度	0.971	客运总量	0.993
高速公路密度	0.924	货运总量	0.993
内河航道密度	−0.680		

最后将得到的第一主成分分别用 T_1（表 3-6）、T_2 表示（表 3-7），结果表明，1990 年以来长株潭城市群交通投资水平（T_1）和交通规模水平（T_2）都呈现出稳定增长的趋势。到 2013 年，T_1 达到 2.147，比 1990 年增加了 298%；T_2 达到 2.146，比 1990 年增加了 335%。同时，从图 3-3 可以发现 1990～2007 年长株潭城市群交通投资水平和交通规模水平的增长是不同步的，2007 年后逐渐趋于同步增长。其中，1990～1995 年 $T_1<T_2$，1996～2003 年 $T_1>T_2$，2004～2007 年 T_2 再次超过 T_1。交通投资水平和交通规模水平交替增长并且逐步趋同的态势初步证实：交通投资水平和交通规模水平确实是交通基础设施建设在时间序列上并不同步的两个因素。

表 3-6 长株潭城市群交通投资水平（1990～2013 年）

年份	1990	1991	1992	1993	1994	1995	1996	1997
T_1	−1.085	−1.084	−0.921	−0.920	−0.885	−0.853	−0.614	−0.596
年份	1998	1999	2000	2001	2002	2003	2004	2005
T_1	−0.467	−0.414	−0.231	−0.446	−0.292	−0.265	−0.271	−0.166
年份	2006	2007	2008	2009	2010	2011	2012	2013
T_1	0.012	0.224	0.675	1.243	1.499	1.756	1.955	2.147

表 3-7 长株潭城市群交通规模水平（1990～2013 年）

年份	1990	1991	1992	1993	1994	1995	1996	1997
T_2	−0.913	−0.891	−0.890	−0.878	−0.762	−0.717	−0.680	−0.729
年份	1998	1999	2000	2001	2002	2003	2004	2005
T_2	−0.712	−0.627	−0.540	−0.491	−0.387	−0.293	−0.120	−0.023
年份	2006	2007	2008	2009	2010	2011	2012	2013
T_2	0.129	0.284	0.530	1.254	1.578	1.746	1.985	2.146

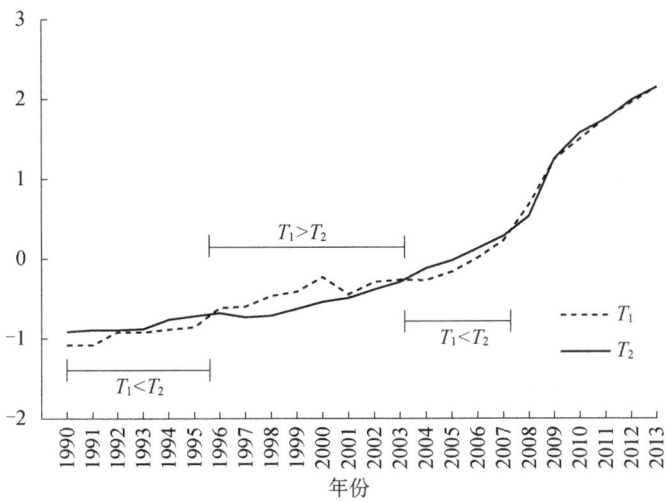

图 3-3 交通投资水平和交通规模水平变化图

四、城市群一体化与交通基础设施建设的关系

（一）单位根检验

运用 Eviews 6.0 软件采用 ADF 检验法对 1990~2013 年长株潭城市群一体化水平（Y）、交通投资水平（T_1）和交通规模水平（T_2）数据进行平稳性检验，结果如表 3-8 所示。Y 原始序列 ADF 检验值 0.551>-3.622，T_1 原始序列 ADF 检验值-0.236>-3.622，T_2 原始序列 ADF 检验值-0.361>-3.622，说明 Y、T_1、T_2 的原始序列都是非平稳的；经一阶差分后，Y、T_1、T_2 的 ADF 值分别为-3.998、-3.595 和-3.363，均小于 10%显著水平下的临界值，说明 Y、T_1、T_2 是一阶单整序列。

表 3-8 ADF 检验结果

变量	检验形式（c, t, k）	ADF 值	临界值	DW 值	结论
Y	(c, t, 5)	0.551	-3.622	1.948	不平稳
ΔY	(c, t, 5)	-3.998	-3.633	2.055	平稳
T_1	(c, t, 5)	-0.236	-3.622	1.603	不平稳
ΔT_1	(c, t, 5)	-3.595	-3.255*	1.997	平稳
T_2	(c, t, 5)	-0.361	-3.622	1.486	不平稳
ΔT_2	(c, t, 5)	-3.363	-3.255*	1.862	平稳

注：Δ 表示一阶差分；c 和 t 表示含有常数项和趋势项，k 表示滞后阶数。
*表示 10%显著水平下的临界值，其余为 5%显著水平下的临界值。

(二)协整检验

在单位根检验的基础上,运用 Eviews 6.0 软件采用 Johansen 检验法对长株潭城市群一体化水平(Y)、交通投资水平(T_1)和交通规模水平(T_2)进行协整检验,模型允许有截距常数项和时间趋势项,结果如表 3-9 所示,当秩统计量为 0 即协整关系数量为 0 时,轨迹检验秩统计量 49.780>42.915,显著性指标为 0.009<0.05;最大特征根检验秩统计量 30.453>25.823,显著性指标为 0.011<0.05,说明 Y、T_1 和 T_2 之间存在协整关系,即存在长期稳定趋势。

表 3-9 协整检验结果

秩统计量	特征值	轨迹检验	5%临界值	p 值	秩统计量	最大特征根检验	5%临界值	p 值
无*	0.765	49.780	42.915	0.009	无*	30.453	25.823	0.011
至少有一个	0.495	19.327	25.872	0.262	至少有一个	14.361	19.387	0.231
至少有两个	0.211	4.966	12.518	0.601	至少有两个	4.9657	12.518	0.601

*表示在 0.05 的水平上拒绝假设。

(三)格兰杰因果关系检验

在进行格兰杰因果关系检验之前,首先要根据赤池信息量准则(Akaike information criterion,AIC)和施瓦茨准则(Schward criterion,SC)确定合理的滞后期。经过反复试算,由表 3-10 可知,在长株潭城市群一体化水平(Y)、交通投资水平(T_1)和交通规模水平(T_2)指标建立的 VAR 模型中,应该选择滞后 5 期为最佳滞后期。

表 3-10 最佳滞后期选择

滞后期(Lag)	对数似然函数值($logL$)	AIC	SC
0	−26.824	3.139	3.288
1	32.501	−2.158	−1.562
2	34.823	−1.455	−0.411
3	46.957	−1.785	−0.294
4	55.645	−1.752	0.186
5	112.428	−6.782*	−4.396*

*表示对应滞后阶数下的模型动态特征最优。

运用 Eviews 6.0 软件对长株潭城市群一体化水平(Y)、交通投资水平(T_1)和交通规模水平(T_2)进行格兰杰因果关系检验,结果如表 3-11 所示。当滞后阶数为 5 阶时,T_1 在 5%显著性水平上构成 Y 的格兰杰成因,T_2 在 1%显著性水平上构成 Y 的格兰杰成因,说明交通投资水平、交通规模水平对城市群一体化发展有促进作用。

表 3-11 变量间的格兰杰因果关系检验

原假设	F 值	p 值	原假设	F 值	p 值
Y 不是 T_1 的原因	2.636	0.107	Y 不是 T_2 的原因	1.293	0.355
T_1 不是 Y 的原因	8.014	0.006*	T_2 不是 Y 的原因	2.988	0.082**

*和**分别表明接受原假设的概率小于 0.05、0.01，拒绝假设。

（四）VAR 模型参数估计

为了进一步分析交通投资水平（T_1）和交通规模水平（T_2）对城市群一体化水平（Y）的影响，利用 Eviews 6.0 软件估计 VAR 模型的参数，结果如表 3-12 所示。模型的拟合优度较高，调整的 R^2 为 0.974。

表 3-12 VAR 模型的估计结果

Y 的滞后期	Y	T_1 的滞后期	Y	T_2 的滞后期	Y
$Y(-1)$	0.150	$T_1(-1)$	−0.177	$T_2(-1)$	0.238
$Y(-2)$	1.005	$T_1(-2)$	−1.218	$T_2(-2)$	0.435
$Y(-3)$	−0.478	$T_1(-3)$	2.686	$T_2(-3)$	−1.509
$Y(-4)$	−0.629	$T_1(-4)$	0.862	$T_2(-4)$	−0.291
$Y(-5)$	−0.303	$T_1(-5)$	−2.312	$T_2(-5)$	3.433
C	2.342				

Y 受到 T_1 滞后 1、2、5 期的作用为负，滞后 3、4 期的作用为正；Y 受到 T_2 滞后 1、2、5 期的作用为正，滞后 3、4 期的作用为负，体现了一种交叉特征，说明交通投资水平和交通规模水平在不同时期对城市群一体化发展的影响呈现一种交叉特征，这与本章中第三节阐述的交通投资水平和交通规模水平增长在时间序列上不同步是一致的。

（五）脉冲响应分析

在 VAR 模型的基础上对城市群一体化水平（Y）进行脉冲响应分析并绘制脉冲响应函数图，结果如图 3-4 所示，图中横轴表示滞后阶数，纵轴表示 Y 的增长率，虚线表示正负两倍标准差偏离带，实线表示脉冲响应函数，代表 Y 受到 T_1、T_2 随机误差项一个标准差的冲击后现在和未来反应程度与持续时间。由图 3-4 可知，交通投资水平对城市群一体化水平的冲击比交通规模水平强。当在本期给 T_1 一个正冲击后，Y 将从 1 期开始波动上涨到 10 期达到最高点，呈现强烈振荡特征，说明 Y 的增长受到 T_1 的显著影响。T_2 给 Y 上涨带来的影响在前期不显著，从 5 期开始作用较大，9 期达到最高点然后开始下降，说明交通规模水平不能无限上升。交通运输规模受到人口、道路通行能力等约束，超过一定限度后会产生交通拥挤现象，阻碍经济发展。

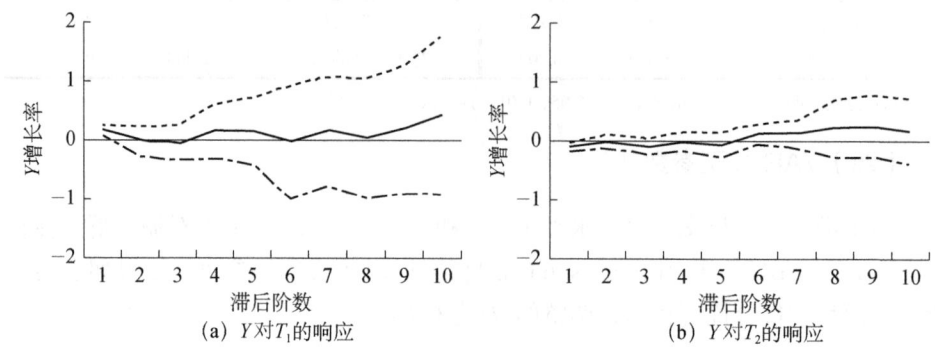

图 3-4　Y 的脉冲响应函数

（六）方差分解

在 VAR 模型的基础上对城市群一体化水平（Y）进行方差分解，结果如表 3-13 所示。交通投资水平对城市群一体化发展的贡献度整体上大于交通规模水平。T_1 对 Y 波动的贡献率在 29.020%～57.555%，T_2 对 Y 波动的贡献率在 17.624%～31.463%，说明 T_1 是导致 Y 波动的主要因素。

表 3-13　Y 的方差分解（%）

期数	S.E.	T_1	T_2	Y	期数	S.E.	T_1	T_2	Y
1	0.140	51.258	20.589	28.153	6	0.579	50.025	23.434	26.540
2	0.202	50.912	20.543	28.546	7	0.747	47.750	23.079	29.171
3	0.280	36.171	23.909	39.920	8	0.958	35.582	30.884	33.534
4	0.368	50.327	18.650	31.023	9	1.189	29.020	31.463	39.517
5	0.465	57.555	17.624	24.821	10	1.485	41.129	22.289	36.581

注：柯列斯基分解排序为 T_1、T_2、Y。

五、结论与讨论

本节通过动态计量经济学方法对长株潭城市群一体化水平与交通投资水平、交通规模水平之间的关系进行定量分析。结果表明：城市群一体化水平与交通投资水平、交通规模水平之间存在单向格兰杰因果关系，后者的提升会促进前者的发展；交通投资水平、交通规模水平对城市群一体化水平的影响程度存在差异性。

（1）长株潭城市群一体化的发展经历了一个曲折的过程。2005年以前，城市群一体化水平较低且增长缓慢，2005年以来城市群一体化水平迅速提高主要是因为长株潭"3+5"城市群建设提上日程，各城市的联系日益加强。长株潭城市群交通投资水平和交通规模水平的增长在时间序列上并不同步，但是不同步的幅度差和持续时间在不断地缩小。主要原因是30多年来的市场改革提高了市场对投资拉动的敏锐度，从而使运输规模迅速提高；同时，2005年以来投资重点集中于更高效的大运量交通运载工具（高铁），也促使交通投资水平和交通规模水平增长逐渐趋于同步。

（2）长株潭城市群一体化水平与交通投资水平、交通规模水平之间存在单向格兰杰因果关系，即后者的提升会促进前者的发展。交通基础设施具有网络特质，交通基础设施的建设会使交通网络中的节点城市形成整体，从而降低城市群内人流、物流等的运输成本，加快城市群内部生产要素的流动，促进城市群的一体化发展，因此，它是影响城市群一体化的重要因素之一。2005年以来湖南省加大对交通基础设施的投入，城市群形成了包括铁路、公路以及水运航道在内的综合交通运输网络，为各城市之间的交流尤其是经济发达地区与不发达地区的交流提供了可能，交通运输规模需求迅速增加，与之相对应长株潭城市群一体化也进入快速发展的阶段。

（3）交通投资水平对城市群一体化发展的冲击及贡献大于交通规模水平，是促进城市群一体化发展的主要因素。这可能是由以下原因导致的：第一，改革开放以来，在国家层面和区域层面上都形成了以增长为导向的政体模型（He and Ning，2008），一直奉行积极或者稳健的财政政策。对作为公共产品的交通基础设施进行长期投资更具有"促增长"的政策性。交通基础设施的投资能够促进人口、经济在某些部门或行业的集中，在空间上表现为在省会城市（或中心城市）与周边地区的互动——即城市群的一体化。第二，与东部地区的城市群相比，长株潭城市群的发展相对滞后，所面临"促增长"的外在压力和内在动力比东部地区更强，政府在交通基础设施上的政策性投资偏好就更加明显。

本节虽然尝试在区域经济联系强度模型和城市流强度模型的基础上构建城市群一体化水平的计量模型，并将交通基础设施建设量化为交通投资水平和交通规模水平两个指标，但无论是城市群一体化发展还是交通基础设施建设，都是极其复杂的过程。如何更精准地确定衡量指标，做到尽可能地接近现实，是未来继续研究的重要方向。

第二节　港口腹地演变及港口-腹地经济协调发展

在经济全球化、区域一体化和运输集装箱化等多重背景下，港口发展日益根植于宏观层次的经济和社会制度环境，反过来又扮演着区域门户的重要作用（Ng et al.，2014），港口-腹地关系正由传统上小尺度的港-城关系扩大至区域尺度内更紧密的新型关系，并成为经济地理学研究的热点领域。科学界定港口腹地范围、明确港口与腹地间的隶属关系是准确把握港口定位、避免恶性竞争的基础性研究；定量辨识港口与腹地间的作用关系又是优化腹地经济发展空间、实现港口体系区域化升级的关键所在（董晓菲等，2014）。因此，港口与腹地间的隶属关系和作用关系成为目前国内学术界在区域层面上探讨港口-腹地关系的两个主要研究方向。在隶属关系方面，早期研究方法中有考虑行政和经济联系因素的行政区划法和经济区划法（郎孔山，2008），考虑交通线路或距离因素的点轴法和圈层法（王杰等，2005），考虑运费因素的 O-D 流结合图论法（许云飞，2003）、综合运输成本法（殷文伟和牟敦果，2011），考虑贸易额或吞吐量因素的隶属度法（周一星和张莉，2001）、区位熵法（刘波等，2007）等，上述方法虽能较容易地确定腹地范围，但只考虑单一因素，其划分精度受到广泛质疑。相比而言，断裂点法、引力模型（白煜超，2008）、Huff 模型（姜晓丽和张平宇，2013）、烟羽模型（李振福和汤晓雯，2014）等考虑较为全面。在作用关系方面，研究主要集中在港口对腹地经济的促进作用（王洪清等，2013）、腹地经济对港口发展的影响（李晶和昌靖，2007）以及两者间相互作用（朱传耿等，2009）等。近年来，基于协同理论的港口-腹地作用关系研究正逐步深入，其主要方法是运用协同度模型对港口与腹地经济的协调发展状况开展定量评价（李谭等，2012；钟铭等，2011）。

港口与腹地间的隶属关系和作用关系具有很强的逻辑关联性。明确港口的腹地范围是探讨港口与腹地作用关系的前提，港口与腹地的作用强度、协调性、相对发展状态等反过来又会对港口的腹地空间演变产生影响。通过回顾文献可以发现，现有研究大多把这两对关系割裂开来单独刻画。韩增林和郭建科（2014）在确定内陆腹地对东部沿海港口隶属关系的基础上，对港口的空间效应进行识别，较为成功地将这两对关系纳入统一的研究框架内进行系统考察，但根据区划等原则定性划分出的腹地范围难免粗糙，且缺乏在时间序列上的演变分析；目前部分港口与腹地协调关系的相关研究，直接用整个研究期内港口吞吐量或综合实力和各腹地单元人口或经济实力（钟铭等，2011；李谭等，2012）来衡量港口与腹地的协调互动程度，这种方法虽然简单易操作，却忽略了港口货源并非由单一腹地单元生成的事实，并且没有考虑到腹地经济发展的阶段性对两者协调关系的影响；腹地的基本分析单元或为整个研究区，或为省域，或为市域，探讨港口与县域单元间关系的研究较少；研究对象多为东部海港与腹地，针对被视作未来港口体系演化重点的内河港口（Hesse and Rodrigue，2004）与其腹地关系的研究尚显不足，相关研究停留在沿江港口体系空间结构（曹有挥，1999）、内河航运与区域经济发展的关系（李跃旗，2009）、内河航运效率（高鹏和何丹，2015）等方面。

长江中游港口位于长江经济带的核心区域，是重要的经济枢纽，在构建现代综合交通体系、推动沿江产业结构优化升级、促进东中西部区域协调发展、降低能耗和改善生态环境等方面将发挥重要作用。本节以长江中游主要港口和长江中游城市群为研究对象，以县域为基本分析单元，选取 2001 年、2007 年和 2013 年 3 个时间截面，引入场强模型对各港口的腹地范围进行科学界定，并借鉴钱纳里的经济发展阶段判断标准，划分各腹地的经济发展阶段。在此基础上采用协调发展度和相对发展度模型，测度处于不同经济发展阶段的腹地与其所属港口的协调程度，以期为今后长江中游港口资源合理配置、港口-腹地协调发展提供理论支撑，促进长江中游城市群和长江经济带建设。

一、研究对象与方法

（一）研究对象与数据来源

研究对象涉及两方面：①港口。长江中游西起湖北宜昌，东至江西湖口，总长约 1000 km，流域面积 68 万 km^2。流域内共分布着大小港口 130 余座，其中宜昌港、荆州港、武汉港、黄石港、九江港、南昌港、岳阳港、长沙港均为全国内河主要港口。到 2013 年底，上述 8 个港口的货物吞吐量超过 4×10^8 t，集装箱吞吐量达到 165 万标准箱，分别占湘鄂赣三省港口总量的 65% 和 98%。因此，以上述 8 个港口作为长江中游港口研究对象具有较强的代表性和可操作性。②腹地。长江中游城市群是以武汉城市圈、环长株潭城市群、环鄱阳湖城市群为主体形成的特大型城市群，依据《长江中游城市群发展规划》的范围界定和港口-腹地作用规律，将该区域设定为长江中游港口腹地的研究对象。为便于数据采集,除武汉的蔡甸、江夏、新洲、黄陂四区外的各地级市辖区合并为地级市区,并剔除2010年新设的共青城市(位于江西省),最终划分出175个县域单元。

本节主要使用两大类数据:①空间数据,主要是研究区范围内空间数据。②属性数据。港口吞吐量数据来源于《中国港口年鉴》;社会经济数据来源于湘鄂赣三省统计年鉴和部分县市区统计年鉴与统计公报。

(二)研究框架

长江中游地区港口众多,港口腹地交叉现象较为严重,各港口与其腹地经济的协调状况也复杂多样。为了能清晰地把握长江中游港口与腹地的主要发展关系,本节运用港口与腹地间的隶属关系与协调关系研究框架(图3-5),对长江中游港口腹地演变特征和港口-腹地经济协调发展特征进行全面的时空分析。

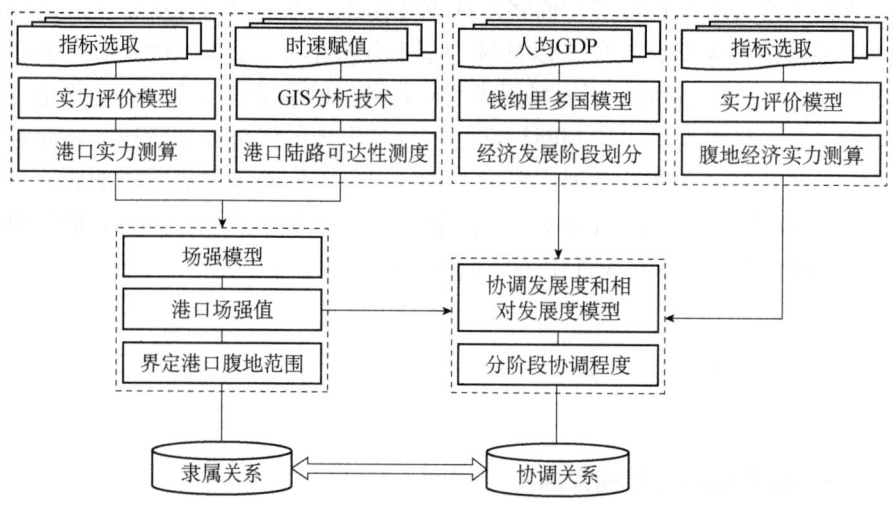

图3-5 港口与腹地间的隶属关系与协调关系研究框架

(三)方法及模型

1. 实力评价模型

基于指标选取的主导性及数据的可得性,构建长江中游港口实力与腹地经济实力评价指标体系(表3-14)。指标权重的确定采用结构熵权法(程启月,2010),即定性与定量相结合的方法。定性方面,用德尔菲法采集相关研究领域专家的意见,形成"典型排序"。定量方面,用熵权法对"典型排序"结构的不确定性进行"盲度分析",对潜在的偏差数据进行统计处理,确定各项指标重要程度数值,即指标的权重。

实力指数计算，表达式如下：

$$Z_{ik} = 100 \times \sum_{j=1}^{n} u_{ij} X_{ij} \qquad (3\text{-}5)$$

式中，Z_{ik} 为评价对象 i 中样本 k 的实力指数；X_{ij} 为评价对象 i 中样本 k 的第 j 个指标的离差标准化值；u_{ij} 为指标权重；n 为指标个数。

表 3-14　港口实力与腹地经济实力评价指标体系

评价对象	评价指标	权重
港口	X_{11} 港口货物吞吐量	0.397
	X_{12} 集装箱吞吐量	0.376
	X_{13} 外贸货物比重	0.101
	X_{14} 集装箱货物比重	0.126
腹地	X_{21} 人均地区生产总值	0.208
	X_{22} 人均财政收入	0.146
	X_{23} 人均社会消费品零售额	0.161
	X_{24} 人均全社会固定资产投资额	0.215
	X_{25} 第二产业占 GDP 比重	0.142
	X_{26} 第三产业占 GDP 比重	0.128

注：X_{11}、X_{12} 反映港口规模，X_{13}、X_{14} 反映港口货物结构，其中外贸货物比重=外贸货物吞吐量/港口货物吞吐量，集装箱货物比重=集装箱货物吞吐量/港口货物吞吐量。

2. 港口陆路可达性测度

可达性是评价区位条件和交通网络的综合性指标，港口陆路可达性可以理解为港口与内陆腹地相互作用的便捷程度。采用 GIS 成本加权距离法（高鹏等，2016）计算港口陆路可达性。

首先，对主要空间地物赋予不同的通行速度：根据研究期间中国不同等级铁路速度标准和《公路工程技术标准》（JTG B01—2003）[①]，并结合区域实际状况设定各类道路通行速度，借鉴张莉（2013）的研究成果设定河流的通行速度，对没有道路通过的连续陆域和湖泊分别设定 15km/h 和 1km/h 的默认速度（表 3-15）。其次，设定出行 1km 所需的平均时间（以分钟计）为各类空间对象的时间成本，并将各矢量图层栅格化后依次叠加（栅格大小设为 0.3km × 0.3km），得到综合时间成本栅格图。再次，分别以 8 个港口的核心港区为目标源点，在 ArcGIS 10.1 中运行 Cost Distance 命令，生成 8 个港口的最短可达时间数据。最后，利用如下公式计算港口的陆路可达性：

---

① 现行标准为 JTG B01—2014，本研究使用研究时段实行标准。

$$A_i = \sum_{j=1}^{n} \frac{T_{ij}}{n} \quad (3\text{-}6)$$

式中，A_i 为港口 i 的陆路可达性；T_{ij} 为栅格 j 与港口 i 之间的最短时间距离；n 为栅格数量。

表 3-15　主要空间地物的时间成本

空间对象	速度/（km/h）	时间成本/min
铁路	90	0.68
高速公路	100	0.60
国道	80	0.75
省道	60	1.00
县道	40	1.50
长江	25	2.40
湘江、沅江、汉江、赣江、信江	20	3.00
陆域	15	4.00
湖泊	1	60.00

3. 场强模型

借用物理学中的概念，将某一港口的腹地称为该港口影响力的"力场"，影响力大小称为"场强"，计算公式如下（张莉和陆玉麒，2001）：

$$E_{ij} = \frac{Z_i}{D_{ij}^{a}} \quad (3\text{-}7)$$

式中，E_{ij} 为港口 i 在 j 点的场强；Z_i 为港口 i 的实力指数；D_{ij}^{a} 为 j 点与港口 i 的距离，在此用港口陆路可达性数值代替；a 为距离摩擦系数，一般取标准值 2.0。

场强模型遵循"距离衰减规律"，场强随距离的增大而减小，在某一点的港口场强是 8 个港口场强值的综合叠加。本节以县域行政区为分析单元，分别统计出 8 个港口在某一县域单元内全部栅格的场强，场强最大者即该县域单元所归属的港口，对研究区内 175 个县域单元的归属地进行划分，即可界定出 8 个港口的腹地范围。港口在某一腹地单元的场强越大，其影响力就越大，或可以理解为该腹地单元产生港口运输需求的可能性也就越大。

4. 钱纳里多国模型

钱纳里多国模型主要从经济发展的长期过程研究中揭示了多个不同类型国家的人均 GDP 与结构变动的关系，利用该模型得出的阶段划分标准具有很强的实用性。参照钱纳里的划分标准（钱纳里等，1989），按 1970 年美元计算，根据人均 GDP 将经济发展阶段划分为前工业化阶段（0，280]、工业化初期

（280，560］、工业化中期（560，1120］、工业化后期（1120，2100］和后工业化阶段（2100以上）5个发展阶段。为反映真实的人均GDP水平，本节根据钱纳里多国模型方法，通过计算美元的换算因子，将1970年美元的阶段划分推演至2001年、2007年和2013年美元，并根据各年份美元对人民币的汇率中间价换算至人民币。

5. 协调发展度和相对发展度模型

县域腹地单元的经济发展同样存在阶段性特征，在不同的成长阶段，港口与腹地经济的相互作用关系存在较大差异。当腹地处于工业化时期时，制造业中对港口有需求的企业可能增加；当该腹地走向现代经济时，其自身经济对于港口运输的总需求可能较少（王缉宪，2010）。因此应分阶段动态考察两者的作用关系。港口与腹地经济的协调关系是指港口发展与腹地经济之间的彼此配合和相互促进的状态。采用如下模型（刘浩等，2011；钟铭等，2011），计算港口与腹地经济的协调互动程度：

$$C_i = \sqrt{\frac{U_{1i} \times U_{2i}}{(U_{1i}+U_{2i})(U_{1i}+U_{2i})}} \quad (3-8)$$

$$T_i = \alpha U_{1i} + \beta U_{2i} \quad (3-9)$$

$$D_i = \sqrt{C_i \times T_i} \quad (3-10)$$

$$E_i = \frac{U_{1i}}{U_{2i}} \quad (3-11)$$

式中，C_i为处于经济发展i阶段的腹地单元与其所属港口的协调度；T_i为处于经济发展i阶段的腹地单元与其所属港口的综合协调指数；D_i为处于经济发展i阶段的腹地单元与其所属港口的协调发展度；E_i为处于经济发展i阶段的腹地单元与其所属港口的相对发展度；U_{1i}为处于经济发展i阶段的腹地单元内其所属港口的场强离差标准化值；U_{2i}为处于经济发展i阶段的腹地单元的经济实力离差标准化值，标准化的目的是提高两者的可比性；α、β为待定权重，取$\alpha = \beta = 0.5$。

根据本节协调发展度和相对发展度的分布特征，并参考相关研究（廖重斌，1999；刘浩等，2011），对长江中游港口与腹地经济协调发展水平进行分类（表3-16）。

表3-16 长江中游港口-腹地经济协调发展阶段及类型

D	发展阶段	E	协调发展类型特征	综合类型
		$0<E\leqslant 0.8$	港口发展滞后于腹地经济，前者制约后者，系统退化	I
$0<D\leqslant 0.4$	拮抗阶段	$0.8<E\leqslant 1.2$	港口发展同步于腹地经济，前者推动后者，系统优化	II
		$E>1.2$	港口发展超前于腹地经济，后者制约前者，系统退化	III

续表

D	发展阶段	E	协调发展类型特征	综合类型
$0.4<D \leqslant 0.75$	磨合阶段	$0<E \leqslant 0.8$	港口发展滞后于腹地经济，前者制约后者，系统退化	Ⅳ
		$0.8<E \leqslant 1.2$	港口发展同步于腹地经济，前者推动后者，系统优化	Ⅴ
		$E>1.2$	港口发展超前于腹地经济，后者制约前者，系统退化	Ⅵ
$0.75<D \leqslant 1$	协调阶段	$0<E \leqslant 0.8$	港口发展滞后于腹地经济，前者制约后者，系统退化	Ⅶ
		$0.8<E \leqslant 1.2$	港口发展同步于腹地经济，前者推动后者，系统优化	Ⅷ
		$E>1.2$	港口发展超前于腹地经济，后者制约前者，系统退化	Ⅸ

二、港口场强及腹地演变分析

（一）港口场强演变特征

1. 港口实力指数与港口陆路可达性

首先运用式（3-5）计算各港口实力指数，然后运用式（3-6）求出研究区内各港口的陆路可达性数值（限于篇幅，在此仅展示各港口与研究区所有栅格之间最短时间距离的均值）（表3-17）。

表 3-17 长江中游主要港口实力指数及港口陆路可达性均值

港口	实力指数			研究区内港口陆路可达性均值/h		
	2001 年	2007 年	2013 年	2001 年	2007 年	2013 年
武汉港	3.058	8.657	14.449	4.998	4.372	3.988
黄石港	1.340	3.103	4.112	4.668	4.301	3.859
荆州港	1.550	3.020	3.971	5.741	5.296	4.984
宜昌港	1.514	2.965	3.934	6.443	6.161	5.708
九江港	1.697	4.414	6.700	4.640	4.390	3.979
南昌港	1.917	2.609	3.927	4.517	4.279	3.989
岳阳港	1.813	3.934	9.034	4.743	4.518	3.974
长沙港	2.114	4.164	4.365	4.532	4.169	3.723
平均值	1.875	4.108	6.516	5.035	4.686	4.217
标准差	0.537	1.948	3.765	0.695	0.691	0.695
变异系数	0.286	0.474	0.578	0.138	0.147	0.165

2001 年以来长江中游主要港口的实力指数和陆路可达性均值都有不同程度的提高，实力指数均值由 2001 年的 1.875 提高到 2013 年的 6.516，年均增长近 10.94%；陆路可达性均值由 2001 年 5.035h 提高到 2013 年的 4.217h。研

究期间主要港口实力指数和可达性均值的绝对差异和相对差异均呈现扩大的态势，但港口陆路可达性的差异程度要小于港口实力指数的差异程度。

2. 港口场强演变特征分析

将得到的港口实力指数和陆路可达性代入式（3-7），得到 8 个港口的综合场强值（图3-6）。

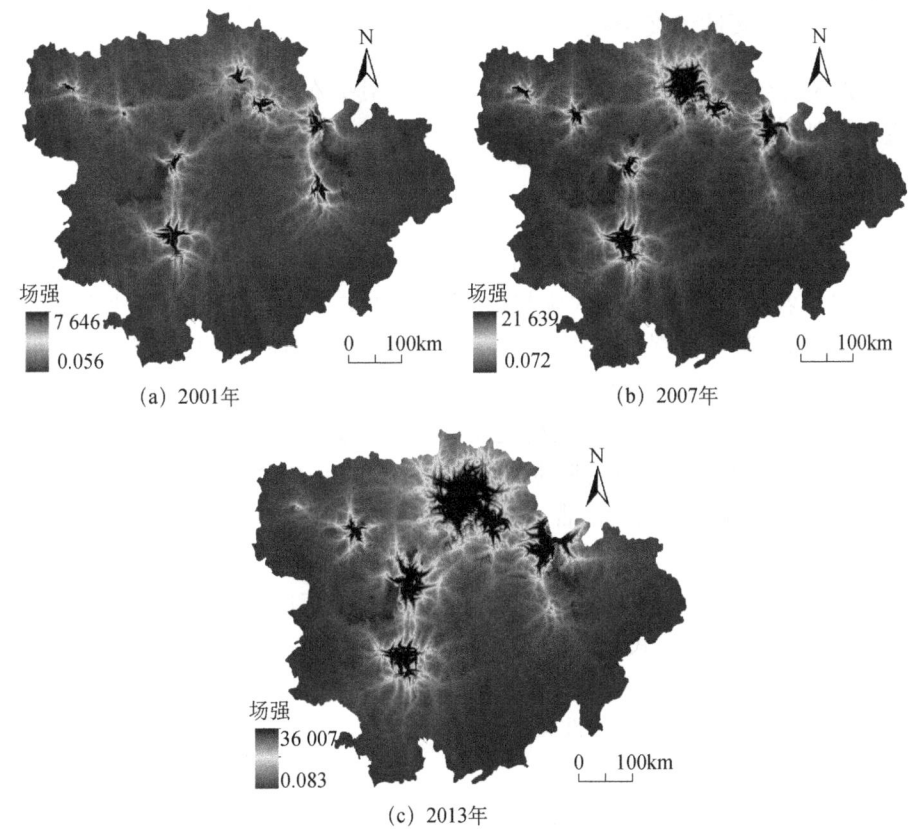

图 3-6　长江中游主要港口综合场强分布

从时间序列来看，整个研究区的港口场强呈递增态势，2001 年场强均值为 2.137，2007 年为 3.318，2013 年达 8.745。基于县域单元分析，2001 年、2007 年和 2013 年 175 个县区的港口场强标准差分别是 3.335、7.039 和 11.776，变异系数分别为 1.561、2.121 和 1.347，说明不同地区的港口场强差异显著，且绝对差异不断扩大，相对差异先扩大后缩小。

从空间分布来看，高场强区分布在各港口的核心港区周围，低场强区广泛分布于远离核心港区且交通网络不完备的外围地区，"中心-外围"结构明显。

分区域而言，在武汉城市圈内，港口场强增加显著，2013年高场强区基本连成一片。在荆门、荆州、宜昌所辖县区，场强值较低，尚处于发展初期。在环鄱阳湖城市群地区，港口场强的区域异质性不断扩大，由最初的双核结构演变为九江港的单核主导。在环长株潭城市群地区，港口场强的双核结构越趋明显，岳阳港和长沙港周围为高场强集聚区。

（二）港口腹地演变特征

分别统计各县域单元内所属港口的场强，其分布亦呈现出核心港区周围场强值大、外围区场强值小的"中心-外围"结构特征，根据该值界定港口腹地范围。

1. 总体演变特征

①研究期间长江中游主要港口腹地范围差异较大，而差异格局变化不大。由于武汉港在港口实力方面的优势、长沙港和南昌港在陆路可达性方面的优势，3个港口的腹地范围始终处于前3位，占到所有腹地数量的7成，黄石港腹地范围始终最小。②港口腹地的总体空间格局变化不大，各港口腹地均围绕其核心港区扩张或收缩，但边缘腹地变动显著。③交通干线布局与腹地形态具有一定的耦合性。例如，荆州港腹地受南北走向的国道G207和襄荆高速公路影响呈长条状，武汉港腹地则沿武吉高速公路向南不断延伸。④港口出现"离散岛型"腹地和非连续性腹地，印证了Notteboom和Rodrigue（2005）所描述的航运集装箱化后腹地发展的一般特征。2007年，上饶市区和广丰县、吉安市区和万安县分别为南昌港和武汉港的"离散岛型"腹地；2013年，分宜县、安福县、吉安市区、吉安县、泰和县、遂川县和万安县被南昌港腹地所分割，成为武汉港南部空间致密的非连续性腹地。

2. 分港口腹地演变特征

通过计算某一港口对其腹地的影响力大小（即腹地所属港口的场强）与该腹地受所有港口的影响力大小（即综合场强）的百分比，计算各港口对腹地的相对重要程度（表3-18），据此可廓清各港口腹地的演变态势。

表 3-18　腹地所属港口的场强占综合场强百分比（%）

腹地	2001 年	2007 年	2013 年
武汉港腹地	48.07	57.40	60.69
黄石港腹地	59.62	59.58	56.92
荆州港腹地	44.46	44.43	40.16
宜昌港腹地	46.96	44.47	44.46
九江港腹地	59.59	60.72	61.48

续表

腹地	2001 年	2007 年	2013 年
南昌港腹地	58.66	47.67	46.39
岳阳港腹地	44.16	41.95	51.49
长沙港腹地	64.20	59.58	50.21

武汉港对其腹地的相对重要性显著增强，由 2001 年的 48.07%提高到 2013 年的 60.69%，其腹地范围得到进一步巩固与发展，腹地数量由 23 个增加到 40 个，扩张的主要方向是环长株潭城市群和环鄱阳湖城市群中南部的县区。黄石港对其腹地的相对重要性缓慢下降，由 59.62%下降到 56.92%，腹地范围收缩明显，已由 2001 年的 7 个县区减少到只有黄石市（包括黄石市区、大冶市和阳新县）。荆州港对其腹地的相对重要性缓慢下降，由 44.46%下降到 40.16%，其腹地范围受到周边港口挤压，腹地数量到 2013 年减至 8 个。宜昌港对其腹地的相对重要性略有下降，腹地范围变化不大，基本稳定在鄂西地区。九江港对其腹地的相对重要性略有提升，由 59.59%提高到 61.48%，腹地范围稳步扩张，增加的腹地均原属南昌港，强大的武汉港阻碍其向西拓展，因而向南扩张仍为今后的主要方向。南昌港对其腹地的相对重要性下降趋势明显，由 58.66%下降到 46.39%，其腹地范围不断受到武汉港和九江港的挤压，腹地边界从北部和西部向内聚拢收缩。岳阳港对其腹地的相对重要性在波动中提升，由 44.16%下降到 41.95%后又提高到 51.49%，其腹地数量也由 13 个减少到 8 个后又增加到 16 个，腹地空间有向南和向西拓展的趋势。长沙港对其腹地的相对重要性由 64.20%急剧下降到 50.21%，其腹地范围也受到武汉港和岳阳港的挑战，但凭借其陆路可达性优势，2013 年仍是研究区内腹地数量最多的港口。

三、腹地经济及协调发展分析

在明确长江中游各港口与腹地隶属关系的基础上，根据人均 GDP，对长江中游城市群 175 个县域单元的经济发展阶段进行划分，然后运用式（3-8）～式（3-11），得到处于不同经济发展阶段的腹地与其所属港口的协调发展度和相对发展度，并对其分类。

（一）腹地经济发展阶段划分结果

2001 年长江中游城市群整体尚未进入工业化阶段，大部分县区处于前工业化阶段，部分市区处于工业化初期，整个研究区仅有株洲市区和武汉市区人均

GDP 分别达到 21 367 元和 21 072 元，处于工业化中期。2007 年共有 70 个县域单元进入工业化阶段，其中武汉市区和长沙市区达到工业化后期，但大部分县域单元仍处于前工业化阶段。2013 年全面进入工业化阶段，并以工业化中期为主导，江西的九江市、鹰潭市、新余市等市，湖北的宜都市、武汉市、宜昌市等市，湖南的冷水江市、长沙县、长沙市、株洲市、湘潭市、娄底市、岳阳市等市县共计 13 个单元进入后工业化阶段。

（二）港口-腹地经济协调发展特征

1. 总体发展特征

在长江中游港口与腹地经济协调发展综合类型中，Ⅳ型在研究期间各经济发展阶段中所占比例均超过 40%，即综合协调关系处于港口发展滞后于腹地经济发展的磨合阶段。Ⅴ型、Ⅵ型、Ⅷ型和Ⅸ型占比较低，Ⅰ型、Ⅱ型、Ⅲ型和Ⅶ型在研究期间并未出现。从空间上看，2001 年处于协调阶段的港口-腹地单元散布在各核心港区，2007 年和 2013 年则在武汉城市圈有所集聚，而处于磨合阶段的港口-腹地单元广泛分布于整个研究区。处于港口超前发展状态的港口-腹地单元集聚在各核心港区，向外依次为港口同步发展和港口滞后发展状态的单元，大体呈现出圈层分布规律。

2. 分港口发展特征

2001 年武汉港与腹地经济整体处于前者滞后于后者的磨合阶段，特别是武汉市区在 2001 年达到工业化中期水平，处于经济提速、产业结构向重工业化转型的关键时期，但此时港口发展没有跟进（相对发展度为 0.612），阻碍了经济进一步发展；2007 年和 2013 年武汉港与属武汉城市圈的腹地处于港口超前于腹地经济的协调阶段，原因是"十一五"以来，如《武汉城市圈总体规划纲要（2007～2020）》等规划和政策的出台给武汉城市圈带来了前所未有的发展机遇，同时也为武汉港快速发展提供了平台，港口与腹地经济互动明显增多，协调程度提高，但武汉港与非属武汉城市圈的腹地的综合协调发展类型仍以Ⅳ型居多。黄石港在研究期间各阶段与直接经济腹地黄石市的协调发展度较高，但相对发展度均大于 1.2，这与黄石产业结构以提供原材料和资源型产业粗加工为主有关。2001 年荆州港与其腹地的综合协调发展类型中Ⅳ型占到 80%，而伴随腹地经济的发展，该港口作为区域内能源和外贸物资集散地的作用日益明显，港口与腹地经济不协调的局面整体得到改善。研究期间宜昌港与其腹地的综合协调发展类型全部为Ⅳ型，宜昌港码头分布与货源分布不协调、港口功能与配套产业发展缓慢、集疏运系统建设滞后等问题长期得不到有效解决，造成港口对工业的引导作用不够，腹地经济未能与港口形成良性互动。九江港与其腹地的协调发展状况存在明显的空间分异特征，即九江港与长江沿线和鄱阳湖以西的经济腹地的协调互动程度（以Ⅵ型、Ⅸ型为主）明显优于赣东北经济腹地（以Ⅳ型为主），其主要原因是缺少东西走向的物流大通道连接九江港与赣东北地区。南昌港受赣江、鄱阳湖枯水季影响较大，港口功能得不到充分发挥，对腹地经济的支撑作用有限，两者长期处于港口滞后于腹地经济的磨合阶段。在前工业化阶段和工业化初期，岳阳港腹地现代化工业刚刚起步，对港口运输的需求度不足，港口与腹地互动性不强；在工业化中后期，岳阳港周边腹地聚集了大量石化、造纸、水泥、电力能源等企业，拉动了对港口运输的需求，两者协调状况逐步改善。长沙港与腹地协调状况差强人意，处于协调阶段的港口-腹地单元由2001年的1个，增加到2007年的5个，最终又减少到2013年的1个。值得注意的是，2013年长沙市区达到后工业化阶段，并与长沙港达到同步协调发展的"理想"状态。

四、结论与讨论

首先，港口货物转运的规模和范围经济效益，以及交通网络的成本和时间压缩效益决定了港口对腹地的影响力和辐射范围（或可以理解为腹地产生港口运输需求的可能性）。实证研究表明，综合反映港口实力指数和陆路可达性条件的港口场强是界定港口腹地范围的基础性指标之一。①研究期间，长江中游主要港口的场强在递增的同时区域异质性不断扩大，港口场强的分布空间形态与核心港区以及陆路交通网络的空间格局具有高度的耦合关系。②长江中游主要港口腹地范围差异显著，但总体空间格局变化不显著，武汉港、长沙港、南昌港的腹地范围始终处于前3位，黄石港腹地范围始终最小。③根据某一港口对其腹地的影响力大小与该腹地受所有港口的影响力大小的百分比，得出长江中游各港口腹地演变态势：武汉港、九江港、岳阳港的腹地范围有扩大态势，荆州港、南昌港、长沙港的腹地范围有缩小态势，黄石港、宜昌港的腹地演变趋于稳定。

其次，根据钱纳里多国模型，对腹地的经济发展阶段进行划分，在此基础上引入港口场强代替港口吞吐量或综合实力，有效地揭示了港口与腹地经济的协调关系。研究表明，处于不同经济发展阶段的腹地与其所属港口的协调关系，整体处于港口发展滞后于腹地经济发展的磨合阶段；不同港口腹地之间，以及同一港口腹地范围内的腹地单元之间与其所属港口的协调关系差异显著；经济发展阶段、产业结构、自然条件、交通运输等因素对各港口与腹地经济的协调关系产生不同程度的影响。

　　港口资源是长江中游城市群实现健康、快速与可持续发展的重要条件。研究长江中游港口腹地时空演变特征，剖析腹地经济与港口的协调发展格局，对于构建功能完善、布局合理、层次分明、紧密协作的长江中游港口群，具有重要的政策意义。本节首次尝试将场强模型与协调发展度和相对发展度模型相结合，在区域层面（县区层面）上把长江中游港口-腹地隶属关系和协调关系纳入一个统一的研究框架。港口场强虽然不能完美刻画港口与各腹地间人流、物流、资金流、信息流等关联要素流量及流向的真实水平，但在基于多因素影响的腹地范围界定，以及处于不同经济发展阶段的腹地与其所属港口的协调关系研究上取得了相当的成果。如何丰富港口场强内涵，做到尽量逼近现实，是未来继续研究的重要方向。

第三节　区域高等教育与经济发展协调关系

　　随着科学技术的革新，以知识创新为核心动力的经济增长模式成为当前经济发展的主要方式，作为知识创新载体的高素质人才是区域经济发展的重要战略资源，高等教育为区域经济发展培养了大量高素质人才。然而，高等教育能否得到发展，在很大程度上取决于其与周围环境是否成功取得联系，只有当高等教育成功地表现出它对地方社会、地区和国家社会是有用的，能够满足社会需要和个人需要的时候，它才能够得到发展，才能够成为群众性的教育（纳伊曼，1982）。目前，国内外学者就高等教育与区域经济的作用关系进行了大量研究，分别从教育投资（崔姹和孙文生，2011）、劳动力受教育层次（Denison，1962；Agiomirgianakis et al.，2002；王家赠，2002）、高等教育规模质量（周永红和熊洋，2013）以及教育层次结构（迟景明等，2010）等方面论证了高等教育对区域经济发展的推动作用。舒尔茨（2002）通过调查研究第二次世界大战后美国的经济增长，发现科技、教育对经济增长的贡献率高于物质投资，已达到 80%。而申亚民和吴润（2003）结合劳动简化法和生产函数法对西安市 1985~1999 年的相关研究表明，教育投资对经济增长的贡献率仅为 37.71%。实际上，教育作用发挥的程度与国家的经济发展水平有关，落后地区的经济增长更大程度上受初中、高中等低层次教育的影响，经济发展程度高的地区受高等教育等高层次教育影响更突出（Petrakis and Stamatakis，2002），同时，由于经济发展差异的存在，不同区域对高等教育人才的总量、规格和结构的需求不一样（马燕，2004）。此外，高等教育对经济增长的作用还存在3～7年的延后效应（Mcmahon，1987）。因此，高等教育规模扩张过快或过慢都会产生高等教育与经济发展的协调性问题（刘贤龙，1998）。

分析高等教育与区域经济发展差异，把握二者的协调发展程度成为优化高等教育发展策略、推动区域经济发展的关键。关于二者协调关系的研究已成为目前国内学术界重要研究方向之一，国内学术界主要基于系统学与协同学的观点，建立数学模型对高等教育与区域经济的协调性进行研究。毛盛勇（2009）与丁浩（2013）采用等级差法和因子分析法、曲建忠（2013）采用协同原理构建出复合系统协调度评价模型，从省级层面分析了我国各地区高等教育和经济发展的协调性；许玲（2014）将主成分分析法与等级差法结合起来、邹阳和李琳（2008）运用模糊数学方法，构建协调度模型测度各地区的协调水平；李新荣（2008）采用主要指标值平均排名差值评定法从省级层面分析了浙江省高等教育与经济发展的协调性问题；高耀等（2013）使用聚类分析和象限分析等方法综合评价我国十大城市群的高等教育与经济发展协调状况。

区域经济发展中，高等学校能针对市场需求为其所在区域培养经济发展所需要的应用型人才（董泽芳和柯佑祥，2000），经济稳步增长必须依赖高等教育（董小慧，2012；李宝元，2000）。因此，需要分析高等教育与区域经济发展差异，把握二者的协调发展程度。长江中游城市群高等学校众多、城市间经济发展差异巨大，这必然导致高等教育与区域经济发展在空间上的错位配置，产生协调性问题。基于此问题，本节采用因子分析法、协调度测度对研究区高等教育与区域经济发展进行综合评价，采用系统聚类法优化协调区划分，最后根据协调度提出高等教育与区域经济的协调发展策略。

一、研究对象与方法

（一）研究对象与数据来源

本节选择长江中游地区武汉城市圈、长株潭城市群、环鄱阳湖生态经济区和皖江城市带四个经济区域内340所普通高等学校和32个地级市为研究对象，其中武汉城市圈内的地级市有武汉市、黄石市、黄冈市、鄂州市、孝感市、咸宁市；长株潭城市群内的地级市有长沙市、岳阳市、常德市、益阳市、株洲市、湘潭市、衡阳市、娄底市；环鄱阳湖生态经济区内的地级市有南昌市、九江市、景德镇市、鹰潭市、上饶市、新余市、抚州市、宜春市、吉安市；皖江城市带的地级市有合肥市、芜湖市、马鞍山市、铜陵市、安庆市、池州市、滁州市、六安市、宣城市。高等教育和区域经济两大系统的指标数据均来自2006~2012年的《湖南统计年鉴》《安徽统计年鉴》《江西统计年鉴》《湖北统计年鉴》；湖北、湖南、安徽、江西教育事业统计年鉴以及《中国城市年鉴》。

（二）研究框架与模型构建

为进一步厘清研究过程，构建高等教育与区域经济协调发展的研究框架（图3-7）：在确定高等教育和区域经济两大系统评价指标的基础上，采用因子分析模型得到两大系统的综合得分；然后通过协调度测度模型测算出协调关系，最后利用系统聚类分析得到分类结果，并提出发展建议。

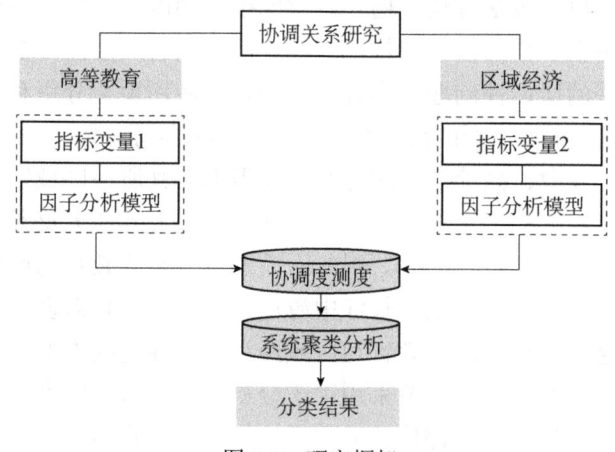

图3-7　研究框架

1. 因子分析模型

因子分析的基本思想是在较少损失原有信息的前提下将复杂的变量综合为少数几个因子，用几个因子去描述许多变量之间的联系（高惠璇，2005）。设 $X=(X_1, X_2, \cdots, X_p)$ 为可观测的随机变量，是评价对象的 p 个指标变量，$F=(F_1, F_2, \cdots, F_m)$ $(m<p)$ 为不可观测的随机变量，构建因子分析模型：

$$X_1 = \mu_1 + a_{11}F_1 + a_{12}F_2 + \cdots + a_{1m}F_m + \varepsilon_1,$$
$$X_2 = \mu_2 + a_{21}F_1 + a_{22}F_2 + \cdots + a_{2m}F_m + \varepsilon_2,$$
$$\cdots\cdots\cdots\cdots$$
$$X_p = \mu_p + a_{p1}F_1 + a_{p2}F_2 + \cdots + a_{pm}F_m + \varepsilon_p$$

用矩阵表示为

$$X = \mu + aF + \varepsilon \tag{3-12}$$

式中，F 为 X 的公因子；$\mu = (\mu_1, \cdots, \mu_p)$ 为 X 的均值；$\varepsilon = (\varepsilon_1, \cdots, \varepsilon_p)$ 为 X 的特殊因子，各特殊因子之间及特殊因子与公因子之间互不相关。

经过因子分析后，采用回归法计算 $F = (F_1, \cdots, F_m)$ 的因子得分，将各因子的贡献率与因子总贡献率的比值作为 F 的权重，进行加权平均得到评价对象的综合得分 H：

$$H = b_1 F_1 + b_2 F_2 + \cdots + b_m F_m \tag{3-13}$$

式中，$\sum_{1}^{m} b_i = 1, i = (1, 2, \cdots, m)$。

高等教育系统指标体系由 3 个二级指标、9 个三级指标构成；区域经济系统由 5 个二级指标、13 个 3 级指标构成（表 3-19）。

表 3-19 长江中游城市群高等教育和区域经济发展水平指标体系

一级指标	二级指标	三级指标	
高等教育系统	教育规模	H_1	每万人拥有的高等学校数/所
		H_2	每万人在校大学生数/人
		H_3	每万人高等学校专任教师数/人
		H_4	平均每所大学在校生数/人
	教育结构	H_5	研究生占在校大学生的比重/%
		H_6	专科生占在校大学生的比重/%
		H_7	副高以上教授占普通高等学校专任老师比重/%
	教育效益	H_8	高等学校毕业生数/人
		H_9	论文发表数/篇
区域经济系统	经济规模	E_1	GDP/亿元
		E_2	城镇固定资产投资额/万元
		E_3	地方财政一般预算支出/万元
		E_4	社会消费品零售总额/万元
	经济增长	E_5	GDP 增长率/%
	产业结构	E_6	第二产业占 GDP 比重/%
		E_7	第三产业占 GDP 比重/%
	就业结构	E_8	第二产业从业人员数所占比重/%
		E_9	第三产业从业人员数所占比重/%
	社会发展	E_{10}	城镇居民家庭人均可支配收入/元
		E_{11}	职工平均工资/元
		E_{12}	人均 GDP/元
		E_{13}	人均地方财政收入/元

2. 协调度测度

协调发展是一个模糊概念，在模糊数学隶属度的思想下，协调度的测度是指测量某一个系统（因素）与其他系统（因素）相适应的数值，通过给定的数值求得在某一系统隶属于模糊集的协调程度（王维国，1995）。计算公式为

$$U(E/H) = \exp\{-|E - E'|\} \quad (3\text{-}14)$$

式中，$U(E/H)$ 为区域经济系统的实际值与高等教育系统对区域经济系统要求的协调值接近的协调发展程度，U 的取值范围是：$0 \leq U \leq 1$；E' 为通过协调函数 $E = f^*(H)$ 得出的与每一实际高等教育水平 H 相对应的经济协调值。

3. 聚类分析法

聚类分析法是定量研究地理事物分类的重要方法，其基本思想是以统计量为划分类型的依据，根据相似程度聚合分类，直到所有的变量聚合完毕，形成亲疏关系。本章采用系统聚类分析法对区域协调程度进行归类划分（徐建华，2010），模型设计如下：

假设有 m 个聚类，每个聚类有 $X_1, X_2, \cdots, X_n$ 个聚类对象，首先进行极差标准化：

$$x'_{ij} = \frac{x_{ij} - \operatorname{Min}_i\{x_{ij}\}}{x_{ij} - \operatorname{Max}_i\{x_{ij}\} - \operatorname{Min}_i\{x_{ij}\}} \quad (i=1,2,\cdots,m; j=1,2,\cdots,n) \quad (3\text{-}15)$$

距离可度量事物差异性，采用欧氏距离确定聚类对象差异性：

$$d_{ij} = \sqrt{\sum_{k=1}^{n}(x_{ik} - x_{jk})^2} \quad (i,j=1,2,\cdots,m) \quad (3\text{-}16)$$

最后在 $m \times m$ 距离矩阵的非对角元素中找到 $d_{pq} = \operatorname{Min}\{d_{ij}\}$，将分类对象 G_p 和 G_q 归并为新的一类 G_r，然后按照 $d_{rk} = \operatorname{Min}\{d_{pk}, d_{qk}\}$，计算原有类与新类的距离，最后得到归类结果。

二、高等教育与区域经济评价

（一）高等教育系统评价

2011 年，中部地区长江沿线城市群地区 340 所普通高等学校在校生总量达到 349 万人，毕业生人数达到 92.1 万人，形成专-本-研三级人才结构，高等教育规模巨大、学历层次丰富，但区域分布极不均衡、结构极不合理。武汉城市圈高等教育资源各项指标都超过其他城市群：普通高等学校数为 92 所，毕业生

人数 27.8 万人，在校生总量约 108 万人，高等学校专任教师数接近 6.3 万人，研究生在校生数约 10 万人，高等教育学历层次结构最好；而皖江城市带与环鄱阳湖生态经济区的高等教育实力最弱，普通高等学校数分别只有 81 所、76 所，在校生总量分别只有约 75 万人和约 73 万人，研究生在校生数也分别只有约 3.4 万人和约 2.1 万人。武汉城市圈在本科生和研究生数量上有优势，环鄱阳湖生态经济区在专科生规模上有相对优势。在城市群内部教育资源分布也极不均衡，省会城市的高等教育资源集聚程度很高：从学生占圈比这一指标可以看到在城市圈内部，武汉、长沙、合肥和南昌四个省会城市的学生数量分别占到各自的 85.1%、55.5%、65.4% 和 55.8%，高等学校专任教师数也大量集中在四个省会城市，所占比重也在一半以上（表 3-20）。

表 3-20　长江中游城市群高等教育资源规模结构概况

项目	武汉城市圈	长株潭城市圈	皖江城市带	环鄱阳湖生态经济区
普通高等学校数/所	92	91	81	76
高等学校专任教师数/人	62 889	53 577	40 499	44 234
毕业生人数/人	278 000	248 268	197 366	197 611
在校生总量/人	1 080 508	931 074	747 307	734 564
专科在校生数/人	323 775	361 537	258 609	347 091
本科在校生数/人	646 860	511 228	454 600	366 600
研究生在校生数/人	109 873	58 309	34 098	20 873
专-本-研在校生比例/%	30.0∶60.0∶10.0	38.8∶54.9∶6.3	34.6∶60.8∶4.6	47.3∶49.9∶2.8
学生占圈比[①]/%	85.1	55.5	65.4	55.8
教师占圈比[②]/%	85.9	56.0	71.6	54.3

注：①指省会城市普通高等学校在校生总量占省会城市所在城市圈的普通高等学校在校生总量的比重；②指省会城市高等学校专任教师数占省会城市所在城市圈的高等学校专任教师数的比重。

采用因子分析模型对高等教育做综合评价。首先进行 KMO（Kaiser-Meyer-Olkin）和 Bartlett's 球形检验以确定数据是否适合因子分析，通过 SPSS 软件检验发现数据的 KMO=0.784>0.5，根据研究经验可判定变量间的偏相关性比较强，通过 Bartlett's 球形检验得到相伴概率为 0.000，在 0.05 的水平下是显著的，数据完全满足因子分析的数据条件。通过对 32 个城市的因子分析发现特征值大于 1 的因子有 3 个，3 个特征值的方差累积贡献率为 88.092%，即已解释了 88.092% 的总方差（表 3-21），可以将三个公因子 F_1、F_2、F_3 作为特征值提出来。

表 3-21　长江中游城市群地区高等教育发展特征值提取

成分	初始特征值			旋转平方和载入		
	合计	方差的百分比/%	累积百分比/%	合计	方差的百分比/%	累积百分比/%
H_1	5.326	59.178	59.178	5.217	57.970	57.970
H_2	1.810	20.110	79.288	1.654	18.373	76.343
H_3	0.792	8.804	88.092	1.057	11.749	88.092

公因子的载荷系数反映了公因子与各评价指标之间的关联程度。公因子 F_1 中，每万人拥有的高等学校数、每万人高等学校专任教师数、平均每所大学在校生数、高等学校毕业生数中因子载荷系数较大；公因子 F_2 中，专科生占在校大学生的比重和副高以上教授占普通高等学校专任老师比重因子载荷系数较大；公因子 F_3 中，每万人在校大学生数的因子载荷系数较大（表 3-22）。

表 3-22　高等教育系统旋转因子载荷矩阵

H	指标	F_1	F_2	F_3
H_1	每万人拥有的高等学校数	0.940	0.038	−0.167
H_2	每万人在校大学生数	0.007	0.204	0.962
H_3	每万人高等学校专任教师数	0.973	0.069	−0.001
H_4	平均每所大学在校生数	0.978	0.042	−0.013
H_5	研究生占在校大学生的比重	0.850	0.223	0.084
H_6	专科生占在校大学生的比重	−0.104	−0.846	−0.289
H_7	副高以上教授占普通高等学校专任老师比重	0.080	0.911	0.001
H_8	高等学校毕业生数	0.962	0.077	0.058
H_9	论文发表数	0.875	0.051	0.096

通过上文的因子分析和结合回归法计算出各个因子的得分，然后将各因子的贡献率与三个因子总贡献率的比例作为权重进行加权平均，由此计算中部地区长江沿线城市群 32 个城市高等教育发展的综合分 H。

$$H = 0.5797F_1 + 0.18373F_2 + 0.11749F_3 \qquad (3\text{-}17)$$

根据 H 值，结合系统聚类分析，采用软件 SPSS 18.0 将 32 个城市高等教育发展水平划分成五类。

一类地区：武汉市；二类地区：南昌市、长沙市；三类地区：合肥市、芜湖市、湘潭市；四类地区：吉安市、衡阳市、铜陵市、黄石市、株洲市、马鞍山市、咸宁市、抚州市、景德镇市、滁州市、孝感市、九江市、益阳市、池州市、安庆市、岳阳市、常德市、上饶市、新余市、宜春市、黄冈市、娄底市、六安市、鄂州市；五类地区：鹰潭市、宣城市。

（二）区域经济系统评价

以人均 GDP 为指标，采用标准差、极差、极差率和变异系数等指标对城市群的经济发展差异进行横向比较。变异系数、标准差越大，人均 GDP 分布越离散，区域经济发展水平差异越大，反之越小；极差越大，区域经济发展的两极化越严重，反之两极分化程度越小。2011 年长江中游城市群地区人均 GDP 为 33 075 元，环鄱阳湖生态经济区落后于平均水平；环鄱阳湖生态经济区标准差是最低的，该城市群内各城市之间的经济发展差距较小；而且皖江城市带的标准差、极差和变异系数在四个城市群中都是最大的，人均 GDP 分布最不均匀，各城市之间的经济发展差距较大；变异系数表明，长株潭城市群各城市之间差异相对较小，两极分化程度相对较小（表 3-23）。

表 3-23 中部地区长江沿线城市群及城市内部人均 GDP 变异指标情况

指标	长江沿线城市群		武汉城市圈		长株潭城市群		皖江城市带		环鄱阳湖生态经济区	
最大值	铜陵市	79 704	武汉市	68 315	长沙市	79 530	铜陵市	79 704	新余市	68 155
最小值	宣城市	14 592	黄冈市	16 908	益阳市	20 496	宣城市	14 592	上饶市	16 813
平均值	33 075		40 064		30 760		32 666		28 738	
标准差	18 419		19 389		18 967		20 720		17 893	
极差	65 112		51 407		59 034		65 112		51 342	
变异系数	0.52		0.54		0.52		0.55		0.55	

通过检验发现经济发展指标系统数据的 KMO=0.752，Bartlett's 球形检验给出的相伴概率为 0.000<0.05，数据满足因子分析的条件。对 32 个城市进行因子分析发现特征值大于 1 的 3 个因子 F_1、F_2、F_3 的方差累积贡献率为 81.99%，F_1、F_2、F_3 解释了 81.99%的总方差，可将 F_1、F_2、F_3 当作公因子。

公因子 F_1 中，GDP、城镇固定资产投资额、地方财政一般预算支出和社会消费品零售总额等因子荷载系数较大；公因子 F_2 中，城镇居民家庭人均可支配收入、职工平均工资、人均 GDP 和人均地方财政收入等因子荷载系数较大；公因子 F_3 中，第二产业从业人员数所占比重、第三产业从业人员数所占比重的因子荷载系数较大（表 3-24）。

表 3-24 区域经济系统旋转因子载荷矩阵

E	指标	F_1	F_2	F_3
E_1	GDP	0.957	0.229	0.090
E_2	城镇固定资产投资额	0.914	0.309	0.029

续表

E	指标	F_1	F_2	F_3
E_3	地方财政一般预算支出	0.963	0.108	-0.062
E_4	社会消费品零售总额	0.970	0.138	0.082
E_5	GDP 增长率	-0.048	0.617	0.163
E_6	第二产业占 GDP 比重	-0.376	0.670	0.503
E_7	第三产业占 GDP 比重	0.895	-0.096	-0.124
E_8	第二产业从业人员数所占比重	0.039	0.220	0.947
E_9	第三产业从业人员数所占比重	0.037	-0.209	-0.968
E_{10}	城镇居民家庭人均可支配收入	0.420	0.798	0.123
E_{11}	职工平均工资	0.419	0.820	-0.145
E_{12}	人均 GDP	0.344	0.731	0.485
E_{13}	人均地方财政收入	0.098	0.826	0.318

通过因子分析和回归法计算出每一个因子的值，然后将各因子的贡献率与三个因子总贡献率的比例作为权重进行加权平均得到中部地区长江沿线 32 个城市经济发展水平的综合分 E：

$$E = 0.40427F_1 + 0.29608F_2 + 0.11953F_3 \quad (3-18)$$

根据 E 值，采用软件 SPSS 18.0 系统聚类分析将 32 个城市区域经济发展水平划分成五类。

一类地区：武汉市、长沙市；二类地区：合肥市；三类地区：南昌市、铜陵市、芜湖市、株洲市、马鞍山市、新余市；四类地区：湘潭市、黄石市、岳阳市、衡阳市、九江市、常德市、景德镇市、鄂州市、孝感市；五类地区：鹰潭市、宜春市、娄底市、池州市、咸宁市、安庆市、黄冈市、抚州市、滁州市、益阳市、宣城市、上饶市、六安市、吉安市。

三、高等教育与区域经济发展协调关系分析

设 E 为区域经济综合值，H 为高等教育综合值，建立高等教育与区域经济发展之间的一元线性模型，得到的二者协调函数为

$$E = 0.7186H + 0.0004 \quad (3-19)$$

通过变量显著性检验发现方程包括常数项在内的解释变量在 99% 置信水平下显著，符合条件。运用式（3-14）、式（3-19）得到 32 个城市的协调度，采用 SPSS 18.0 软件中的系统聚类分析模块将高等教育与区域经济发展的协调程度划

分为五个类型。强协调区（0.8～1.0）：孝感市、安庆市、六安市、长沙市、景德镇市、娄底市、宜春市、九江市、上饶市、黄石市、咸宁市、合肥市、芜湖市和滁州市；较协调区（0.6～0.8）：池州市、益阳市、常德市、黄冈市、岳阳市、株洲市、衡阳市；弱协调区（0.5～0.6）：马鞍山市、鄂州市、抚州市、铜陵市；较不协调区（0.2～0.5）：鹰潭市、新余市、武汉市、吉安市、湘潭市、宣城市；极不协调区（0～0.2）：南昌市。

如表3-25所示，为进一步识别高等教育与区域经济的协调组合关系，将强协调区和较协调区中的21个城市根据高等教育、经济发展水平的高低排列。将前5位的城市划为高水平协调地区，6～15位的城市划为中等水平协调地区，16～21位的城市划为低水平协调地区，其余11个城市分为两个等级，得到如下结果。

表3-25 高等教育与区域经济发展的协调度等级划分类型

协调程度	划分等级	地区
协调区	高水平协调	长沙市、合肥市、芜湖市、株洲市和黄石市；
	中等水平协调	孝感市、安庆市、景德镇市、九江市、咸宁市、滁州市、池州市、常德市、岳阳市和衡阳市；
	低水平协调	六安市、娄底市、宜春市、上饶市、益阳市和黄冈市
不协调区	经济超前教育	鹰潭市、新余市、马鞍山市、鄂州市、湘潭市和铜陵市；
	教育超前经济	武汉市、南昌市、抚州市、宣城市和吉安市

高水平协调地区为长沙市、合肥市、芜湖市、株洲市和黄石市；中等水平协调地区为孝感市、安庆市、景德镇市、九江市、咸宁市、滁州市、池州市、常德市、岳阳市、衡阳市；低水平协调地区为六安市、娄底市、宜春市、上饶市、益阳市和黄冈市。

$E-E'$表示的是实际发展值与协调经济值之间的差，可以通过$E-E'$的值来判断高等教育和区域经济发展协调方向。若$E-E'>0$，表示经济发展水平超前于高等教育水平，差值越大经济发展越超前于高等教育；$E-E'<0$，则表示经济发展水平落后于高等教育水平，差值越小经济越落后于教育。根据$E-E'$值将弱协调区、较不协调区和极不协调区统一划分为经济超前教育和教育超前经济两大类，并由此得到高等教育与区域经济发展协调性的空间分布图。

四、结论与讨论

在知识经济背景下,高等教育为区域经济发展做出了重大贡献,但并不是高等教育发展程度越高,区域经济就发展得越好(毛盛勇,2009),只有当二者协调匹配程度高,资源优化组合好,高等教育才能有效推动区域经济发展。

实证研究发现,中部地区长江沿线城市群作为承接东部产业转移、培育新兴战略产业的经济区,在城市群层面和城市圈内部,高等教育与区域经济发展存在显著空间分布差异,部分区域呈现两极分化发展态势,各市协调度差异巨大。

第一,长沙市、合肥市、芜湖市、株洲市和黄石市的高等教育与区域经济发展水平都较高,是双高水平协调。因此,这5个城市要结合城市经济发展战略,在城市发展转型过程中发展高端经济,培育和留住高层次人才,提高城市的区域影响力与竞争力。

第二,六安市、娄底市、宜春市、上饶市、益阳市和黄冈市的高等教育与区域经济发展都很缓慢,高等教育驱动区域经济发展的能力有限,为双低水平协调区。这6个城市要将发展高等教育作为区域经济跨越式发展的突破口之一,通过施行教育先行、适度超前的高等教育发展策略,提高专科类应用型人才的培养量,加强特色学校和特色专业的建设,培养更适合本区产业发展的中层次人才,充分利用人才智力资源推动经济建设。

第三,武汉市、南昌市、抚州市、宣城市和吉安市的高等教育水平超前于区域经济发展水平,存在很大的协调发展问题。这5个城市有良好的高等教育优势,一方面要利用高等教育作为区域经济发展"驱动性资源"的特点以人才驱动经济发展;另一方面要制定产业发展政策,推动产业结构优化升级,为人才提供发展条件以减少人才流失。

第四,鹰潭市、新余市、马鞍山市、鄂州市、湘潭市和铜陵市的经济发展水平超前于高等教育水平。这6个城市要以市场为导向培养经济发展需要的人才,合理调整高等教育层次结构和学科门类,提高高等教育的教育质量。

另外,区域层面上高等教育资源是有限的,高等教育和区域经济的协调发展要从区域层面上推动高等教育联动改革,打破区域行政壁垒,完善区域劳动力市场,促进高、低协调区各类人才的合理流动(赖德胜,2011),实现高等教育与区域经济资源的优化组合,推动区域快速发展。

第四节　产业结构变迁与高校产出互动关系

　　早在 20 世纪 80 年代，著名经济学家 Romer（1990）便提出了新经济增长理论，强调高等教育的重要性，并主张人力资本存量更大的经济体在发展速度上更具优势。被斯坦福大学围绕的硅谷和与麻省理工学院连接的波士顿 128 号公路在世界范围内取得的巨大成就，有力地支撑了这一理论（Feldman，1994）。高校作为提供人力资本的重要来源，在推动经济发展的众多潜在因素（如企业竞争程度、就业流动难易程度和人才能力高低）中占有重要地位（Aguiar-Díaz et al., 2016）。同时，高校可通过转移研究得到的隐性知识来促进不同经济部门的发展（Wright et al., 2008）。因此，在 20 世纪 90 年代，许多学者提出了"大学 3.0"（university 3.0）的概念，用以强调大学的社会经济功能（Etzkowitz and Leydes-dorff, 2000）。具体而言，该概念认为高校的发展经历了三个阶段，其中，大学 1.0 阶段侧重高校的教育职责，大学 2.0 阶段侧重高校的教育和研究职责，大学 3.0 阶段的高校则新增了知识商业化的职责。高校的这三项使命已成为各国经济在全球竞争中占据一席之地的重要基础，并受到来自不同经济体的管理者越来越多的关注（D'Este et al., 2013）。因此，经济发展与高校产出之间的互动关系也成为经济学、社会学和人文地理学等多个学科的热点议题。

　　近年来有关高校对经济发展作用的讨论层出不穷，其中最广为接受的观点之一是，高校通过输出人力资本对经济发展产生直接影响，同时通过传播科学技术对经济发展产生间接影响（Benhabib and Spiegel, 1994）。从研究论题来看，现有实证研究主要集中于经济增长率与教育水平之间的统计关系分析，并表明经济发展与高校之间的相互作用是错综复杂的。因此，有必要超越笼统的发展概念，聚焦经济发展的特定板块，从而更针对性地探究经济发展的不同层面与高校之间的互动关系。其中，产业结构变迁是经济发展过程中不容忽视的重要内容，它不仅可促进长期的经济增长及经济质量的改善（Denison and Poullier, 1967; Grossman and Helpman, 1991），而且可驱动科技创新、吸纳就业人口并提出人才培养要求，甚至在区域层面形成由特色产业发展驱动特色学校、特色专业蓬勃发展的现象（段玉，2009；王关义，2016）。因此，产业结构变迁与高校产出存在着直接、密切的互动发展关系（刘世清和田守花，2010）。然而，直接对两者互动关系进行探究的文献仍有待补充完善。

自 1978 年改革开放以来，中国教育的数量和质量都得到了显著的提升。尤其在 1999 年，为响应民众对高等教育的日益上升的需求，中国政府大力实施了大学扩招计划（Yu et al., 2015）。然而，我国在教育事业上巨大的资金投入并未显著带来相应的技术进步以帮助我国在国际市场上夺取更大的份额（Nolan, 2012）。此外，我国产业升级的滞后现象也日益突出，严重阻碍了其在全球化世界中的可持续发展（Sharma, 2009）。因此，探索中国产业结构变迁与高校产出的互动关系具有重要的理论和实证意义。

Ankrah 和 Omar（2015）认为完善产业结构变迁与高校产出互动关系的纵向研究有利于更好地理解两者之间的因果动态关系。响应该观点，本节以高校资源丰富的湖北省为案例地，以 2004～2013 年为研究区间，引入格兰杰因果关系检验、VAR 模型、脉冲响应函数和方差分解等研究方法分析湖北省产业结构变迁与高校产出的因果关系与互动程度，这对推动产业结构优化升级、优化高校发展策略具有重要意义。

一、文献综述

（一）经济发展与高校的关系研究

有关经济发展与高校之间作用关系的文献不仅研究议题多样，且研究范围广阔，总体上可划分为三个研究分支。

第一个分支，是关于高校对经济发展影响作用的研究，该分支也是目前该领域的主流研究。一方面，学者们一致认为，高校可通过培养高技能人才、资本化大学理念和创造创新产物来提升经济增长率（Hojo, 2003；Yu et al., 2015；Aguiar-Díaz et al., 2016）。这一观念催生了一批用以促进"产学研"联系的新兴政策，其中最具影响力的是美国 1980 年通过的《拜杜法案》。该法案开启了政府向大学开放创新产权的先河，因此被普遍认为是 20 世纪后期美国经济迅猛发展的催化剂（Sampat et al., 2003）。然而，一些学者进一步研究表明，比起法案本身，自由的研究环境、友好的市场和特定科学领域（如生物医学等）的发展才是大学和产业之间合作的催化剂（Mowery et al., 2001, 2004）。另一方面，有些学者则强调了高校对产业结构变迁的重要性。他们认为高校可通过知识溢出、技术创新和良好的企业生态系统加快产业结构的升级进程（Bloom et al., 2006；Karpov, 2017）。在该过程中，丰富的具有创造性的人力资本是不可或缺的必要条件（OECD, 2010），而该人力资本往往为具有更高教育水平的硕士或博士研究生。韩国、新加坡和日本等国家正是通过对高等教育的大力投资实现了产业结构的升级（Gereffi，1999）。综上，高校在经济发展中起着重要的作用，具体体现在数量效应（提升经济增长率）和质量效应（促进产业结构变迁）两个方面。

第二个分支，是有关经济发展对高校发展影响的研究。全要素生产率理论（Solow，1957）指出经济的快速增长会产生对创新型人力资源和科技能力的需求。如今，由于资本主义的全球运作以及关于生产区位和混合技术的决策的增加，这种需求与日俱增，从而刺激了高等教育的发展。不断变化的国际竞争市场也成为高校创新产出的催化剂（Kruss et al.，2015）。与此同时，因经济发展获得的财政收益也增加了高校的教育科研投入（Welsh et al.，2008）。此外，由于高生产率、高就业弹性的第二、第三产业具有很强的技术吸收能力和就业拉动能力，产业结构变迁也会产生对人力资源的需求（景建军，2016）。

第三个分支，是有关经济发展与高校产出互动关系的研究。总体来看，该方面的研究尚未形成系统的理论体系和较为统一的结论。首先，不少学者对两者之间是否存在明显的互动关系进行了讨论，但结果不一。Pillay（2011）指出经济发展与高校产出之间存在着显著的统计相关性，而 Ngoc（2006）却认为两者之间的相互作用是有限的。其次，经济发展与高校之间的因果关系尚不明确。部分研究将产业结构视为因变量，分析其对高校产出的影响（Strenger et al.，2016），反之，也有不少研究将高校产出视为因变量，分析其对经济增长或产业结构变迁的影响。最后，现有研究对两者具体的相互影响模式存在着争论。Vu 等（2012）认为经济增长和高校产出存在良性的累积循环效应，与之相对，Kumar（2003）则发现虽然高校产出会显著提高经济生产率，但经济生产率的提高则会降低高校入学率。可见现有的有关经济发展与高校产出互动关系的研究呈现出结果混杂、观点不一的特征，尚有很大的完善空间。因此，有必要聚焦经济发展的具体板块，以更准确地判定经济发展的各个层面与高校产出之间的互动模式。如前所述，产业结构是经济发展的重要板块，因此可探究产业结构变迁与高校产出的互动关系。

（二）高校产出测量研究

高校对产业结构的影响是通过其产出来实现的，故应根据产出指标对高校进行评估（Lee and Chung，2015）。高校产出的概念最早出现在教育生产功能理论中，该理论将学校视为各种教育资源相互作用以生产教育产出的场所（Hanushek，1979）。大多数学者使用大学生教育水平（Lee and Chung，2015）、大学生人数（陈晋玲，2012）、大学生毕业率（Webber and Ehrenberg，2009）和毛入学率来测量高校产出，少数则用课程评估（Kelley，1972）、学生态度（Michelson，1970）和大学生在劳动力中的占比（李业明，2012）来衡量。

总体上，现有研究倾向基于在校生视角来构建产出指标。然而，在校生并不直接构成生产力作用于产业结构的变迁。此外，大多数研究只考虑了高校的人力资本输出功能，而采用了单一的产出指标。然而，正如"大学3.0"的概念所阐明的，当今时代的高校不仅教育学生、开展科学研究，而且在很大程度上促进了研究的商业化。因此，高校的研究和知识商业化功能也应得到重视。

（三）产业结构变迁测量研究

产业结构变迁的概念始于全球价值链理论（Porter，1985），在大多数西方文献中，它指的是产业结构升级的过程，即企业沿着全球价值链从低附加值制造业转向高附加值服务业的方式（Gereffi，1999；Ponte and Ewert，2009）。从这个意义上讲，西方关于产业结构变迁的文献侧重研究企业提升竞争力的途径。在中国，产业结构变迁包含两个层级的含义。一是产业结构高级化，即产业结构重心不断变化，第一产业向第二、第三产业依次转移的过程（关伟和许淑婷，2014）；二是产业结构合理化，即产业在经济发展过程中不断优化资源配置，产业内部由低技术、低劳动生产率向高技术和资本知识密集型产业转移以提高经济效益的过程（周林等，1987）。从这个意义上讲，国内产业结构变迁的概念强调的是整个经济结构的转型。中西方对产业结构变迁概念理解的分歧来源于两者经济发展轨迹驱动力的差异。具体而言，西方商业活动主要受市场力量的支配，而在中国，商业活动不仅受市场影响还会受到政府强烈的干预作用（Naughton and Tsai，2015）。

基于不同的定义，中西方学者们对产业结构变迁的测量方式也各不相同。西方学者主要使用单位价格、市场份额和产品的整体内在质量等指标来衡量（Schott，2004；Kaplinsky and Readman，2005；Ponte and Ewert，2009），而中国学者倾向采用产业结构关系、劳动生产率和产业结构偏离度等指标（刘伟等，2008；潘文卿和陈水源，1994）。全球价值链理论的重要奠基人之一Gereffi（2005）认为，当地背景在产业结构变迁过程中发挥着重要的基础作用。因此，本节决定采用中国背景下的产业结构变迁概念，从产业结构高级化和产业结构合理化两方面来衡量产业结构的变迁过程。

综上，尽管产业结构变迁与高校产出之间的关系研究已有一定的基础，但仍存在一些问题。第一，虽然对经济发展与高校产出之间的单向关系进行深入探究已有丰富的成果，但有关高校产出与经济发展的具体板块（尤其是产业结构）之间的双向因果关系的研究相对匮乏；第二，已有研究尚未阐明产业结构变迁和高校产出的不同指标是否具有相同的影响程度；第三，研究多聚焦于大学，尤其是研究型大学（Etzkowitz，2003），而忽略了培养高职学生的大专院校（Tang and Shi，2017）；第四，研究倾向在国家层面分析产业结构变迁与高校产出之间的关系，然而，不同区域特定的企业文化、大学氛围和社会背景可能会形成不同的大学-产业关系（Bergman，2010），因此，有必要进行区域层面的分析；第五，已有研究较少考虑高等教育的研究和知识商业化功能，高校产出的测量指标仍需要进一步完善。

基于现有研究存在的问题，本节以高校资源丰富的湖北省为例，综合考虑大学和大专院校，将产业结构变迁量化为产业结构高级化和合理化 2 个指标，将高校产出量化为毕业生规模、学历高级化和创新产出 3 个指标，引入格兰杰因果关系检验、VAR 模型、脉冲响应函数诊断和方差分解等方法分析 2004~2013 年湖北省产业结构变迁与高校产出的因果关系、响应方式和影响程度。

二、研究方法与指标构建

（一）研究框架

为了进一步理清研究思路，以湖北省为研究对象，构建产业结构变迁和高校产出互动关系研究框架（图 3-8），从多个测度要素出发，对二者的互动关系进行深入全面分析。

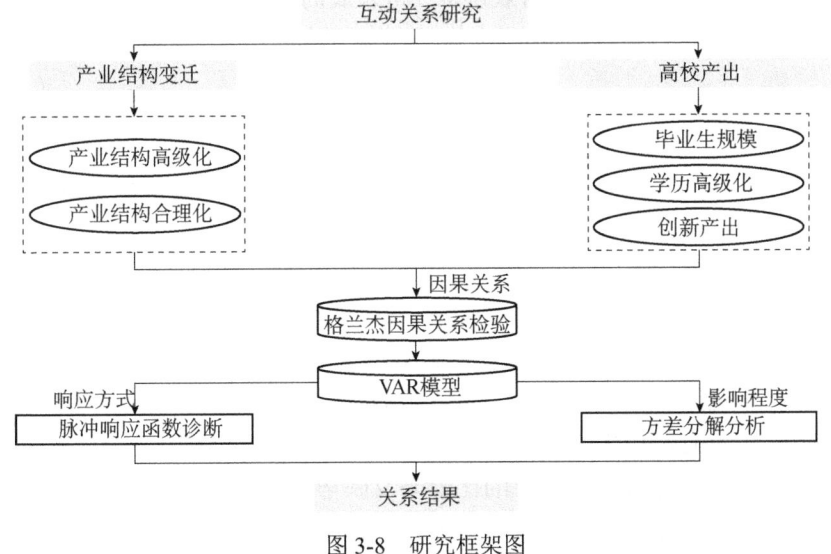

图 3-8　研究框架图

(二)研究方法

1. 产业结构测度方法

本节借鉴付凌晖（2010）的产业结构高级化测度方法，定义产业结构高级化值 W 如下：首先用第一、第二、第三产业 GDP 增加值占 GDP 总量的比例构成一个三维空间向量 $X_0=(x_{10}, x_{20}, x_{30})$，然后分别计算 X_0 与产业由低层次到高层次排列形成的空间向量 $X_1=(1, 0, 0)$，$X_2=(0, 1, 0)$，$X_3=(0, 0, 1)$ 的夹角：θ_1，θ_2，θ_3。公式如下：

$$\theta_j = \cos^{-1} \frac{\sum_{i=1}^{3}(x_{i,j} \times x_{i,0})}{\sqrt{\sum_{i=1}^{3} x_{i,j}^2} \times \sqrt{\sum_{i=1}^{3} x_{i,0}^2}} \quad (3-20)$$

式中，$j=1$，2，3。

定义产业结构高级化值公式如下：

$$W = \sum_{k=1}^{3}\sum_{j=1}^{3} \theta_j = 3\theta_1 + 2\theta_2 + \theta_3 \quad (3-21)$$

产业结构合理化更加注重生产、经济技术与资源之间的动态优化与组合，有学者采用产业结构偏离度测定产业结构合理化程度（潘文卿和陈水源，1994），但这不太符合产业结构演变的动态性、过程性、阶段性特点。不同发展阶段产业的重要性不同，干春晖等（2011）采用 Theil 指数测定产业结构合理化程度的方法既包含了结构偏离度的经济理论基础，也能通过公式中的参数区别不同产业的重要性程度，能更有效模拟经济发展的实际过程。公式如下：

$$TL = \sum_{i=1}^{n}\left[\frac{Y_i}{Y} \times \ln\left(\frac{Y_i/L_i}{Y/L}\right)\right] \quad (3-22)$$

式中，Y 为产值；L 为从业人员；i 为产业；n 为产业数。TL 值越趋近于 0，表明产业结构越合理；TL 值越大，表明产业结构越不合理。

2. 高校产出测度方法

基于高校的人力资本输出功能，本节选择毕业生规模作为高校产出的第一个指标。由于毕业生的流动性以及从业人员在区域间的迁移和产业间的转换，高校毕业生不是产业结构变迁中人力资源的唯一来源，存在一定比重变化。因此，本节假设所有高校学生在毕业后都从事第二、第三产业，采用毕业生增加数与第二、第三产业就业增加数的比值来反映毕业生在第二、第三产业就业人数中的比重变化，记为 R_i。通过对 R_i 作 0~1 的标准化处理，构成 G_i 的作用系数，运算得到具有权重意义的高校人力资源产出：

$$S_i = G_i \times R_i \quad (3\text{-}23)$$

式中，G_i 为毕业生数；R_i 为作用系数；i 为年份；S_i 为毕业生规模，代表高校在产业结构变迁中人力资源作用的强弱，值越大表明高校的人力资源作用越强。

基于高校的研究功能，本节选择学历高级化作为高校产出的第二个指标。学历高级化指不同学历层次的人才结构情况，是人才结构重心变化的过程。本节假设有 N 种学历层次，将学历层次由高到低排列，根据其在毕业生总数的比重计为 P_j（$0<P_j<1$），构建学历高级化评价指标 E 来刻画毕业生的学历层次结构。学历包括研究生、本科生、专科生三个层次，高学历层次人才占比重越大，E 值越大。

$$E = \sum_{i=1}^{n} \sum_{j=1}^{i} p_j \quad (3\text{-}24)$$

基于高校的知识商业化功能，本节选择创新产出作为高校产出的第三个指标。创新产出有很多方面，其中专利数、科技成果等通过市场交易直接转化为经济价值并直接影响产业结构变迁，而奖项、论文、著作并不直接作用于经济增长，与产业结构变迁的直接关系并不强烈，因此本节从市场经济的角度来衡量创新产出，选择高校技术市场成交合同金额为指标来测度创新产出。

3. 因果关系测度方法

格兰杰因果关系检验是从时序性上检验变量因果关系的重要方法，基本思想是一个变量受到其他变量滞后值的影响，它们之间存在格兰杰因果关系（高铁梅，2009）。假设有两个时间序列，满足以下方程：

$$Y_t = \sum_{i=1}^{\infty} \alpha_i Y_{t-i} + \sum_{i=1}^{\infty} \beta_i X_{t-i} + \varepsilon_t \quad (3\text{-}25)$$

X 的滞后值 X_{t-i} 能够引起 Y_t 变化，即至少存在一个 i_0 使得 $\beta_{i_0} \neq 0$，则变量 Y 是 X 的格兰杰原因。在实际运用中时间序列首先必须满足平稳性要求，否则就要对变量进行平稳化处理。可通过差分变换，再运用序列的单位根检验验证其平稳性；然后进行协整检验，当变量间具有长期均衡关系时方可进行格兰杰因果关系检验。

4. 响应方式和影响程度测度方法

VAR 模型可通过随机扰动对变量的动态冲击来解释在时间序列系统中各种冲击对变量的影响（高铁梅，2009），数学表达式如下：

$$y_t = \Phi_1 y_{t-1} + \cdots + \Phi_p y_{t-p} + HX_t + \varepsilon_t \quad (3\text{-}26)$$

式中，$t=1, 2, \cdots$；y_t 为 k 维内生变量列向量；X_t 为 d 维外生变量列向量；$\Phi_1 \sim \Phi_p$ 为待估计的参数矩阵；H 为要被解释的系数矩阵；ε_t 为随机扰动项；p 为滞后阶数。本节以 VAR 模型为基础，通过脉冲响应函数和方差分解分析产业结构变迁与高校产出各要素之间的响应方式和影响程度。

（三）数据来源

本节的第一、第二、第三产业从业人员数及 GDP 来源于《湖北统计年鉴》；研究生、本科生、专科生毕业人数来源于《湖北教育统计年鉴》；高校技术市场成交额来源于《高等学校科技统计资料汇编》，对 GDP、高校技术市场成交额以 2003 年为基础做不变价处理。这里基于以下几个原因选择 2004~2013 年作为研究区间：2004 年是高校扩招后第一批毕业生进入社会作用于产业结构变迁的初始年份；我国第三、第四次大规模的学科目录与专业设置调整分别是 1998 年、2012 年，在同种专业设置框架下培养出来的学生更具可比性；研究期间经济发展的总体趋势不变，从数据选择上减少外部因素的干扰，有利于提高结果可靠性。

三、产业结构变迁与高校产出测度

（一）产业结构变迁测度

采用式（3-20）~式（3-22）得到湖北省 2004~2013 年产业结构高级化值和合理化值（图 3-9）。总体上，湖北省产业结构高级化水平在提高，但存在明显的阶段性：2004~2006 年呈现出快速提升的趋势，高级化水平由 5.8891 提升到 6.8177；2006~2008 年出现阶段性下降，2008 年跌至 5.9539，这与 2008 年金融危机有密切关系，但仍然高于 2004 年的高级化水平；2009 年高级化水平出现一次刺激性提升，达到 6.732；2010~2013 年产业结构高级化水平稳步提高，由 2010 年的 6.2972 提升到 2013 年的 7.4905。研究期间湖北省的产业结构合理化程度在 0.21~0.31 的范围内波动，总体变化幅度不大。如前面所提及的，TL 值越大，产业结构越不合理。2004~2011 年 TL 值波动上升，于 2011 年达到最大值 0.31，表明这期间湖北省产业结构趋于不合理，这与中部地区承接东部劳动密集型产业转移有密切关系；2012~2013 年，TL 值由 0.30 下降到 0.27，产业结构趋于合理化。

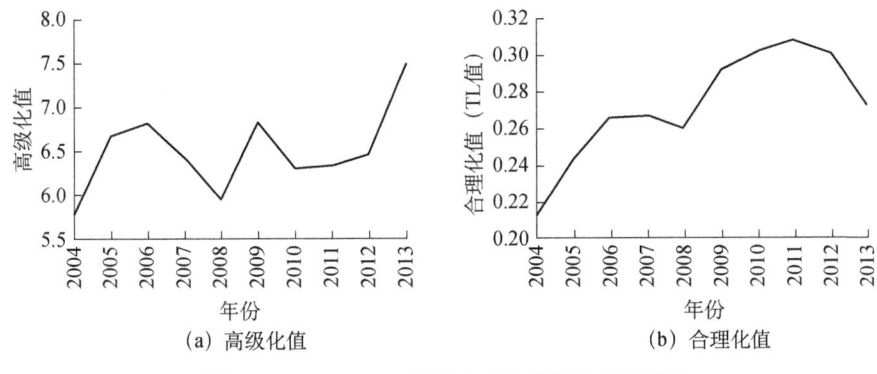

图 3-9 2004~2013 年湖北省产业结构变迁情况

(二) 高校产出测度

毕业生规模。通过式 (3-23) 测算出湖北省 2004~2013 年毕业生规模 (表 3-26),可知 2004~2008 年毕业生规模呈现出波动上升的趋势,由 2004 年的 93 829 人提升到 2008 年的 464 123 人,表明高校毕业生在湖北省产业结构变迁中的人力资源作用能力越来越强;2009 年第二、第三产业就业人数大量增加,而毕业生人数反而减少 8396 人,导致毕业生对产业结构变迁的人力资源作用能力达到最弱,为 0;2010 年开始,毕业生规模从 30 553 人上升至 2013 年的 51 478 人,人力资源作用能力呈现波动上升的趋势。

表 3-26 2004~2013 年湖北省人力资源产出情况

年份	毕业生总数/人	毕业生增加数/人	第二、第三产业就业增加数/人	毕业生增加数比值	毕业生规模/人
2004	258 478	42 857	196 000	0.218 7	93 829
2005	318 423	59 945	156 000	0.384 3	189 385
2006	346 420	27 997	196 000	0.142 8	88 998
2007	382 656	36 236	177 000	0.204 7	131 444
2008	464 123	81 467	120 900	0.673 8	464 123
2009	455 727	-8 396	206 100	-0.040 7	0
2010	458 094	2 367	342 000	0.006 9	30 553
2011	487 082	28 988	400 000	0.072 5	77 167
2012	480 544	-6 538	542 000	-0.012 1	19 283
2013	500 795	20 251	619 000	0.032 7	51 478

学历高级化。采用式 (3-24),结合研究生、本科生和专科生毕业人数,测算出湖北省学历高级化水平 (图 3-10),总体上呈现出先降后升的发展态势:2004~2005 年,学历高级化水平由 1.5922 下降到 1.5449,这是该时期专科毕

生大量增加导致研究生的数量比重降低，学历高级化水平下降；在调整招生结构后，2006~2007年湖北省学历高级化水平略有提高；2008~2009年学历高级化水平下降，2009年跌至最低点1.4668；2010年开始，学历高级化水平逐步提高，由1.5219提升到2013年的1.5698。

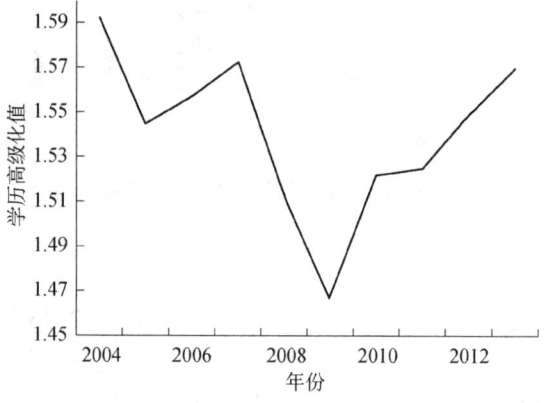

图3-10　湖北省学历高级化水平

创新产出。本节选择高校技术市场成交金额作为测度创新产出的指标，以2003年为基准作不变价处理得到湖北省2004~2013年不变价技术市场成交金额（表3-27），即创新产出水平。创新产出呈现阶段性：第一阶段，不变量技术市场成交金额出现波动下降，到2008年达到最低点40 082.15，第二阶段呈现出波动上升的趋势，2012年达到80 287.57。

表3-27　高校产出描述统计量

年份	研究生毕业生数/人	本科毕业生数/人	专科毕业生数/人	不变价技术市场成交金额/×10³元
2004	11 688	129 343	117 447	101 410.86
2005	14 441	144 222	159 760	76 918.09
2006	23 094	146 106	177 200	90 151.13
2007	25 100	167 983	189 573	81 805.71
2008	23 419	189 859	250 845	40 082.15
2009	24 963	161 875	268 889	56 926.31
2010	22 228	193 768	242 098	65 027.12
2011	30 510	193 789	262 783	45 543.25
2012	32 201	198 322	250 021	80 287.57
2013	34 585	215 247	250 963	64 399.68

四、产业结构变迁与高校产出因果关系测定

基于上一小节测算,将产业结构高级化、产业结构合理化、毕业生规模、学历高级化和创新产出分别记为 W、TL、S、E 和 TM。在通过单位根检验确定数据平稳、协整检验确定变量间具有长期均衡关系的前提下进行格兰杰因果关系检验。

(一)单位根检验与协整检验

采用 Eviews 8.0 软件,通过画图处理判定 5 个变量是否含有常数项和时间趋势项,单位根检验采用 SIC 原则确定滞后项,平稳性检验结果如表 3-28 所示。发现 5 个变量均是一阶单整序列。

表 3-28 ADF 检验结果

变量	差分项	ADF 统计值	Mac Kinnon 临界值	Prob.*	检验类型 (p, c, t)
TM	ΔTM	−4.083 642 316	−3.701 533 886	0.070 907*	(1, c, t)
	$\Delta\Delta TM$	−4.624 271 058	−3.877 713 569	0.058 332*	(1, c, t)
S	S	−2.887 516 473	−2.771 128 515	0.084 651*	(1, c)
	ΔS	−3.174 374 945	−2.841 818 8	0.066 194*	(1, c)
	$\Delta\Delta S$	−3.636 549 214	−3.519 595 254	0.044 075**	(1, c)
E	ΔE	−2.823 887 445	−2.801 384 06	0.096 973*	(1, c)
W	ΔW	−3.050 089 32	−2.801 384 06	0.071 659*	(1, c)
	$\Delta\Delta W$	−3.503 505 573	−3.432 033 132	0.044 295**	(1, c)
TL	ΔTL	−1.826 314 474	−1.599 088 295	0.067 329*	(1)
	$\Delta\Delta TL$	−2.582 874 907	−2.006 292 198	0.018 239**	(1)

注:Δ 表示一阶差分;$\Delta\Delta$ 表示二阶差分;p 为滞后阶数,c 和 t 分别表示含有常数项和趋势项。*和**分别表示在 10%、5%的水平下显著。

在单位根检验的基础上进行协整检验,结果如表 3-29 所示,可见变量对 W-E、W-TM、TL-E、TL-S 在 95%的置信水平上拒绝原假设,变量对 TL-TM 在 90%的置信水平上拒绝原假设,具有协整关系,不存在伪回归问题,可以进行格兰杰因果关系检验;而变量对 W-S 的 p 值为 0.272 986,接受原假设,没有通过协整检验,不存在长期稳定趋势,不可进行格兰杰因果关系检验。

表 3-29　协整检验结果

变量对	原假设	迹统计量	特征根统计量	p 值
W-E	没有协整关系	0.838 048 64	22.832 610 92	0.003 284
	至多 1 个协整关系	0.644 282 048	8.268 937 048	0.004 035
W-TM	没有协整关系	0.953 039 458	30.896 583 42	0.000 1
	至多 1 个协整关系	0.552 297 073	6.429 003 012	0.011 224
W-S	没有协整关系	0.574 213 506	10.101 586 77	0.272 986
	至多 1 个协整关系	0.335 606 776	3.271 048 805	0.070 509
TL-E	没有协整关系	0.877 562 386	23.309 675 89	0.002 723
	至多 1 个协整关系	0.556 720 966	6.508 446 664	0.010 734
TL-TM	没有协整关系	0.763 273 115	14.858 356 95	0.062 176
	至多 1 个协整关系	0.340 614 165	3.331 571 44	0.067 958
TL-S	没有协整关系	0.942 301 222	23.868 807 3	0.002 185
	至多 1 个协整关系	0.122 853 83	1.048 653 044	0.305 817

注：如果 p 值小于 0.05（亦可放宽到 0.1）则表明在 95%（90%）的置信水平上拒绝原假设，存在协整关系。

（二）格兰杰因果关系检验

如表 3-30 所示，产业结构高级化（W）和产业结构合理化（TL）不是学历高级化（E）的格兰杰原因的概率分别仅为 0.0169 和 0.0349，说明产业结构高级化（W）、产业结构合理化（TL）的前期变化都能有效地解释学历高级化（E）的变化过程；毕业生规模（S）和创新产出（TM）不是产业结构合理化（TL）的格兰杰原因的概率分别仅为 0.0449、0.0915，说明毕业生规模（S）和创新产出（TM）的前期变化也能很好地解释产业结构合理化（TL）的变化过程。

表 3-30　格兰杰因果关系检验

原假设	F 统计值	p 值
E 不是 W 的格兰杰原因	0.7571	0.5418
W 不是 E 的格兰杰原因	21.2566	0.0169**
E 不是 TL 的格兰杰原因	2.9811	0.1937
TL 不是 E 的格兰杰原因	12.5361	0.0349**
TM 不是 TL 的格兰杰原因	5.8884	0.0915*
TL 不是 TM 的格兰杰原因	0.6108	0.5990
S 不是 TL 的格兰杰原因	10.3803	0.0449**
TL 不是 S 的格兰杰原因	2.0352	0.2764

*和**分别表示在 0.1 和 0.05 的水平下拒绝原假设。

五、产业结构变迁与高校产出响应方式和影响程度测定

(一) VAR 模型参数估计

在确定格兰杰因果关系的基础上构建 VAR 关系模型,通过模型融合研究变量间的关系。由于存在两组格兰杰因果关系,本节构建两组 VAR 模型,第一组模型变量为产业结构高级化(W)、产业结构合理化(TL)和学历高级化(E),由参数估计得到如下关系模型,调整的 R^2 为 0.970 791。

$$E_t = 0.037\,522 + 0.065\,05\,W_{t-1} - 0.057\,109\,W_{t-2} + 1.127\,195\,\text{TL}_{t-1} - 0.299\,207\,\text{TL}_{t-2}$$
$$+ 1.031\,642\,E_{t-1} - 0.244\,611 E_{t-2} \tag{3-27}$$

第二组模型变量由毕业生规模(S)、创新产出(TM)和产业结构合理化(TL)构成,采用 Z 值标准化去量纲,由参数估计得到如下关系模型,调整的 R^2 为 0.527 275。

$$\text{TL}_t = 0.526\,193 S_{t-1} - 0.117\,518 S_{t-2} - 0.151\,130 \text{TM}_{t-1} - 0.142\,761 \text{TM}_{t-2} + 1.915\,14 \text{TL}_{t-1}$$
$$- 0.982\,495 \text{TL}_{t-2} - 0.281\,301 \tag{3-28}$$

(二) 脉冲响应函数与方差分解

对 VAR 模型进一步分析,即采用脉冲响应函数和方差分解分析当模型受到冲击时变量对系统的动态影响以及变量的影响贡献程度。通过对变量对 E-W、E-TL、S-TL 和 TM-TL 进行 AR 根图与表检验,发现根模的倒数都小于 1,表明可以进一步做脉冲响应分析与方差分解。

如图 3-11 所示,在本期分别给产业结构高级化(W)和产业结构合理化(TL)一个正向冲击后,学历高级化(E)会快速做出响应,在第二年就达到最高值,意味着产业结构的每一次高级化和合理化在近期会产生高级化人才需求,之后由于企业已经获得生产所需要的人才,需求量减少,到第 7 年产生第二次人才需求,表明湖北省产业结构高级化、合理化对高学历人才的需求有很强的阶段性特征。

如图 3-12 所示,给创新产出(TM)一个正向冲击,在前 4 期(年)内会产生上下波动,在第 5 期及之后会稳定推动产业结构合理化(TL),表明在 4 年后技术创新对产业结构的优化作用才能体现出来,具有一定的时间滞后性;当在本期给毕业生规模(S)一个正冲击后,前 4 期内对产业结构合理化(TL)有一定促进作用,但效果并不明显。

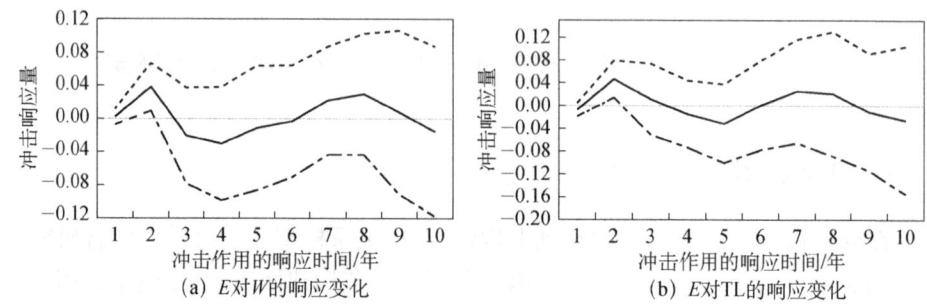

图 3-11　E 的脉冲响应函数
实线表示脉冲响应函数，虚线表示正负两倍标准差偏离带

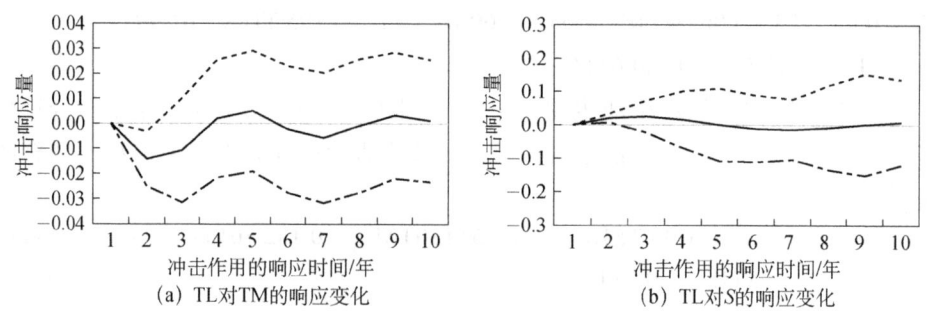

图 3-12　TL 的脉冲响应函数
实线表示脉冲响应函数，虚线表示正负两倍标准差偏离带

采用方差分解对 E-W、E-TL、S-TL 和 TM-TL 四个变量对进行分析，确定每一个结构冲击对内生变量变化的贡献大小，从而进一步评估变量之间的相互影响程度。贡献率数值越大，影响程度越大。如图 3-13 所示，不考虑自身的贡献率，产业结构高级化（W）对学历高级化（E）的贡献率很高，最大可达到 80.57%，随着时间的推移呈现波动下降的趋势，但依旧处于高贡献率水平；产业结构合理化（TL）也具有高贡献率的特征，具有持续稳定的高贡献能力。

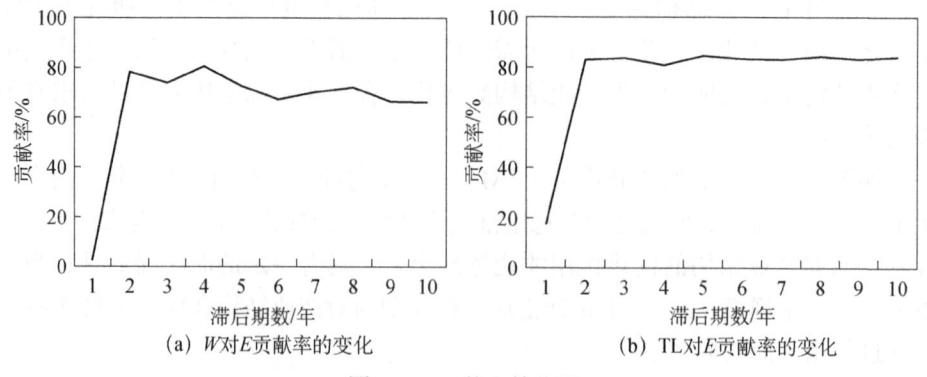

图 3-13　E 的方差分解

如图 3-14 所示,创新产出(TM)对产业结构合理化(TL)的贡献率在 40%以上,3 年后达到最大值,4～6 年呈现小幅波动的趋势,后期较稳定;毕业生规模(S)对产业结构合理化(TL)的贡献率在 30%左右,其贡献能力明显弱于创新产出(TM)。

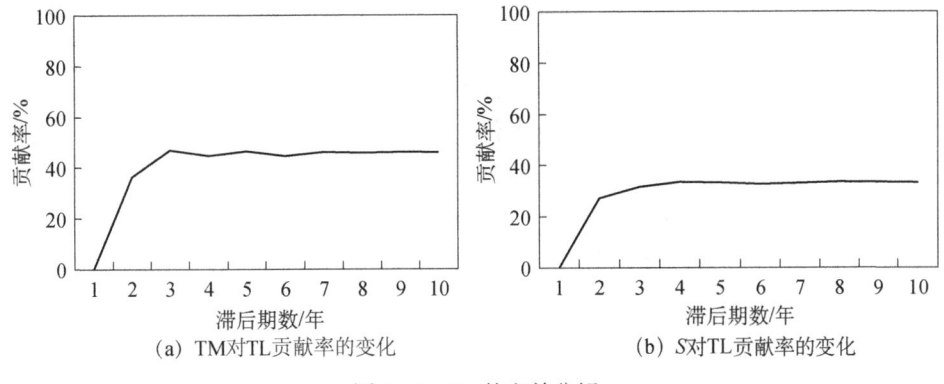

图 3-14 TL 的方差分解

六、结论与讨论

尽管学术界在理解经济发展与高校产出的单向关系方面有着长期且富有成效的研究传统,但较少研究直接探究产业结构变迁与高校产出之间的互动模式。鉴于这种情况,本节采用计量经济学的方法,从因果关系、响应方式和影响程度三个层面来分析产业结构变迁与高校产出之间的互动关系。区别于以往研究,本节综合考虑了大学和大专院校,并选取了一个区域层面的案例。

《2017 年全国教育事业发展统计公报》指出,2017 年中国高校毛入学率达到 45.7%,高于全球平均水平;中国高校学生总人数达到 3800 万,占世界总数的 1/5。毫无疑问,中国在大众高等教育方面取得了巨大成就。然而,今日的中国仍陷入劳动力低附加值的工业困境。本研究可在一定程度上解释这一现象,并为未来的教育发展提供一些政策性的启示。

(1)产业结构高级化和产业结构合理化可以迅速且显著地促进学历高级化,这与全要素生产率理论(Solow,1957)的核心观点相一致。这表明高校要根据产业结构变迁产生的人才需求来制定各学历层次的人才培养计划,不切实际的人才培养将会导致教育成果的流失。

(2)学历高级化反过来不能显著地促进产业结构高级化和产业结构合理化,这表明高校人力资本的供给与工业发展的需求之间存在着差距,可能是因为国家对高校的集中化管理降低了高校适应市场变化的能力（Ennew and Fujia，2009）。因此，政府应向高校下放更多的自主权，并制定更有效的政策以帮助高校更好地应对日新月异的技术革新和急剧变化的企业需求。

（3）高校产出不能显著地促进产业结构高级化，这与我国现存的产业结构落后现象相一致。一方面，这可能是因为高校产出和产业结构之间缺乏有效的转换渠道，另一方面，高等教育本身并不是产业结构升级的充分条件，其他中介市场和社会资本也会影响产业结构的升级，其中包括私营部门和公共部门之间合理的教育资源分配。因此，为了优化不同部门之间的教育资源分配，政府应致力于建立一个友好公平的市场环境。

（4）创新产出对产业结构变迁的影响大于毕业生规模对产业结构变迁的影响，这启示政府，一方面应建立更完善的数据库和案例库，以制定基于实证的、符合实际情况的决策，从而更有针对性地解决人力资本短缺的社会问题，而不是盲目地进行大学扩招计划；另一方面，应促进高校到产业的知识转移过程，如建立专门的机构，构建协作网络和实施公私合作的研究与开发（R&D）合作计划等。

本节的方法论也具有一定的创新性，体现在两个方面，一是将产业结构变迁和高校产出的不同方面考虑在内并将其量化为若干指标；二是使用毕业生规模和高校技术市场成交金额而不是传统的毕业生数量和专利数量作为高校产出的指标。此外，本节确定互动关系的方法可用来进一步探索高校产出与经济发展的其他具体板块之间的关系。

本节的研究设计也存在着局限性。首先，未考虑高校文化输出和毕业生质量等其他的高校产出指标；其次，将高校和大专院校合并在一起讨论，如果将两者分开进行对比分析，结论会更加完善；最后，形成产业结构变迁和高校产出之间互动关系的潜在原因仍有待进一步探究，特别是区域层面的中介机构和教育组织在该互动关系形成过程中发挥的作用。

第四章
市场视角

第一节 制造业发展与空间分布特征

制造业是工业的重要组成部分和国民经济的支柱产业，对一个国家或地区的经济发展具有极其重要的作用。湖北、湖南、江西三省地处长江中游，属中部内陆地区，在我国地域分工中扮演着重要角色。在产业转移和中部崛起等历史背景下，区域制造业的发展是需要重点关注和研究的问题之一。

本节以长江中游鄂湘赣地区为研究区域，以制造业为研究对象，梳理了制造业发展和空间分布的相关研究和理论，采用计量模型对制造业发展及形成机制进行了一系列实证分析，最后结合主要结论对研究地区制造业的发展等提出了具有可行性的政策建议。

一、文献综述

（一）制造业集聚与空间分布的特征研究

关于制造业空间布局特征与演化趋势的研究，国内外学者进行了丰富的实证研究。产业集聚和分散作为产业发展优化配置在不同阶段、不同层面的表现，成为普遍存在和广受关注的经济现象。研究者们对制造业集聚的实证研究主要集中在两个方向：一是从行业角度出发，二是从区域角度出发。

国外对制造业空间布局的研究集中于对产业地理集聚特征的探究，总体来说，对产业空间上是否集聚的判定主要有两种方法，一种偏向于定性识别，另一种偏向于依赖"投入-产出"模型的定量识别。Helpman 和 Krugman（1985）运用空间基尼系数计算了美国106个州三位数制造业的区域集聚水平，发现许多行业显现出很高的地理空间集聚性，纺织业、非金属矿物制造业、造纸业等传统的技术含量较低的行业更倾向集中在少数地方。Devereux 等（2004）通过对英国的研究所得结论也大体类似，认为机械制造业、电子和通信设备制造业、化学工业等技术含量相对较高的行业反而具有较低的集聚程度。从一些国外学者的研究可以得出一些规律：产业集群现象普遍存在于制造业的空间分布中，集聚的程度随着产业发展阶段的不同有所变化；由于行业异质性存在，不同的行业具有不同程度的集聚和分散特性；相比较而言，技术含量较低的产业更容易在空间上发生集聚。

我国相关研究主要集中在长三角、珠三角、京津冀等区域产业一体化发育较为成熟的地区。例如，马国霞等（2011）通过计算 2004 年京津冀都市圈 64 组制造业产业链的空间集聚度，从时间演变和区际对比两个层面，分析了京津冀地区制造业的空间集聚水平，结果表明 2004 年京津冀制造业产业链的空间集聚属于低度空间聚集，同时集聚程度呈增加趋势。李国平和张杰斐（2015）则考察发现京津冀地区制造业空间格局由中心区域向外扩散的特征。王俊松（2014）使用企业数据展开空间计量分析，研究发现，2000 年以来长三角地区制造业具有典型的以上海为中心沿交通主轴线集聚的空间分布特征。也有部分研究是以省区或单个城市为研究区域的，如金利霞等（2015）采用 GIS 空间计量分析法和区域集聚模型分析了广东省制造业的空间集聚和扩散特征，分析表明广东省的制造业空间分布呈现 U 形分散化趋势，劳动密集型产业的扩散对此现象具有显著的解释作用。张晓平和孙磊（2012）利用制造业企业数据，以邮政编码区划为基本单元，研究了北京市 1996 年、2001 年、2010 年三个时间截面的制造业空间分布格局，论述了北京市制造业中心区域集聚减弱、郊区集聚增强的时空演化特征。部分对中国制造业空间集聚现状的代表性研究见表 4-1。

表 4-1　部分对中国制造业空间集聚现状的代表性研究

研究者	地理尺度	研究时段	度量指数	主要结论
Wen（2004）	省	1980 年、1985 年、1995 年	空间基尼系数	改革开放后，中国制造业地域上更加集中；至 1995 年，中国的许多制造业都高度集中在几个沿海省份
范剑勇（2004）	省	1980 年、2001 年	产业平均集中率	中国现阶段的产业布局具有"产业高集聚、地区低专业化"的特征；绝大部分行业已经或正在转移进入东部沿海地区
罗勇和曹丽莉（2005）	省	1993 年、1997 年、2002 年、2003 年	EG 指数*	1993~1997 年制造业集聚程度有所下降，1997~2003 年集聚程度增加；制造业的地域分布两极分化严重

续表

研究者	地理尺度	研究时段	度量指数	主要结论
路江涌和陶志刚（2006）	省、地级市和县	1998~2003年	EG指数	中国制造业的行业区域聚集程度处在一个上升阶段，但仍低于西方发达国家的水平
贺灿飞和谢秀珍（2006）	省	2004年	空间基尼系数	中国制造业在空间上的集聚程度增加；大多数行业在20世纪80年代趋向分散，90年代更趋向于集中；大多数省区的产业内部结构趋向多元
贺灿飞等（2007）	省、地级市和县	1986~2006年	空间基尼系数	中国制造业高度聚集在东部沿海的三大城市群区域，同时在东北、华北、两湖和四川有一些连片分布
谢里和罗能生（2009）	省	1986~2006年	EG指数	中国制造业集聚水平正在由中度向高度迈进，2004年左右达到顶峰；技术密集型和资源密集型行业分别呈现出向东部地区和中西部地区集聚的趋势
吴三忙和李善同（2010a，2010b）	省	1980~2007年	空间基尼系数	中国制造业具有较高的集聚水平，2005年达到最高值，东部为主要集聚区域；部分制造业已经显现出由东部地区向其他地区转移的态势
罗胤晨和谷人旭（2014）	省	1980~2011年	空间基尼系数	中国制造业在空间上出现了显著的集聚趋势；1980~2004年，制造业集聚程度稳定上升，2004年后则持续下降；资本和技术密集型行业集聚程度高于资源密集型

*EG指数是为了解决空间基尼指数的失真，结合赫芬达尔指数，由Ellsion和Glaeser于1997年提出的新的测量产业集聚程度的集聚指数。

（二）制造业集聚与空间分布的影响因素研究

许多学者致力于探讨制造业空间分布的形成机制，分析导致产业地理集中或分散的影响因素。Marshall（1920）认为投入共享、劳动力市场发育、知识溢出效应等对产业空间分布起主要的影响。有的学者强调区域间外部资源禀赋的差异性，如自然资源、劳动力、技术等对产业的空间区位选择和集中分布具有重要影响（Ohlin，1933）。新经济地理学的代表人物Krugman（1980）将市场假设为不完全竞争的市场，使用规范的数学模型来解释产业集聚现象，认为规模经济是导致产业出现地理集中现象的原因。Fujita和Thisse（1986）及Krugman（1991）的研究结果强调地方市场需求、规模收益、知识溢出效应、交通运输成本、地租水平、劳动力成本、产业占GDP的比重等纯经济因素是导致产业地理集聚的主要原因，由此产生了产业分布的核心-边缘格局。Kim和Knaap（2001）在关注我国1952~1985年发展政策和地区发展差异问题时发现，外向性更高、对外联系更方便等地理优势以及基础设施网络密度更高等，是经济活动向东部沿海地区集中的原因之一，这解释了为什么在我国政府实行非均衡增长的经济政策之前，经济活动就开始向沿海集中。近十几年来，国内对制造业空间布局影响因素研究的成果也尤为丰富。陆大道（2003）的研究表明，20世纪90年代以来，传统的自然资源、交通条件等因素在制造业空间布局中的作用减小，一些新因素的作用增强，包括市场机制、信息、科技创新和体制创新能力、外商投资、生态环境等，使得制造业的区位选择更加自由。文玫（2004）强调交易和运输费用的进一步下降可能会促进制造业在空间上进一步集中。贺灿飞和谢秀珍（2006）认为，比较优势、经济全球化和规模经济等因素促进了产业的地理集中，但是经济地理模型中强调的外部经济并没有对产业集聚起到推动作用，激烈的产业内市场竞争促进了产业空间分散。贺灿飞等（2007）构建了探讨影响产业地理集聚因素的计量模型，发现利用外资和参与国际贸易促使产业集中布局形成，而区域分权则促使制造业分散布局，后一现象在省级层面尤为显著；而在县级层面上，集聚经济对制造业地理集聚的推动作用更为重要。

综合国内外研究可以发现，不同时期、不同地域影响制造业空间布局的主要因素有所不同，大体可以总结为三大方面：一是产业内外部资源禀赋因素，如自然资源、交通条件、劳动力素质等；二是政府、政策与环境因素，如对外开放、地方保护主义、贸易自由化、政府导向和优惠政策、信息化程度、市场机制等；三是市场经济因素，如市场需求、规模经济效益、土地成本、运输费用等。

（三）研究述评

综上，虽然目前在制造业发展与空间分布方面已经有大量理论和实证研究成果，但仍存在着以下几方面的不足：其一是现如今越来越多的经济活动和产业空间联系实际已经突破行政区划的限制，而关于产业空间分布的现有研究更多地还是基于行政区域的划分，使用的是基于单一地理尺度的测算方法。其二是现有的研究数据来源众多，一些动态研究涉及的时间跨度长，数据库的建立往往是综合了多种渠道的统计数据资料。这些资料的统计口径多不一致，使得对制造业空间分布时间序列演变特征的研究的科学性有所降低。其三是对制造业空间分布及集聚特征的研究，使用宏观产业经济数据的较多，从微观企业尺度考察的较少。其四是已有的实证案例中，对全国范围的宏观地理尺度研究最多，中观尺度上以对单个省份或长三角、珠三角、京津冀等产业空间发育相对完善的区域研究较多，微观地理尺度上以对北京、上海、广州等单个城市的研究最多，对当前产业专业化、经济一体化程度相对较低但是具有较大发展潜力的区域关注度不够。

二、研究设计概述

（一）研究框架

本章研究共包括三大模块。第一部分为前述的研究综述，包括对国内外研究综述；第二部分为实证分析，主要对制造业发展状况、制造业空间分布、制造业空间分布影响因素进行多方位及多角度的论证；第三部分为主要结论，如图 4-1 所示。

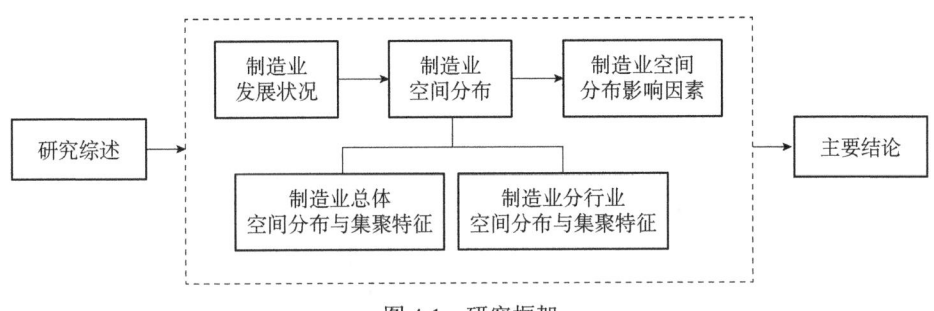

图 4-1　研究框架

（二）研究方法

1. 空间基尼系数

空间基尼系数是基尼系数在产业经济学、经济地理学等领域的延伸和应用，是对产业集聚和空间地理集中进行测度的一种常用方法，Amiti（1998）、梁琦（2003）、贺炎民（2012）等学者在对产业空间的研究中都广泛使用了这一指标。本节使用这一指标对制造业的区域空间集聚程度进行研究。公式如下：

$$G_i = \frac{1}{2N^2\mu}\sum_i\sum_j\left|\frac{X_{ij}}{X_i} - \frac{X_{ik}}{X_i}\right| \tag{4-1}$$

式中，G_i 为 i 行业的空间基尼系数，X_{ij}、X_{ik} 分别为行业 i 在 j 地区、k 地区分布的企业个数；X_i 为整体区域中行业 i 的企业总数；μ 为行业 i 在各地级市的比重均值；N 为整体区域包含行政单元总数。这里对湘鄂赣三省、湖北、湖南、江西四个研究区域制造业及其内部单一行业的空间集聚程度分别进行测算，根据研究区范围的不同，N 分别为 42、17、14、11。

2. 空间自相关模型

全局空间自相关通常用来描述某一地域单元某种现象空间分布的整体状况，判断其是否存在空间集聚现象，常用的检验方法有 Geary's C 和 Moran's I。Moran's I 最早用于全局聚类检验，可以检验某一要素在研究区中邻近地区的分布是相互独立的还是具有相关关系。本节选择 Moran's I 的这一统计量，对湘鄂赣三省制造业企业的空间分布进行全局空间自相关和局部空间自相关检验。全局空间自相关的公式如下：

$$\text{Global Moran's } I = \frac{\sum_{i=1}^{n}\sum_{j=1}^{n}W_{ij}(X_i-\bar{X})(X_j-\bar{X})}{S^2\sum_{i=1}^{n}\sum_{j=1}^{n}W_{ij}} \quad (4\text{-}2)$$

其中，

$$S^2 = \frac{1}{n}\sum_{i=1}^{n}(X_i-\bar{X})^2 \quad (4\text{-}3)$$

局部空间自相关的公式如下：

$$\text{Local Moran's } I = \frac{n(X_i-\bar{X})\sum_{j=1}^{n}W_{ij}(X_j-\bar{X})}{\sum_{i=1}^{n}(X_i-\bar{X})^2} \quad (4\text{-}4)$$

式中，X_i 和 X_j 分别为某一属性特征在城市 i 和城市 j 上的观测值，此处为各城市制造业的企业密度；n 为研究区内空间单元数量，此处为 42；W_{ij} 为空间权重矩阵，基于邻接标准即是否具有非零长度的公共边界进行构建。Moran's I 的取值范围为 -1～1。通过 Moran's I 的大小可以直接判断区域总体的集聚经济水平。当 $I<0$ 时表示空间分布存在负相关关系，即相邻城市或市州之间的集中发展水平存在明显差异；当 $I>0$ 时表示空间正相关，说明区域制造业的空间分布具有一定程度的集聚经济水平、产业集中分布在相邻城市或市州，指数越大，集聚越显著；当 I 接近于 0 时表示区域制造业分布空间不相关，即湘鄂赣三省各空间单元的制造业发展呈现出无规律的空间分布状态。

（三）数据来源和数据处理

本研究区范围包括长江中游湖北、湖南、江西三省全境，研究对象为制造业，研究跨度为 2004～2013 年。本节对鄂湘赣地区制造业发展状况的考察，所使用的宏观产业和企业数据主要来自 2005～2014 年各年份的《湖南统计年鉴》《湖北统计年鉴》《江西统计年鉴》，部分取自 2014 年的《中国统计年鉴》《中国工业统计年鉴》。除特别说明外，相关年鉴统计的均为规模以上制造业及工业企业数据。企业作为产业经济活动的承载单位，其空间分布是产业分布的最直观表现之一。对制造业空间分布的考察，使用了来自 2004 年、2008 年、2013 年三次经济普查中的分省资料，该资料能够提供对应于每个行政单元的大样本企业数据，且弥补了部分市州统计年鉴数据缺失的问题，符合研究需要。本节综合了统计年鉴和经济普查两种来源的数据，部分缺失的数据主要通过查找各市州国民经济与社会发展统计公报等进行补充。

  本研究的相关基础数据涉及不同版本的国民经济行业分类标准[①]。例如，2004 年经济普查行业代码的统计主要根据 1994 年修订版标准进行，有极少数的企业参照的是《国民经济行业分类与代码》（GB/T 4754—2002）；2008 年使用的是 2002 年修订版（GB/T 4757—2002）；2013 年经济普查年鉴使用的是 2011 年修订版（GB/T 4754—2011）。《国民经济行业分类与代码》1994 版和 2002 版中制造业均包括 30 个大类。其中，《国民经济行业分类与代码》（GB/T 4754—2002）删去了武器弹药制造业，新增了废弃资源综合利用业。《国民经济行业分类与代码》（GB/T 4754—2011）则包括 31 个大类，主要有以下变动：将 GB/T 4757—2002 中的塑料制品业和橡胶制品业合为一个大类——橡胶和塑料制品业；增加了一个大类——金属制品、机械和设备修理业；将交通运输设备制造业分为汽车制造业以及铁路、船舶、航空航天和其他运输设备制造业两个大类；此外，一些行业的名称、具体类别的划分和对应的行业代码有所更改，但是包含的行业类别范围总体差异不大。为了保证统计口径的统一性并且便于展开时间序列的研究，本节在制造业分行业的研究中，结合上述的三个版本行业标准的变动情况对统计年鉴数据和三次经济普查的部分行业数据进行了一定的调整和归并，重点考察除去金属制品、机械和设备修理业、武器弹药制造业、废弃资源综合利用业以外的 28 个制造业产业大类。

三、鄂湘赣三省制造业的空间分布与集聚特征研究

（一）制造业发展状况

  与自身相比，21 世纪以来鄂湘赣三省的制造业有了长足的发展，规模以上制造业在工业中的产值比重、企业数量比重、就业贡献率均有所上升，部分

[①] GB/T 4754—1994、GB/T 4754—2002、GB/T 4754—2011 现已废止，现行标准为《国民经济行业分类》（GB/T 4754—2017）。

制造业行业已经具有显著的专业化优势。同时，其还具有如下特点：①重工制造业占比下降，轻型制造业发展较快；②劳动密集型工业和部分技术密集型工业获得一定发展，但资本密集型产业仍然是制造业的主体；③金属冶炼、石油炼焦等一些传统的重化工业发展速度减慢，计算机通信设备制造业、专用设备制造业、电气机械和器材制造业等现代制造业发展迅速。同时，鄂湘赣三省制造业的发展也存在着一些较为突出的问题：①大中型企业、优强企业少，核心企业的综合带动效益较弱。2013年，大型企业的数量为718家，仅占全部企业数量的2%。中小企业投资分散、技术改造能力弱、信息化程度较低、设备更新能力较差、融资渠道不畅、产品以低附加值型为主，规模经济效益微弱。②高新技术产业发展仍显不足、科技创新能力较弱。先进制造业中，大部分的产业处在生产链的低端环节，部分中高技术型的行业处在劳动密集型的加工组装阶段，盈利能力和发展空间受到限制。③区域内存在较严重的产业同构现象，一定程度上不利于区域分工的深入和产业的专业化发展、阻碍区域一体化的进程。

（二）制造业总体空间分布与集聚特征研究

1. 制造业总体空间集聚程度下降

根据式（4-1）计算出长江中游及内部三省制造业总体的企业集聚程度，结果如表4-2所示。分析结果表明，2004~2013年鄂湘赣三省制造业企业在空间上的集聚程度下降，从侧面反映了区域内部企业空间分布的差异性减小。从区域内省际比较的视角来看，2013年湖北省的制造业集聚程度高于湖南省和江西省，江西省的产业集聚程度在三省中最低。

表4-2　鄂湘赣三省制造业空间集聚程度

地区	2004年	2008年	2013年
鄂湘赣三省	0.3808	0.3791	0.3570
湖北省	0.4445	0.4488	0.4214
湖南省	0.3216	0.3661	0.3341
江西省	0.2797	0.2019	0.2625

2. 制造业空间分布呈现显著的空间关联性

基于GeoData软件对鄂湘赣三省制造业进行全局空间自相关分析，结果如表4-3所示。表中Moran's I均为正值，且都通过0.01显著性水平的检验，表明制造业企业的分布存在较为显著的空间关联性，即制造业的企业分布存在着一定程度的高密度区与高密度区邻近、低密度区与低密度区邻近的空间集聚分布态势。从时间序列的动态演变来看，2004~2008 年 Moran's I 增加，2008~2013 年 Moran's I 减小，说明制造业企业空间分布的关联性存在着明显的时间波动性，经历了企业空间分布的关联性先增强再减弱的过程。

表 4-3　2004 年、2008 年、2013 年鄂湘赣三省制造业企业密度空间相关性

项目	2004 年		2008 年		2013 年	
	Moran's I	Z 检验	Moran's I	Z 检验	Moran's I	Z 检验
制造业	0.2442	2.998	0.3312	4.167	0.2881	3.528

注：表中的 Z 检验值均通过 0.01 的显著性水平检验。

局部空间自相关分析可以进一步探究制造业企业内部空间分布的具体结构。从静态来看，湖南省的株洲市和武汉市及包括孝感市、仙桃市、鄂州市在内的武汉市周边地区一直是制造业企业高-高"热点"片区的集中区域。低-低"冷点"片区集中分布在研究区的西部，同时也分布于湖北的襄阳市。除"热点"和"冷点"片区之外，还零星分布着低-高"异质点"聚集区，高-低"异质点"集聚情况在研究区则没有出现。从动态演变来看，2004~2013 年，制造业企业高-高分布的"热点"片区范围并未出现大的变化，低-低"冷点"片区则具有显著的缩减趋势。2004 年"冷点"片区集中分布在区域西部的 8 个市州地区，此后范围有所缩减。2013 年以恩施土家族苗族自治州、湘西土家族苗族自治州、怀化市、张家界市为中心的大片区域是低-低关联型分布模式的主要集中区域，形成企业低密度分布的主要聚集区。

（三）制造业分行业空间分布与集聚特征研究

1. 制造业空间集聚水平具有行业异质性

参考朱希伟和陶永亮（2011）的做法，本节将制造业各行业的空间集聚水平由高到低分为高度集中、相对集中、相对分散、高度分散四类，湘鄂赣地区制造业 28 个行业大类的空间基尼系数计算结果如表 4-4 所示。

表 4-4　2004 年、2008 年、2013 年鄂湘赣三省制造业各行业空间集聚状况

年份	空间分布类型	行业数/个	具体行业
2004	高度集中 $G \geqslant 0.7$	0	无
	相对集中 $0.55 \leqslant G < 0.7$	7	仪器仪表制造业（0.6145）、文教体娱制品业（0.6017）、烟草制品业（0.6004）、计算机通信设备制造业（0.5903）、纺织服装服饰业（0.5654）、木材加工业（0.5642）、有色金属业（0.5542）

续表

年份	空间分布类型	行业数/个	具体行业
2004	相对分散 0.4≤G<0.55	19	电气机械和器材制造业（0.5358）、黑色金属业（0.5355）、化学纤维制造业（0.5261）、交通运输设备制造业（0.5198）、石油炼焦业（0.5180）、皮革毛皮业（0.5038）、纺织业（0.5030）、金属制品业（0.4995）、家具制造业（0.4958）、通用设备制造业（0.4850）、专用设备制造业（0.4766）、医药制造业（0.4579）、印刷和记录媒介复制业（0.4472）、化学原料和制品业（0.4463）、其他制造业（0.4460）、造纸和纸制品业（0.4278）、食品制造业（0.4180）、农副食品加工业（0.4168）、橡胶和塑料制品业（0.4042）
	高度分散 G<0.4	2	非金属矿物制品业（0.3559）、饮料制造业（0.3436）
2008	高度集中 G≥0.7	2	烟草制品业（0.7731）、仪器仪表制造业（0.7182）
	相对集中 0.55≤G<0.7	12	纺织服装服饰业（0.6244）、化学纤维制造业（0.6160）、计算机通信设备制造业（0.6109）、皮革毛皮业（0.6060）、黑色金属业（0.5940）、交通运输设备制造业（0.5654）、纺织业（0.5640）、金属制品业（0.5638）、专用设备制造业（0.5557）、其他制造业（0.5545）、石油炼焦业（0.5539）、电气机械和器材制造业（0.5530）
	相对分散 0.4≤G<0.55	13	通用设备制造业（0.5360）、化学原料和制品业（0.5306）、文教体娱制造业（0.5288）、有色金属业（0.5246）、家具制造业（0.5136）、造纸和纸制品业（0.4955）、医药制造业（0.4948）、印刷和记录媒介复制业（0.4947）、木材加工业（0.4839）、食品制造业（0.4636）橡胶和塑料制品业（0.4519）、饮料制造业（0.4391）、农副食品加工业（0.4277）
	高度分散 G<0.4	1	非金属矿物制品业（0.3556）
2013	高度集中 G≥0.7	2	烟草制品业（0.8421）、交通运输设备制造业（0.7119）
	相对集中 0.55≤G<0.7	2	仪器仪表制造业（0.6621）、纺织服装服饰业（0.5626）
	相对分散 0.4≤G<0.55	22	通用设备制造业（0.5403）、纺织业（0.5248）、计算机通信设备制造业（0.5192）、专用设备制造业（0.5127）、电气机械和器材制造业（0.5102）、黑色金属业（0.5047）、有色金属业（0.5032）、造纸和纸制品业（0.4914）、医药制造业（0.4880）、化学原料和制品业（0.4845）、皮革毛皮业（0.4814）、家具制造业（0.4806）、石油炼焦业（0.4772）、化学纤维制造业（0.4763）、印刷和记录媒介复制业（0.4754）、金属制品业（0.4739）、文教体娱制造业（0.4679）、其他制造业（0.4676）、饮料制造业（0.4547）、木材加工业（0.4399）、食品制造业（0.4350）、橡胶和塑料制品业（0.4098）
	高度分散 G<0.4	2	农副食品加工业（0.3916）、非金属矿物制品业（0.3277）

从静态来看，2004 年，包括仪器仪表制造业、烟草制品业、计算机通信设备制造业、文教体娱制造业等 7 种行业在内的空间基尼系数超过 0.55，表现出高度或较高程度的空间集聚特征。从单个行业来看，三个时间截面上空间基尼系数均在 0.5 以上的行业空间分布呈现出一定显著程度的空间集聚特征，主要包括了 3 类 9 种，一是技术和资本密集型、产品附加值较高的交通运输设备制造

业、电气机械和器材制造业、仪器仪表制造业、计算机通信设备制造业；二是对资源和资本依赖程度较高、与当地矿产资源储量密切相关的产业，包括有色金属业、黑色金属业和烟草制品业，其空间布局高度集中，能够充分利用当地资源、形成地方保护、发挥规模经济效益；三是发展基础较好、低技术含量、对劳动力需求较大的传统产业，包括纺织业和服装服饰业。

从行业集聚程度时间演变的角度来看，鄂湘赣三省制造业各行业区域空间集中程度总体呈现倒 U 形、递增和递减变化趋势，如图 4-2 所示。2004 年，鄂湘赣三省有 14 种两位数制造业行业空间基尼系数大于 0.5；到 2008 年，空间基尼系数大于 0.5 的行业增加到 19 种，23 个制造业行业大类空间集聚程度增加；2008 年后，制造业地理集中程度呈现出明显下滑的趋势，28 个行业中，只有通用设备制造业、饮料制造业、交通运输设备制造业、烟草制造业四个产业的空间基尼系数出现增长。到 2013 年，只有 11 类行业的空间基尼系数大于 0.5。

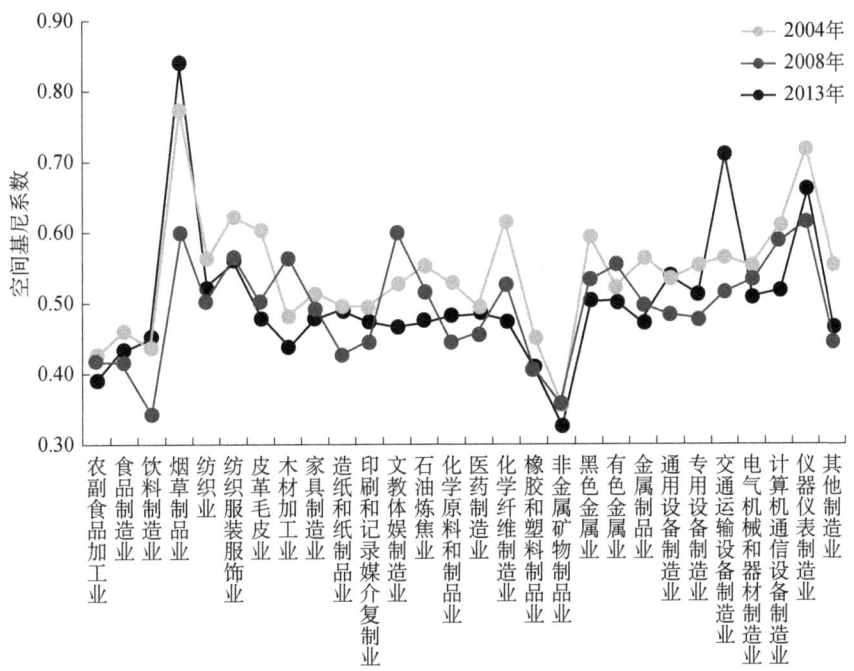

图 4-2 2004 年、2008 年、2013 年鄂湘赣三省制造业各行业空间集中程度

2. 制造业空间集聚水平具有省际差异性

对湖北、湖南、江西三省 2004 年、2008 年、2013 年的 28 个制造业行业的空间集聚程度分别进行计算，结果如图 4-3～图 4-5 所示。可以发现，区域内部制造业内部行业的空间集聚发展在三省具有不同的表现特征。

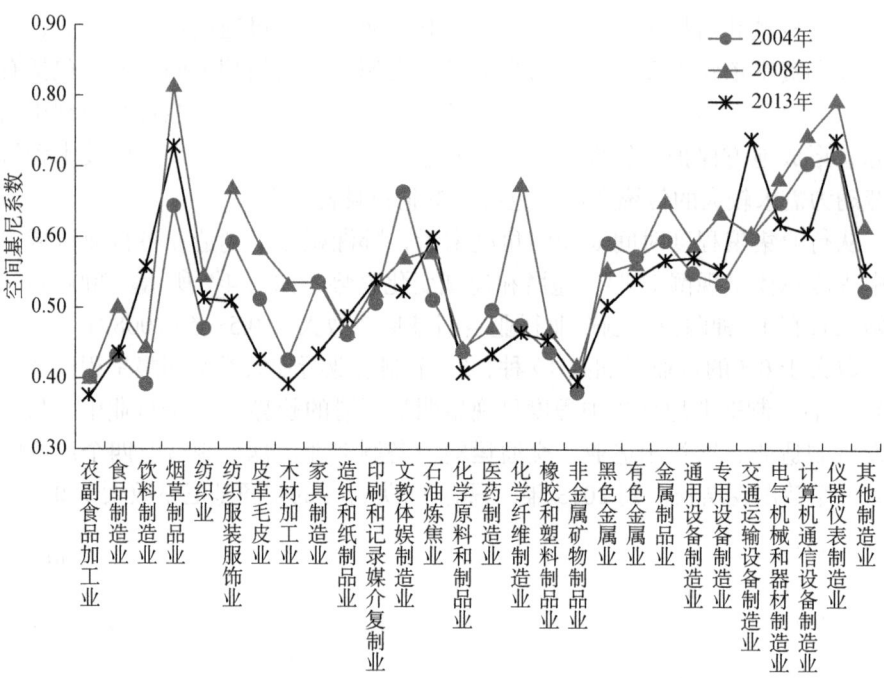

图 4-3　2004 年、2008 年、2013 年湖北省制造业各行业空间集中程度

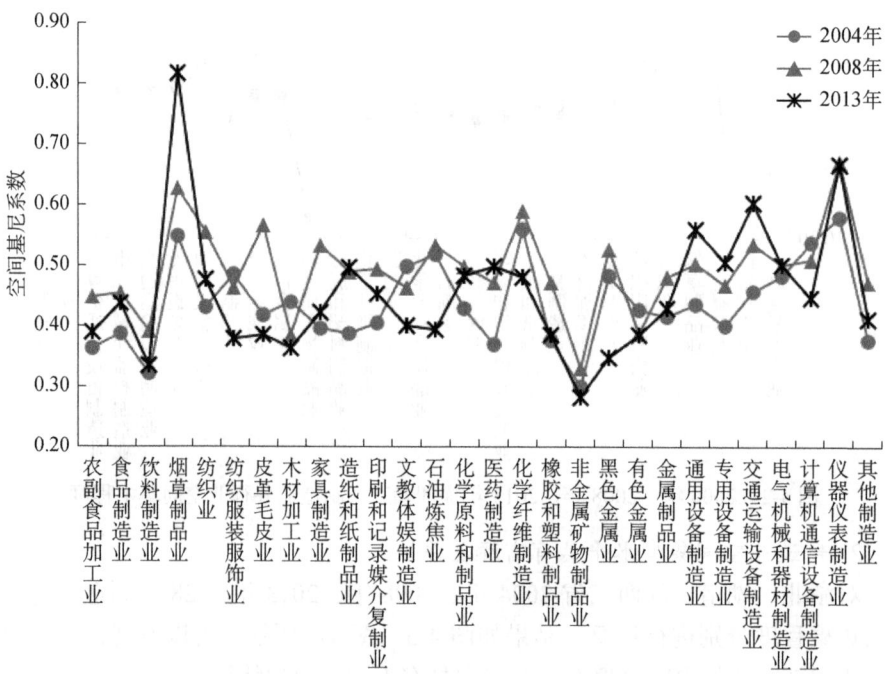

图 4-4　2004 年、2008 年、2013 年湖南省制造业各行业空间集中程度

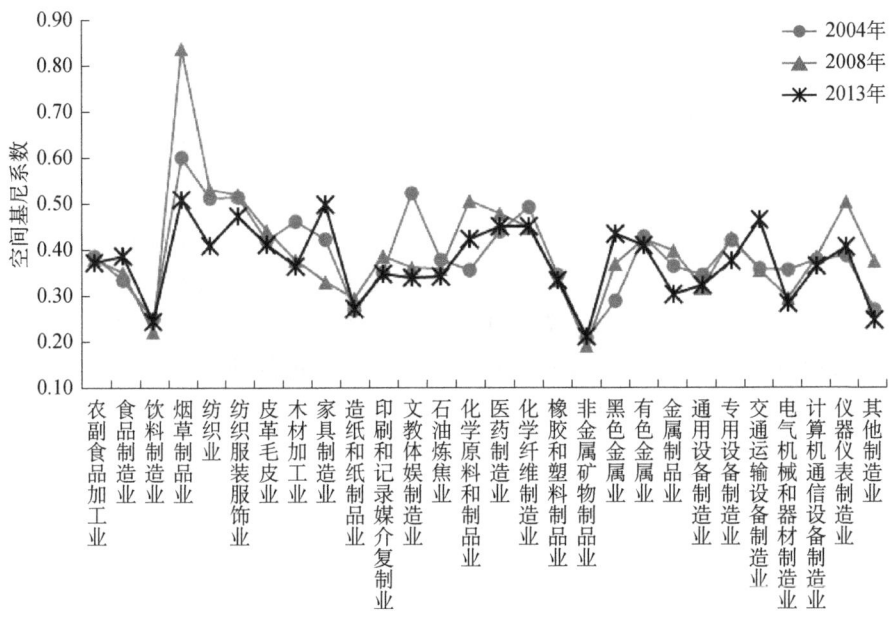

图 4-5　2004 年、2008 年、2013 年江西省制造业各行业空间集中程度

从空间分布的现状来看，2013 年，湖北省共有 11 个制造业产业部门企业空间基尼系数大于 0.55、空间分布处于高度集中或相对集中状态，占制造业行业大类的近 40%，以资本和技术密集型的行业为主；有 17 个制造业行业的空间基尼系数低于 0.55、空间分布处于相对分散或高度分散状态，以劳动和资源密集型产业为主。2013 年，湖南省共有 4 个制造业产业部门企业空间基尼系数大于 0.55、空间分布处于高度集中或相对集中状态，占制造业总行业门类的 14.3%；有 24 个制造业企业的空间基尼系数低于 0.55、空间分布处于相对分散或高度分散状态。而江西省 28 个制造业行业的空间基尼系数均低于 0.55，都处于相对分散或高度分散的状态，表现出非常显著的空间分散特征。这与制造业总体集聚程度的特征表现出一致的区域差异性。

从时间序列来看，研究期内，三省制造业分行业的空间集中水平均经历了先普遍提高再普遍降低的过程。但是三省制造业的空间分布表现出了不一样的变化趋势。2004~2013 年，湖北省半数行业的空间集聚程度增加，以交通运输设备、仪器仪表、通用设备、专用设备等中高技术行业为主。而空间基尼系数减小的行业中，又以原处于高度集中或相对集中的行业为主。由此可知：湖北省制造业的空间集聚程度相对较高、行业集聚现象普遍存在，但是现阶段制造业内部行业的空间分散效应和集聚效应均较强，个别行业已经处于空间集聚效应的下降阶段。从 2004~2013 年，湖南省大部分行业的空间基尼系数表现为正增长，展现出较为普遍的空间集聚趋势，而空间基尼系数下降的行业其空间分布的演变趋势主要表现为由较低的地理集中度趋向更低的地理集中度。总体而言，现阶段湖南省制造业除个别行业外，空间集聚的程度普遍较低、分散性特征较为显著，空间分布的演变主要处于集聚程度普遍提高的发展阶段。与湖北和湖南不同，2004～2013年，江西省只有9个制造业行业的空间集中程度增加，以劳动和资源密集型产业较为典型，如黑色金属业、化学原料和化学制品业、食品制造业、家具制造业，分别增加了50.26%、18.19%、16.17%、17.44%。但是空间分布的分散效应更为普遍，主要有两种表现方式，一是由较高的地理集中度趋向更低的地理集中度，二是从较低的地理集中度趋向更低的地理集中度。总体而言，江西省制造业各行业企业的分布普遍呈现出分散性特征，大部分行业并没有显现出显著的集聚发展趋势，空间分布的分散效应大于集聚效应。

具体的制造业行业在湘鄂赣区域内部的空间分布也表现出差异性。主要表现有：2004年、2008年、2013年，湖北省分别有24种、21种和20种制造业产业的空间基尼系数大于湖南省和江西省，表明其制造业空间分布的集中水平普遍高于湖南省和江西省，空间分布的集聚效应在三省中最为显著；技术密集型产业空间集聚程度的省际差异较大，并且，除了医药制造业外，湖北省所有的技术密集型产业都具有三省最高的空间集聚水平，湖南省技术密集型产业的空间基尼系数也普遍大于江西省；大部分资本密集型产业空间分布的集中水平都表现出湖北省显著大于湖南省和江西省、湖南省大于江西省但差异较小的特点；而劳动密集型产业空间集聚程度的省际差异相对较小。

四、制造业总体空间分布影响因素的实证分析

1. 影响因素指标的选取

产业分布实际上是微观企业空间区位的宏观表现，决定企业空间分布和集中区位的因素众多。此前已经有较多学者使用计量经济模型等方法对制造业空间分布的影响机制进行了研究。陈松林等（2012）以制造业平均集中率为因变量，从要素禀赋条件、外部性、集聚经济、制度政策四个方面研究了福建省制造业区位分布的影响因素，并采用农业产出占GDP的比重、单位面积公路里程两个指标反映农业丰裕度和交通密度对制造业分布的影响；王业强和魏后凯（2007）使用人均GDP与全省平均水平的相对值分析了市场规模与产业空间分布的关系；贺灿飞等（2008）实际使用外资金额等指标测度了区域分权、对外

开放等政策制度因素对制造业集聚程度的影响。

各解释变量的具体含义见表 4-5，模型构建如下：
$$Y=\alpha+\alpha_1X_1+\alpha_2X_2+\alpha_3X_3+\alpha_4X_4+\varepsilon \qquad (4-5)$$
式中，$\alpha_1 \sim \alpha_4$ 表示各变量的回归系数；ε 为随机误差项。

表 4-5　鄂湘赣三省制造业企业空间区位模型的变量描述

变量	所述类别	代号	描述
Y	因变量	FOCUS	制造业集中程度：企业密度
X_1	要素禀赋	WAGE	劳动力成本：各市州在岗职工平均工资
X_2	要素禀赋	TRANS	交通运输条件：各市州每平方千米公路里程
X_3	规模经济	PERGDP	市场规模：各市州人均 GDP
X_4	政策制度	FDI	对外开放程度：各市州实际利用外资金额

2. 数据模型的设定、检验与分析

利用统计软件 SPSS19.0 对 2013 年各市州对应的指标数据进行拟合。利用 SPSS 软件进行回归分析，结果见表 4-6。

表 4-6　制造业企业区位模型回归结果

模型	非标准化系数		标准系数	t	Sig.
	回归系数（B）	标准误差			
常量	-1.233×10^{-17}	0.062	—	0.000	1.000
劳动力成本（WAGE）	-0.106	0.102	-0.106	-1.035	0.307
交通运输条件（TRANS）	0.487	0.075	0.487	6.471	0.000
市场规模（PERGDP）	0.255	0.095	0.255	2.681	0.011
对外开放程度（FDI）	0.526	0.113	0.526	4.664	0.000

注：$F=54.680$，$R=0.925$，$R^2=0.856$，调整的 R^2 为 0.840；回归方程通过多重共线性检验。

根据回归结果，复相关系数（R）=0.925，决定系数（R^2）=0.856，可以看出回归方程总体相关程度很高。F 检验表中，$F=54.680$，p 值=0.000，查询 F 分布表也可以得到，$F(6,42-6-1) < F(6,30)=2.42$，远小于 54.680。因此，回归方程总体上通过显著性检验。

从表 4-6 中可以看出，四个解释变量中，TRANS 和 FDI 的显著性概率值=0.000，远小于 0.01，变量 PERGDP 的显著性概率值为 0.011，小于 0.05，表明这三者与因变量存在着显著的线性关系，即交通运输条件、市场规模、对外开放程度均对制造业企业空间集中的程度有着重要的影响，且三者的系数均为正，与预期结果相符。其中，TRANS 的回归系数为 0.487，统计分析的结果表明交通运输条件对产业集聚有显著的正影响，交通的通达性是制造业企业区位选择的重要考量内容之一，企业更倾向分布在基础设施良好、交通运输条件良好的地区。PERGDP 的回归系数为 0.255，对企业空间集聚的影响显著，表明制造业企业在布局时，倾向往经济发达、市场潜力大、人均 GDP 高于平均水平、更容易产生外部规模经济的地区集中。FDI 明显对制造业企业的集聚有着正影响，回归系数为 0.526，说明政策制度对制造业的空间布局具有重要的指引作用，武汉市、长沙市、南昌市、九江市、赣州市等地区通过政策上的先发优势和各项优惠政策，吸引了大量的外资项目落地，这显示了增强对外资的吸引能力、促进出口导向型的经济发展对产业集聚具有推动作用。除此之外，WAGE 的回归系数为负值，与预期相符，但是未能通过显著性检验。这可能是由于鄂湘赣三省劳动力成本的总体差异并不是很大，在一些地区，尽管其劳动力成本较低，但由于其他各方面条件并不突出，还不足以对企业产生较大的吸引力。

五、结论与讨论

本节基于三次经济普查基础数据，分析了湘鄂赣地区当前制造业空间分布的集聚程度与演变趋势。分析结果如下。

（1）2004～2013 年，湘鄂赣地区制造业总体集聚程度下降，多数制造业行业在空间分布上呈现出先普遍集中再普遍分散的演变过程。当前湘鄂赣地区制造业总体和多数制造业产业还处在集聚程度较低或者以分散效应为主的阶段，空间分布的分散性特征依然显著。此前有学者对中部六省 2007～2010 年的制造业地理集中趋势进行了研究，结果也表明中部六省制造业还处于聚集效应的下降阶段（苏海亮和罗芳，2011）。

（2）制造业内部行业的空间分布特征还表现出区域差异性和行业异质性。不同要素密集型制造业的空间分布表现出不同程度的集聚或分散特征，主要包括：除了烟草制品业表现出高度的地理集中外，大部分劳动密集型产业分布具有空间分散的特征，空间基尼系数和产业地理集中度相对较低；资本密集型产业本身是追求规模经济的产业，但是湘鄂赣三省该类产业各行业的空间集聚效应并不显著，2004～2013 年多数行业的空间基尼系数下降，表明地理集中程度普遍下降，不利于发挥比较优势和集聚经济作用；中高技术型制造业的空间集聚程度普遍大于资本和劳动密集型产业，并且处在集聚效应更为显著的阶段，产业获得了较大的发展。

（3）制造业的空间集聚和演变特征在省际层面上也有所差异。湖北省制造业空间分布的集中水平普遍高于湖南省和江西省。且当前湖北省制造业内部行业集聚效应增长的态势普遍，江西省制造业各产业部门的空间分布则具有显著的分散效应，而湖南省制造业企业空间分布的演变主要处于集聚程度较低、但正在普遍提高的发展阶段。同时，技术密集型产业空间集聚程度的省际差异较大，以湖北省的集聚现象最为突出。

（4）市场规模、对外开放程度与交通运输条件显著影响鄂湘赣三省制造业企业在市州尺度上的空间分布。对影响鄂湘赣三省制造业企业空间分布的因素进行分析表明：①地区市场规模显著影响制造业企业的空间分布。一个更具消费能力的市场能够吸引更多的企业在本地区集中，形成规模经济效应。经济发达、消费能力和购买能力强、市场潜力大的地区在形成产业集聚上具有其先天的优势。②在政策方面，比较确定的是，外商直接投资对产业的区域分布影响重大、对外开放程度会显著影响企业的空间集中程度，表明经济开放也是推动制造业产业集聚的重要因素。因此，工业化进程较慢的地区可以加快推进经济开放政策的落实工作，缩小本地区与发达地区的工业发展差距。各级政府可以通过制定各级各类优惠政策将本地区打造为"政策高地"，吸引企业入驻。同时，创新招商引资的方式，提高外资利用水平，引导外商直接投资的流向，培养合理的产业集群。③交通运输条件显著影响企业的区位选择，制造业企业分布具有交通指向性的特点，交通运输成本无可否认的是制造业产业集聚的重要影响因素，这直接影响了产业的空间分布格局。落后地区如若交通运输不便、工业运输成本较高，即使有更多的政策优惠条件，也未必能够吸引到企业向该地区转移。因此，地区基础设施的建设当是重中之重。政府应通过改善交通基础设施等来改善投资环境、吸引更多企业入驻，形成产业规模发展的良好态势。

第二节　基于全行业的城市群网络结构演化

在传统的城市研究中，城市之间主要是克里斯塔勒的中心地理论所描述的垂直的等级关系（Christaller，1996）。而随着交通和信息通信技术的快速发展以及网络社会的迅速崛起，城市之间相互联系的程度明显提高，分工与合作成为城市间关系的重要组成内容，城市间的关系日趋扁平化，表现出明显的网络特征（覃成林和桑曼乘，2015）。随着我国经济运行进入新常态，再像过去那样主要依靠要素投入的扩张来获得经济的增长已经难以为继，经济增长要更多地依靠要素生产率的提高。从空间的角度来看，任何一个经济体的增长都要在具体的空间中得以实现，因此根据经济地理学和区域经济学理论，意味着依靠要素在地区间重新优化配置所带来的生产率的提高，成为新常态下我国经济保持中高速增长的重要实践策略。改革开放以来，我国城市（地区）之间的经济联系日益紧密，逐渐形成了以长三角、珠三角等为代表的具有经济一体化发展倾向的功能区域，这引起了国家层面的高度关注。《国家新型城镇化规划（2014—2020年）》提出"发展集聚效率高、辐射作用大、城镇体系优、功能互补强的城市群，使之成为支撑全国经济增长、促进区域协调发展、参与国际竞争合作的重要平台"。城市群已成为新常态下谋求经济增长"空间红利"以及引领新型城镇化发展的主体形态。区域空间发展中存在着由自然联系、经济联系、人口运动联系、社会相互作用联系、服务传输联系、信息联系以及政治、行政和组织联系等组成的错综复杂的联系网络。而就经济联系而言，城市群经济空间的本质特征是区域内城市间和产业间存在的经济联系网络。城市间的联系主要以企业或企业集团为载体（姚士谋等，2006a，2006b），其空间行为对城市群地域结构的演变提供了基本动力。

2015年4月国家批复《长江中游城市群发展规划》，该规划是《国家新型城镇化规划（2014—2020年）》出台后国家批复的第一个跨区域城市群规划。规划文本明确指出"努力将长江中游城市群建设成为长江经济带重要支撑、全国经济新增长极和具有一定国际影响的城市群"，"形成多中心、网络化发展格局"。城市群区域内部网络化是城市群形成发育过程中理想的城市化模式（年福华等，2002），需加强长江中游城市群城市网络的相关研究。例如，遵循何种实证路径开展城市网络的研究？采用什么方法测度城市网络？城市网络的发育程度及结构演变有何特征？基于不同作用主体的城市网络结构特征有何异同？再如，交通设施网络是区域基础设施的骨架，通常被认为是形成城市网络系统的物质条件和必要前提（李沛权和曹小曙，2011），交通网络对城市网络的发展与结构演变是否具有统计学意义上的积极影响？等等。厘清这些问题对于长江中游城市群及其他区域网络化空间结构政策的提出具有重要的参考价值。

一、文献综述与理论基础

2017年12月末召开的中央经济工作会议提出了提高城市群质量的新命题，其中包括"推进大中小城市网络化建设"。城市的网络化是区域内各类要素流（人口、物资、货币、信息）与城市（包括各类机构和个人）的集合，是全球劳动分工深化和"服务经济"时代的产物。事实上,从全球来看,城市的网络化正是最近几十年非常突出的发展特征。

城市虽然可以作为城市网络中的节点,但城市本身并无法创造与其他城市之间的联系。城市之间的联系是由城市的"代理人"(agent)创造的(Taylor,2004)。布局在城市中的各种组织机构之间的联系以及人员、货物和信息等在城市之间的空间位移所产生的联系,创造了城市之间的联系,并由此构建出类型丰富的城市网络。依据获取的关系数据的不同,可将城市网络的实证研究路径大致分为两大类:基于企业组织网络的城市网络研究和基于基础设施网络的城市网络研究。其中,在经济全球化、区域一体化和信息技术革命等多重背景下,企业逐渐成为城市间资金和信息往来、技术创新与扩散、资源和商品流通、产业转移与承接等的主体。在各类城市"代理人"中,工商企业显然扮演着越来越重要的角色,成为城市间网络形成与发育的基础动力。基于此,Friedman(1986)提出的"世界城市"概念,强调世界城市是大部分跨国公司总部所在地,总部集聚形成对其分支机构所在城市的指挥、控制和服务等,世界城市网络组织功能;Sassen(1991)提出的"全球城市"概念,则强调全球城市是全球经济网络的管理中心,生产性服务业的空间集聚能够导致管理功能的空间集聚。20世纪90年代中期以来,GaWC研究小组从企业网络视角切入世界城市网络的研究,他们对关系型数据的挖掘和对世界城市网络的建构极大地推动了城市网络的研究进程。国内研究方面,张闯和孟韬(2007)主要采用了社会网络分析方法,以中国连锁百强企业的店铺网络反映城市间流通网络的空间结构;金钟范(2008)把跨中国与韩国城市的全行业母子企业联系视为外向性城市网络基础,据此研究中国城市体系外向性网络发展与结构特征;李仙德(2014)利用2005年、2010年长三角A股市场上市公司企业网络数据库,运用社会网络分析方法、位序-规模分析法等,分析了2005年、2010年基于全行业的长三角城市网络空间结构演变;赵渺希等(2015,2016)采用全行业企业事业单位名录,对京津冀、长三角、珠三角等典型城市群的多中心网络结构进行了分析;吴康等(2015)基于2010年全行业企业名录的总部-分支机构关系数据,构建了330个×330个的地级以上城市网络连接关系,并运用复杂网络分析方法来探索中国城市网络的空间组织特征。

长江中游城市群作为一个由多个城市子群跨省域构成的巨型城市集群,城市间网络化联系水平与格局是决定其能否持续健康发展的关键所在。因此,对长江中游城市群城市间联系及网络结构特征的研究更成为近年来的热点研究领域。多数实证研究均在地级市层面上采用静态的如城市人口、GDP、贸易量等社会经济属性数据,借助重力模型刻画城市间的联系及相互作用水平(白永亮和党彦龙，2014）；所得的结论既有相似的地方，但同时也存在较大的差异。相似的结论如城市间的联系整体呈上升趋势但差异显著，环鄱阳湖城市群网络联系水平较低，空间上形成以武汉、长沙和南昌为中心驱动周边城市联动发展的放射状结构（王圣云等，2013；何胜等，2014）。差异较大的结论如汤放华等（2013）的研究结果显示长江中游已经形成实际意义上的经济网络，但在李琳和蔡丽娟（2015）的研究中却显示网络化集群发展结构尚未形成；又如，秦尊文和汤鹏飞（2013）的研究表明长江中游城市群城市间经济联系主要发生在省际边界地区，而李琳和蔡丽娟（2015）却指出跨板块的城市间联系是稀缺的。

  交通设施网络是区域基础设施的骨架，通常被认为是形成城市网络系统的物质条件和必要前提（李沛权和曹小曙，2011）。在城市体系（城市网络）方面，Murayama（1994）分析了1989～1990年日本铁路交通网络可达性对日本城市体系的影响；Aoyama和Castells（2009）认为就业和增长机会等空间格局的变化驱动着城市体系的动态演进，而这些变化的产生得益于交通技术和信息通信技术（ICT）的重要进步；李亚婷等（2014）对中原经济区经济网络的研究表明，经济发展和交通改善是网络稠密化和便捷化的主要原因；张荣天和焦华富（2015）研究表明要素流动、区位差异及交通创新综合作用驱动着江苏省城市网络空间结构的演变；刘秉镰和杨晨（2016）利用中国地级市面板数据模型分析认为交通与信息基础设施建设加强了中国各城市间的联系，推动城市向多中心和分散化发展，并最终促进城市体系网络化发展。而赵璟等（2009）的实证结果却显示良好的基础设施会阻碍区域城市体系由首位分布向位序-规模分布演变；胡彬（2003）认为运输成本的节约只会产生局部影响，而不具备普遍的城市网络化力量；还有相关研究表明交通网络对城市体系的影响是复杂的，如司明（2014）研究表明交通基础设施作用下的中国城市群空间结构呈现由单中心结构强化向多中心网络演变的倒U形渐进过程。

  此外，交通网络通过影响企业的区位决策进而对基于企业组织网络的城市网络产生作用。在理论方面，杜能、韦伯的古典区位理论及廖什、胡佛的现代区位理论均指出运输成本是影响企业利润的主要因素，从而影响经济活动的空间分布格局。随着新经济地理学的兴起，Krugman（1991）、Venables（1996）将运输成本和规模报酬递增等因素融入Dixit-Stiglitz垄断竞争模型，用以探讨经济活动的空间集聚及"中心-外围"空间结构的形成机理。在实证方面，Behrens等（2004）将Krugman建立的双区域模型扩展为多区域模型，考虑不同的需求规模和交通设施水平（决定了一个地区的可进入性）的影响，分析显示一个地区对企业的吸引力是由市场规模、可进入性和竞争三个因素共同构成的。杨文智（2008）对长三角城市可达性与外商直接投资区位选择关系的研究表明，20

世纪90年代以来，外商直接投资区位选择的主要决策因素已由第一阶段的外资集聚和优惠政策因素转变为现阶段的可达性和产业集聚因素。王良举和王永培（2011）基于中国280个地级行政区的三位数制造业数据研究表明，一个地区较高的市场获得水平和完善的交通基础设施会吸引企业在该地区选址。然而，部分实证研究与上述研究所得结论并不统一。Holl（2004a）的实证结果显示新企业更愿意远离具有较高可达性的城市建厂；与Holl的发现相似，周浩等（2015）基于中国公路交通网络和制造业企业微观数据的实证结果表明在交通网络的改善引起企业外地市场范围扩大的条件下，新企业更倾向远离可达性较高的地方布局；刘可文等（2013）研究发现区域经济效率、劳动力成本、交通等要素成本对跨国公司在长三角布局影响逐渐减弱；李仙德（2014）的计量结果表明长三角其他城市到上海的高速公路时间距离对基于上市公司的区域城市网络的影响未通过显著性检验。

综上所述，关于城市体系的研究视角已呈现出从强调城市间等级秩序到强调城市间横向与纵向关联的根本转变。与国外相比，因在国内获取企业总部-分支机构关系型数据比获取交通流、信息流等数据更加困难，故国内基于基础设施网络的城市网络研究成果更为丰富，而基于企业组织网络的城市网络研究仍有待加强。国内外有关城市网络发育动力机制的理论分析，以及大量的定性与非计量实证研究，均十分强调交通网络的作用，但交通网络时空分布的非均衡性能够产生不同程度、不同类型的空间绩效，关于交通网络如何影响区域经济发展和区域空间结构，已有的计量分析结论并不一致。在时间尺度上，目前大量研究停留在静态网络分析上，缺少时间序列上的城市网络动态演变分析，进而无法得到城市网络发育趋势。在空间尺度上，现有研究基本都是以地市级行政单元或城市作为网络节点，这在分析全国尺度经济联系网络时还可以保证研究精度，但在经济区、省域或城市群尺度研究中，地市级节点往往只有十几个甚至几个，以此构成的经济联系网络比较稀疏，不能很好地反映区域经济联系网络结构特征和演化规律。县域是中国经济发展的基本单元，应加强基于县域尺度的区域城市网络研究。在研究数据上，现有的研究虽不乏空间联系和交互作用的实证探索，但却受到关系型数据的可得性和网络分析条件的限制，大多采用静态的社会经济属性数据，借助重力模型模拟真实的关系型数据来作为城市网络的研究媒介，难以准确反映城市间复杂交互关系。尤其是在有关长江中游城市群的研究中，利用真实的关系型数据测度城市间联系及网络结构的研究还很少见，这是导致研究结论差异较大的重要原因。

基于此，本节以长江中游城市群为研究区域，以县域为基本分析单元，遵循GaWC研究小组所开创的基于企业组织的实证路径，首先利用11315全国企业征信系统获取研究区企业名录，将其导入全国企业信用信息公示系统进行二次查询确认并补充所需信息，经过一系列处理后建构出企业总部-分支机构的关系型数据库；其次运用社会网络分析方法对基于全行业的长江中游城市群城市网络进行综合测度，并结合核密度估计和 IDW 空间插值等分析技术揭示 2000～2014 年基于全行业的城市网络发育与空间结构演变特征；最后利用面板数据模型尝试分析交通网络可达性对城市网络发育的影响。

二、研究方法与数据来源

（一）研究区域

参照 2015 年国务院批准的《长江中游城市群发展规划》，将长江中游城市群范围界定为湖北的 1 个副省级城市、9 个地级市、3 个省辖县级市，湖南的 8 个地级市，以及江西的 10 个地级市。基于县域尺度，从数据的可获得性和研究需求出发，将地级以上城市的市辖区合并为市区，从而将研究单元细分为 28 个城市市区（在此称为市）、150 个县与县级市，共计 178 个地理单元。

（二）研究方法

多区位企业组织的空间联系是目前城市网络的主流研究路径（吴康等，2015）。由企业总部与其分支机构所构成的企业网络是典型的有向一模网络。社会网络分析法可基于该类网络揭示特定区域内城市的联系特征与类型、结构与功能，以及城市节点之间联系流向与流量、连接通达性与方式等城市间的相互作用关系，借助该方法能够从联系的维度更好地理解当今时代背景下城市体系中城市发展的机制。本节基于企业总部-分支机构的关系型数据，在 UCINET6.0 软件支持下，运用社会网络分析法，采用网络密度、中心势、中心度、核心-边缘模型、凝聚子群等评价指标，对长江中游城市群的城市网络结构进行多维度的定量分析，评价城市网络结构的发育程度以及不同城市在网络化区域中的位置与角色。

1. 联系强度

网络的联系强度定义如下：

$$C_{ij} = L_{ij} + L_{ji}, \quad i \neq j \qquad (4\text{-}6)$$

式中，C_{ij} 为 i、j 两座城市的联系强度；L_{ij} 为企业总部在城市 i 而各总部相应的分支机构在城市 j 的机构总数；L_{ji} 为与 L_{ij} 相反的机构数。

2. 整体网络特征评价指标

网络密度（network density）指网络中节点间实际发生联系的数量与所有可能发生的联系数量的比值。网络密度可以反映城市网络的整体紧密程度，网络密度越大，则城市之间的联系就越紧密，整体网络的发展水平就越高，其表达式如下：

$$D = \frac{2\sum_{i=1}^{k} d_i(n_i)}{k(k-1)} \quad (4-7)$$

$$d_i(n_i) = \sum_{j=1}^{k} d_i(d_i, d_j) \quad (4-8)$$

式中，D 为网络密度；k 为节点数量；$d_i(d_i, d_j)$ 表示节点 i 与节点 j 之间的连线。

网络中心势（centralization）是指网络整体的凝聚力或整合度（Scott,1988）。根据测度网络节点中心度维度的不同，整个网络的中心势也具有相应的含义。本节采用点度中心势、出度中心势、入度中心势和中介中心势来测度城市网络中某些节点集中的程度。各个中心势的表达式如下：

$$C_D = \frac{\sum_{i=1}^{k}\left[C_D(n^*) - C_D(n_i)\right]}{\max \sum_{i=1}^{k}\left[C_D(n^*) - C_D(n_i)\right]} \quad (4-9)$$

$$C_{D,\text{out}} = \frac{\sum_{i=1}^{k}\left[C_{D,\text{out}}(n^*) - C_{D,\text{out}}(n_i)\right]}{\max \sum_{i=1}^{k}\left[C_{D,\text{out}}(n^*) - C_{D,\text{out}}(n_i)\right]} \quad (4-10)$$

$$C_{D,\text{in}} = \frac{\sum_{i=1}^{k}\left[C_{D,\text{in}}(n^*) - C_{D,\text{in}}(n_i)\right]}{\max \sum_{i=1}^{k}\left[C_{D,\text{in}}(n^*) - C_{D,\text{in}}(n_i)\right]} \quad (4-11)$$

$$C_B = \frac{\sum_{i=1}^{k}\left[C_B(n^*) - C_B(n_i)\right]}{(k-1)(k-2)(k-3)} \quad (4-12)$$

式中，C_D、$C_{D,\text{out}}$、$C_{D,\text{in}}$、C_B 分别为点度中心势、出度中心势、入度中心势和中介中心势；$C_D(n_i)$、$C_D(n^*)$ 分别为点度中心度及其最大值；$C_{D,\text{out}}(n_i)$、$C_{D,\text{out}}(n^*)$ 分别为出度中心度及其最大值；$C_{D,\text{in}}(n_i)$、$C_{D,\text{in}}(n^*)$ 分别为入度中心度及其最大值；$C_B(n_i)$、$C_B(n^*)$ 分别为中介中心度及其最大值。

3. 节点网络特征评价指标

节点中心度是衡量网络中某个行动者对其他行动者，以及对网络中资源流动控制能力的指标。根据社会网络分析方法，各节点的网络结构特征可以细分为点度中心度、中介中心度和接近中心度三个维度。接近中心度对网络的连接性要求较高，根据数据特征，本节采用点度中心度和中介中心度对城市网络中的各节点城市的中心性进行刻画。

点度中心度（degree centrality）是根据网络中的连接数衡量节点处于网络中心位置的程度，度值越高，则说明该城市在区域空间关联网络中与其他城市之间的联系越多，该城市也更加接近网络中心。另外，如果将节点间发生联系的方向考虑进来，某节点的点度中心度又可分为出度中心度（out-degree centrality）和入度中心度（in-degree centrality），其中出度中心度衡量某一节点对外联系的规模，入度中心度衡量某一节点吸引网络中其他节点与之发生联系的规模。本节的研究对象是有向的城市网络，即某一节点城市是某企业总部所在地，可对外发出与其他城市的联系，出度中心度越大，表示城市在网络中的控制能力越强；若某一节点城市是企业分支机构所在地，那么该城市则吸引其他城市与之发生联系；入度中心度越高，表示别的行动者更愿意与之建立起联系。点度中心度的表达式如下：

$$C_D(n_i) = \frac{\sum_{j=1}^{1} r_{ij}}{k-1} \; ; \quad C_{D,\text{out}}(n_i) = \frac{\sum_{j=1}^{1} r_{ij,\text{out}}}{k-1} \; ; \quad C_{D,\text{in}}(n_i) = \frac{\sum_{j=1}^{1} r_{ij,\text{in}}}{k-1} \quad （4\text{-}13）$$

式中，$C_D(n_i)$、$C_{D,\text{out}}(n_i)$、$C_{D,\text{in}}(n_i)$ 分别为节点 i 的点度中心度、出度中心度和入度中心度；r_{ij}、$r_{ij,\text{out}}$、$r_{ij,\text{in}}$ 分别为节点 i 的总联系、节点 i 到 j 方向的联系和节点 j 到 i 方向的联系；k 为节点数量。

中介中心度（betweenness centrality）用于衡量某一节点处于其他节点"中间"的程度。若某一节点处于许多其他点对的捷径（最短的途径）上，那么该点对资源控制的能力也就较高。某一节点城市的中介中心度越高，则意味着该城市越能控制其他城市之间的相互行动，该城市也就更加接近网络的中心。中介中心度的表达式如下：

$$C_B(n_i) = \sum_{i \ne j \ne l} \frac{g_{jl}(n_i)}{g_{jl}} \quad （4\text{-}14）$$

式中，$C_B(n_i)$ 为中介中心度；g_{jl} 为邻近 i 的两个节点 j 和 l 之间的最短路径；$g_{jl}(n_i)$ 为通过节点 i 的路径。

4. 核心-边缘模型

该模型可用于判断某一节点处于网络整体的位置，或者估计出节点的"核心度"。只要在各个节点的核心度值的分布中存在"自然断裂",则可划分出该组值的分界线,借此判断出哪些行动者分别处于"核心""过渡""边缘"的位置。借助该模型可分析区域内城市流分布的不平衡性、核心城市的核心强度及其与边缘城市的联系强度,从而优化区域空间组织,协调区域内城市间的关系。与传统上用经济、人口、城市化等静态属性数据指标划分区域空间结构不同,用"核心度"开展区域空间结构为城市网络研究提供了一个基于城市动态联系的新视角。

5. 核密度估计法

由于城市网络中节点城市之间联系的发育状况、联系地位、联系方向等受到网络内外及其自身多重因素的影响,作为表征节点城市在网络中联系特征的中心度,在变化趋势上存在一定的差异性。核密度估计是一种非参数估计方法,其特点在于回归函数的形式没有任何约束,解释变量和被解释变量的分布也很少限制,因而有较大的适应性,能在广泛的基础上得出更加带有普遍性的结论(叶阿忠,2003)。本节采用该方法分析节点城市的中心度在网络中的分布特征,通过分布图中波峰数量以及分布图位移趋势直观地观察中心度的差异状况及其动态演进过程。核密度估计的基本表达式为

$$f(x) = \frac{1}{nh}\sum_{i=1}^{n}K\left(\frac{x-x_i}{h}\right) \quad (4-15)$$

式中,$f(x)$ 为点 x 处的概率密度;i 为研究单元数,$i=1, 2, \cdots, n$;h 为带宽,其取值影响核密度函数曲线的形状和平滑程度,本节中的 h 为 Eviews 8.0 的默认值;$K(\cdot)$ 为随机核估计的核函数,$K(\cdot)$ 有多种函数形式,本节选用 Epanechnikov 核函数(陈强,2014),对由社会网络分析法计算得出的城市各中心度值进行核密度估计,以反映长江中游城市群内城市中心度的差异化演进过程。若核密度分布图的波峰高度不断降低,那么城市网络中城市的中心度的差异持续扩大;若分布图呈现出明显的"双峰",表明城市的中心度存在双峰趋同;若分布图随着时间右移,表明城市的中心度在提高。

(三)数据收集与处理

企业网络的形成机制(即企业通过何种方式建立彼此之间的联系)具有多样性,包括研发合作、产业集群、连锁董事、投资交易、组织隶属等,也包括因为共同参与对某个项目的投资而建立的联系。总体而言,上述诸多网络形成机制大体可分为企业内部结网机制(如连锁董事、组织隶属)和企业外部结网机制(如研发合作、产业集群、投资交易)。要比较全面地反映网络结构,需从上述两方面开展研究。与此同时,获取企业关系型数据的方式亦可分为两种:

一种方式是通过调查问卷、企业访谈等途径直接获取样本企业之间的关系及其关系的种类和强度，但该种方法至少存在三个方面的缺陷，一是对关系的评价带有较强的主观性，二是难以在大范围开展研究，三是几乎无法获取时间序列数据；另一种方式是通过收集二手资料，从资料中分析企业之间建立的实际联系（刘冰，2015）。

自 20 世纪 80 年代以来，随着信息技术的快速发展以及全球化程度的加深，企业在区域、国家和全球尺度上呈现出多区位的空间组织形式，使不同城市形成多层面的城市网络；此外，企业内部的组织隶属关系（即企业总部及其分支机构的关系）数据通过二手资料能较为容易地获取。因此，基于企业内部组织网络开展城市网络研究在早期就被认为是重要的实施路径之一，也已成为国内外研究的主流趋势。由经验初步得知，工商局的企业名录、经济普查以及上市公司年报提供的数据较为全面和可靠，且提供较长时间跨度的数据。本节需要较为全面地展现长江中游城市群城市网络建构的历程，因而上述数据来源是本研究的理想选择。但进一步搜集整理发现，经济普查数据更新较慢，研究期间最新的仅为 2008 年的数据；工商局虽然提供企业查询服务，但前提是必须获取查询企业的名称；经济发达区域上市公司数量众多，上市公司年报提供的数据量级基本可以满足对该类地区城市网络的考察，但对长江中游地区上市公司数据收集整理发现（表 4-7），2014 年湘赣鄂三省上市公司数量仅为 101 家，且以制造业企业为主，由此可推知，处于长江中游城市群的上市公司的数量则更少，企业类型更加单一，若利用该类数据反映长江中游城市群城市网络特征，则可能存在参与建构网络的城市少、网络联系类型单一等问题。

表 4-7 湘赣鄂三省沪深证券交易所上市公司数量（2014 年）　（单位：个）

上市公司数量	湖北省	湖南省	江西省
上海证券交易所上市公司	36	28	16
深圳证券交易所上市公司	5	13	3
合计	41	41	19

资料来源：根据沪深两市证券交易所网站资料整理所得。

因此，本节遵循另一条企业数据收集路径，即从提供企业名录的网站上获取研究区企业名录，然后利用该名录到政府相关权威网站进行二次查询确认，并补充相关信息，以提高数据的准确性和全面性（图 4-6）。具体开展的工作如下。

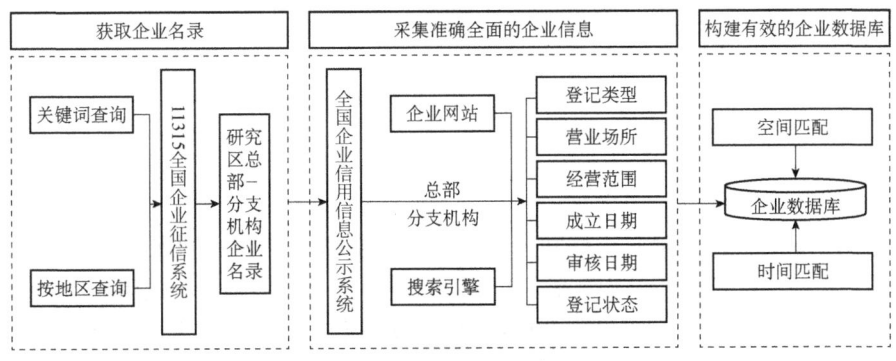

图 4-6　企业关系型数据库构建流程图

首先，通过查阅大量相关资料和网站信息得知，11315 全国企业征信系统是目前中国最庞大的非官方企业数据库之一。该系统是我国率先建起的大数据征信平台，截至 2013 年 11 月，数据库中的企业数达 2600 多万家，覆盖全国、全行业，并且信息还在不断积累。本研究利用该系统提供按地区关键词查询功能，在地域研究单元范围内输入"办事处""分公司""子公司"等关键词，共获取研究区内 36 580 条分支机构名称，同时也就相应得到了其总部的企业名录。

其次，登录国家工商行政管理总局（现国家市场监督管理总局）的全国企业信用信息公示系统，利用得到的企业名录，逐条进行二次查询确认并补充所需信息。具体而言，若从 11315 全国企业征信系统中得到的 A 公司在全国企业信用信息公示系统中无查询结果，则予以剔除；若 A 公司可查询，则采集该公司在系统中的登记信息，包括登记类型［如"有限责任公司分公司"（自然人投资或控股）、"有限责任公司分公司"（国有独资）、"集体分支机构"（非法人）等类型］、营业场所、经营范围、成立日期、审核日期和登记状态等信息。需要说明的是，分支机构对应的企业总部信息基本也能在系统中获取，对于无法获取的企业总部信息，则查询企业网站和搜索引擎，根据提供的信息予以补充完整。经查询，通过该官方企业数据库系统和网络资源确认得到 28 236 条准确可靠并且信息完整的企业数据。

最后，根据得到的企业总部和分支机构的空间位置，保留企业总部和分支机构在异地的样本，删除企业总部和分支机构在同一研究单元的样本。举例来说，若 A 总部的经营场所在长沙市，A 分支机构经营场所在浏阳市，则保留该样本；若 A 分支机构的经营场所也在长沙市，则删除该条记录。经过上述处理之后，删除了 14 434 个样本，保留了 13 802 个样本。此外，将样本企业按时间分类，删除在 2000 年之前登记状态为吊销或注销的样本以及 2015 年成立的企业样本,最终共得到 2000～2014 年有效样本总数 11 564 个,样本全部覆盖到了研究区 178 个县域。

(四)样本描述性统计分析

1. 样本企业数量时间分布

将样本企业分为企业总部和分支机构,对其数量进行时间序列上的统计分析。由图 4-7 可知,①总体而言,研究期间样本企业总部和分支机构的数量均呈现递增趋势,企业总部数量由 2000 年的 1078 家增加到 2014 年的 4965 家,年均增长率为 11.53%;分支机构数量由 2000 年的 1513 家增加到 2014 年的 10 180 家,年均增长率达到 14.59%。②样本企业数量增加呈现阶段性特征,2000～2007 年,企业数量增加较为平稳,2007 年之后则快速递增。③分支机构数量扩张的速度和规模要快于企业总部,分支机构与企业总部的数量比值由 2000 年的 1.40 扩大到 2014 年的 2.05,说明长江中游城市群企业结网能力不断增强,伴随着企业跨域经营活动的网络化发展,有助于扩大城市群内部县域之间的联系。

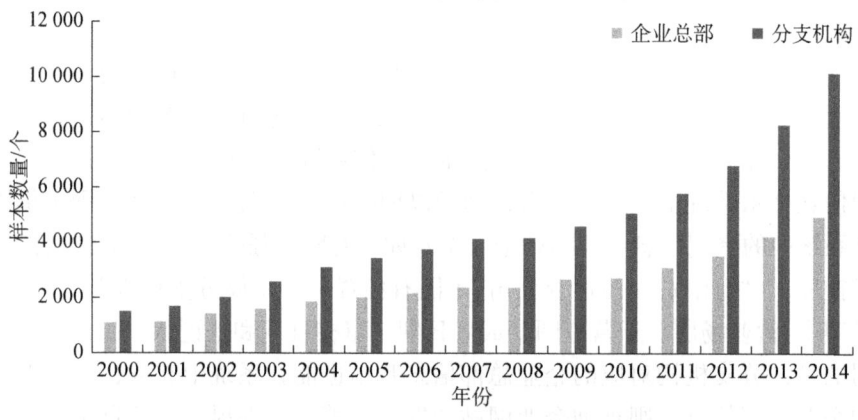

图 4-7　样本企业数量年份分布

2. 样本企业空间分布

对 2014 年长江中游城市群企业总部和分支机构的空间分布进行分析,发现如下三点规律性特征:①企业的空间分布呈现出集聚性特征。从企业总部分布来看,其集聚性十分显著,其中 3311 家(即 66.69%)集中于武汉市、南昌市、长沙市、宜昌市、抚州市、株洲市、常德市、吉安市、南昌县和九江市 10 个市(县),2647 家(即 53.31%)集中于武汉市、南昌市和长沙市,1239 家(即 24.95%)集中于武汉市;从分支机构分布来看,与企业总部相比,其分布相对分散，但仍然呈现出一定的集中性，3133家（即30.78%）集中于长沙市、南昌市、武汉市、吉安市、抚州市、九江市、宜昌市、襄阳市、株洲市和岳阳市10个城市，1203家（即11.82%）集中于长沙市、南昌市和武汉市，458家（即4.50%）集中于长沙市。②武汉市、长沙市和南昌市三个省会中心城区是集聚企业的核心城市，但企业总部的集聚数量都多于分支机构，说明这三个城市在区域中发挥着溢出效应，带动区域内其他城市的发展。特别是武汉市的溢出效应最强，处于区域绝对的支配控制地位。③企业的空间分布呈现出交通指向性特征。长江中游城市群企业呈现沿主要交通干线，如长江、二广线、京广线、京九线、沪昆线等集聚布局的态势，且处于重要交通节点的城市集聚了更多的企业。

3. 样本企业行业结构

依据《国民经济行业分类》（GB/T 4754—2011）对在全国企业信用信息公示系统中采集的样本企业经营范围进行归类处理，最终共归类到17个行业门类当中（表4-8）。样本企业几乎涉及了所有的行业类型和产业价值链区段，且各行业的企业样本数量达到了研究要求。

表4-8 长江中游城市群样本企业行业结构

《国民经济行业分类》（GB/T 4754—2011）	企业总部		分支机构	
	数量/个	比例/%	数量/个	比例/%
农、林、牧、渔业	48	0.97	95	0.93
采矿业	18	0.36	46	0.45
制造业	493	9.93	406	3.99
电力、热力、燃气及水生产和供应业	94	1.89	256	2.51
建筑业	1 081	21.77	2 218	21.79
批发和零售业	750	15.11	1 734	17.03
交通运输、仓储和邮政业	364	7.33	989	9.72
住宿和餐饮业	30	0.61	64	0.63
信息传输、软件和信息技术服务业	219	4.41	676	6.64
金融业	184	3.71	235	2.31
房地产业	481	9.69	767	7.53
租赁和商务服务业	501	10.09	1 053	10.34
科学研究和技术服务业	490	9.87	1 108	10.88
水利、环境和公共设施管理业	90	1.81	195	1.92
居民服务、修理和其他服务业	69	1.39	178	1.75
教育	26	0.52	42	0.42
文化、教育和娱乐业	27	0.54	118	1.16
总计	4 965	100	10 180	100

在企业总部的行业结构中，排名前五位的依次为建筑业（21.77%）、批发和零售业（15.11%）、租赁和商务服务业（10.09%）、制造业（9.93%）以及科学研究和技术服务业（9.87%）；在分支机构的行业结构中，排名前五位的依次为建筑业（21.79%）、批发和零售业（17.03%）、科学研究和技术服务业（10.88%）、租赁和商务服务业（10.34%）以及交通运输、仓储和邮政业（9.72%）。对比汪鑫等（2014）利用2009年全国第二次经济普查数据得到的长三角城市企业主导行业类型，本研究得到的长江中游城市群企业主导行业类型与之十分相似。这一方面显示长江中游城市群不同产业价值链区段的组合结构与发达区域具有相似性，另一方面则用官方的经济普查数据进一步印证了本研究所用的企业数据是准确可靠、质量较高的。

深入分析样本企业行业分布特征即可得知，以交通运输、仓储和邮政业，信息传输、软件和信息技术服务业，金融业，房地产业，租赁和商务服务业以及科学研究和技术服务业6个行业为代表的生产性服务业，在长江中游城市群样本企业的行业结构中占据着重要位置。在企业总部和分支机构的行业结构中，生产性服务业分别占到了45.10%、47.42%，是塑造企业网络的主体力量之一，进而成为长江中游城市群城市关联网络的重要"代理人"。重视研究并着力发展由该类产业主体表征的城市网络，是优化长江中游城市群区域高端价值链网络化分工、提升工业服务化水平以及推动产业结构转型升级的必然选择。

三、城市群网络结构演化特征分析

（一）城市网络联系分析

本节所获取的企业关系数据是具有方向性的，为方便分析单个城市节点以及两两城市之间，即每个"城市对"（city-dyad）的总体联系强度，在该研究部分将其转化为无向联系，将相互设立的分支机构数量之和作为城市节点和城市对网络联系强度的当量。此外，上述分析表明，2007年左右长江中游城市群的企业分布模式发生较为显著的变化。为获取城市网络的主要发育特征，选取2000年、2007年和2014年三个时间截面作为分析的时间序列切入点。

1. 网络节点

从时间上来看，2000年、2007年和2014年节点联系强度分别为3218、8170和20170，2000~2014年年均增长率达14.01%，这说明基于全行业联系的节点联系迅速增加，从而引起由节点支撑起的城市网络规模持续扩张。从空间上来看，3个年份节点联系强度的变异系数在15%以上，2000年、2007年和2014年节点最高联系强度分别为408、1098和2558，最低联系强度仅分别为0、1和11，三个年份排名前10位（包含并列）的节点联系强度均占到总联系的一半以上，其中武汉、长沙、南昌三个中心城市的节点联系强度占总联系的比例更是高达35%以上（表4-9），这充分说明基于全行业的网络节点空间差异十分显著。

表4-9 基于全行业的城市网络节点联系强度前十位分布

排序	2000年			2007年			2014年		
	城市	强度	比例/%	城市	强度	比例/%	城市	强度	比例/%
1	长沙	408	12.68	南昌	1098	13.44	武汉	2558	12.68
2	武汉	395	12.27	武汉	1047	12.82	南昌	2520	12.49
3	南昌	370	11.50	长沙	883	10.81	长沙	2065	10.24
4	宜昌	120	3.73	襄阳	266	3.26	抚州	558	2.77
5	襄阳	108	3.36	宜昌	233	2.85	吉安	532	2.64
6	岳阳	106	3.29	九江	193	2.36	宜昌	479	2.37
7	九江	91	2.83	常德 株洲	163	2.00	九江	456	2.26
8	常德	86	2.67	抚州	158	1.93	株洲	413	2.05
9	湘潭	78	2.42	吉安	154	1.88	襄阳	331	1.64
10	衡阳	77	2.39	岳阳 湘潭	130	1.59	南昌县	322	1.60

2. 网络关联

从时间上来看，城市对数量由2000年的479对增加到2014年的1380对，表明城市对外建立联系的方向在增加，但与理论上最大联系数量即15 753对（0.5×177×178）联系相比，发现长江中游城市群城市网络还处于发育初期，存在非常大的提升空间。如图4-8和表4-10所示，从空间上来看，城市对联系强度的空间集聚性要小于城市节点的空间集聚性，但仍表现出一定的集聚性特征。三个时间截面下排名前10位（包含并列）的城市对联系强度均占到总联系的20%以上，但位序的波动性较大，并且联系强度呈现出分散化趋势。总体来看，在长江中游城市群城市网络当中，主要城市对联系存在省会城市节点对以及省会城市节点与其所辖省内市级节点对两种分布模式，但省会城市节点对中武汉-长沙和武汉-南昌的联系强度要高于长沙-南昌的联系强度，其主要城市对空间分布模式如图4-8所示。

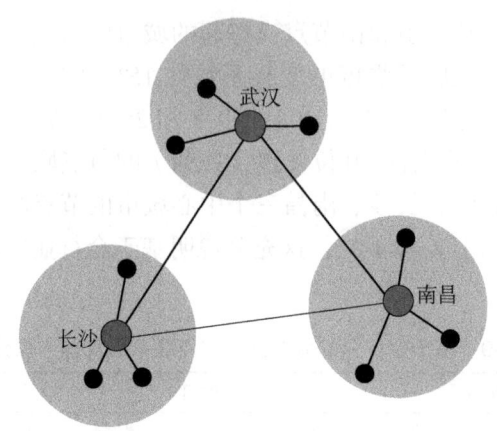

图 4-8　主要城市对空间分布模式

表 4-10　基于全行业的城市对联系强度前十位分布

排序	2000 年			2007 年			2014 年		
	城市对	强度	比例/%	城市对	强度	比例/%	城市对	强度	比例/%
1	武汉-宜昌	53	3.41	武汉-襄阳	146	3.70	武汉-长沙	247	2.73
2	武汉-长沙	51	3.29	武汉-长沙 武汉-南昌	123	3.12	南昌-抚州	228	2.52
3	武汉-襄阳	48	3.09	武汉-宜昌	113	2.86	长沙-株洲	213	2.36
4	南昌-九江	42	2.71	长沙-株洲	85	2.15	南昌-九江	209	2.31
5	长沙-衡阳	35	2.26	南昌-九江	79	2.00	武汉-宜昌	190	2.10
6	长沙-常德	34	2.19	长沙-常德	66	1.67	南昌-吉安	183	2.02
7	长沙-岳阳	33	2.13	长沙-岳阳	58	1.47	南昌-上饶	180	1.99
8	武汉-南昌	32	2.06	长沙-南昌 武汉-荆州	54	1.37	武汉-襄阳 武汉-南昌	173	1.92
9	武汉-黄石	31	2.00	长沙-湘潭	53	1.34	武汉-黄石	159	1.76
10	长沙-湘潭 武汉-荆州	30	1.93	武汉-黄石 南昌-吉安	51	1.29	长沙-岳阳	145	1.60

3. 空间组织

利用每个城市的社会经济属性数据,通过重力模型刻画的城市间联系,会导致每个城市都与研究区内的任一城市发生不同规模联系的问题,呈现在空间上则是包括网络研究区所有城市,且空间分布相对均质的图景。比较而言,基于真实的关系型数据所呈现的城市空间联系则更加贴近现实。具体来说,2000~2014 年,多中心、层级性和边界性等特征相伴城市网络空间组织的过程,即:①多中心的城市空间关联结构日益凸显。2000 年武汉是城市空间关联的核心城市,共与 3 个节点产生了高关联强度,长沙次之,南昌最弱;2007年,武汉与南昌之间产生了高关联强度,且长沙与南昌的联系有所加强;2014

年，三市与各自省内县域的联系得以强化，"三中心"的多中心结构更加均衡，形成了以三个城市为中心向外辐射的轮轴状形态。②城市空间关联网络呈现层级化。长江中游城市群城市空间关联网络日益体现出以武汉、长沙、南昌为多中心，以下辖的各地级节点为次中心，以县级节点为从属型城市的层级化网络结构。③省级行政区划因素在各层级网络中产生不同的影响。在武汉、长沙、南昌三个中心城市的联系中，省级行政区划因素影响较弱，但对其下辖的地级节点的省外联系产生了明显的行政边界分割效应，严格限定其与省外城市发生强度较高的联系，呈现出较为典型的"行政区经济"现象（刘君德，2004）。这进一步说明，在跨省的长江中游城市群层面，该类县域的区域功能分工和要素流动受到较为严重的抑制，这会造成生产配置结构非最优和要素配置结构非最优的潜在损失，不利于提高资源的空间配置效率。

此外，从各县域最大联系的空间组织中可进一步发现，所有地级节点和大部分县级节点的最大联系方向均为各自省内的省会城市，且武汉吸引的最大联系增加显著，长沙吸引的最大联系空间格局较为稳定，南昌吸引的最大联系空间格局变化显著，经历了显著增加之后迅速减少的过程。其中，最大联系方向为武汉的节点数量，从 2000 年的 24 个增加到 2007 年的 27 个，之后猛增到 2014 年的 41 个，增加的节点全部为从属型的县级节点。最大联系方向为长沙的节点数量稳中有升，从 2000 年的 22 个增加到 2007 年的 27 个和 2014 年的 28 个。最大联系方向为南昌的节点数量变化的波动性最大，2000～2014 年其数量分别为 32 个、46 个和 36 个，波动幅度达 10 个及以上。城市吸引的最大联系节点越多，说明该城市在区域中的中心地位就相对越强，影响相对越大。总的来说，基于全行业企业联系的角度，武汉、长沙、南昌的中心地位最为突出。此外，远离省会城市的县级节点最大联系方向为上一级的地级节点，如湖北的宜昌、襄阳，湖南的常德、衡阳，江西的抚州、吉安等市级节点成为辖区内县级节点的最大联系方向，且研究期间这种空间组织模式具有较大的稳定性。

（二）整体网络分析

1. 网络密度

网络密度值是表征城市网络整体发展水平最直观的指标，密度值越接近 1，其网络联系则越密切，发展水平则越高。运用 UCINET6.0 中的 "Cohesion—Density" 模块，计算基于全行业的长江中游城市群 2000～2014 年城市网络密度值，并进行分析。

2000 年，网络密度值仅为 0.051，县域之间的关联作用程度低，空间组织关系较为松散，城市网络主要由省会城市节点与其下辖的市级节点之间架构。

2007年，网络密度值为0.129，开始呈现网络化倾向，省会城市节点与其下辖的市级节点之间联系加强，县级节点也开始发育成为网络联系的层级之一。2014年网络密度值进一步提高到0.320，县域间关联作用得到强化，但整体网络化联系仍较弱，尤其是县级节点与各层级节点之间、跨省城市节点之间的联系更为薄弱，这一结果与基于重力模型刻画的城市网络密度值有很大的差别，汤放华等（2013）利用重力模型计算的长江中游城市群网络密度值高达0.838，这显然与长江中游城市群真实的发育阶段不相符。此外，软件结果还报告了网络密度的标准差，本研究据此计算了2000~2014年网络密度值的变异系数。2000年、2007年和2014年变异系数分别为15.619、14.563和12.980，变异系数持续降低，表明县域单元之间网络联系的相对差异整体呈现逐渐缩小的趋势，但差异依旧很大，长江中游城市群实现均衡化、一体化发展任重道远。

2. 中心势

中心势是从网络整体层面刻画节点中心化程度的专门指标。运用UCINET 6.0中的"Cohesion—Centrality—Degree/Freeman Betweenness"模块，计算2000~2014年基于全行业的长江中游城市群点度中心势、出度中心势、入度中心势和中介中心势。

点度中心势在2000年、2007年和2014年分别为4.79%、4.49%和4.24%，其值较低，且呈现递减态势，说明长江中游城市群城市网络的集中趋势不甚明显，且呈现出均衡发展的态势。其主要原因是长江中游城市群是由三个省份的部分城市所构成的，各省内都存在其中心城市，因此长江中游城市群整体上就呈现出多中心的空间格局特征（汤放华等，2013）。出度中心势在2000年、2007年和2014年分别为3.59%、3.35%和6.03%，表明网络中城市节点对外发出联系（即控制力）的集中程度先降低，之后迅速提高。长江中游城市群城市网络中的县级以上节点，尤其是武汉、长沙和南昌控制力最强，且2014年三个中心城市的控制力更是得到了提升。入度中心势在三个时间截面下分别为1.81%、1.05%和1.14%，表明研究期间网络中城市节点吸引外在联系（即吸引力）的集中程度先降低，之后微幅提升。结合本章第一部分中对城市空间分布的分析可知，武汉、长沙和南昌对外发出联系的方向较为分散，导致吸引这三个城市联系的节点的集中程度也呈现出分散化态势。比较而言，研究期间出度中心势显著大于入度中心势，进而得出到2014年长江中游城市群中心城市（武汉、长沙和南昌）发挥着辐射带动作用，且辐射带动的方向没有特别明显地集中于某一次级节点或次级区域的明确结论。此外，中介中心势在三个时间截面下分别为20.52%、25.04%和26.47%，其值较高，且呈现递增态势，这表明具有中介地位控制资源的城市相对较多，小团体内的中心城市都有可能处于中介位置，且研究期间整个网络结构呈现向具有中介地位的城市集中的趋势，但该趋势在近年来趋于平缓。

（三）节点分析

对各个节点在网络中地位的多维度刻画是社会网络分析法最主要的方面。在社会网络理论中，节点的中心度反映了其对网络中资源流动规模与方向控制的能力，因而各个维度的中心度往往也反映了该节点在网络中的地位。节点中心度对于刻画城市节点对城市网络中人流、物流、资金流、信息流等各种要素流控制的能力，进而清晰地指示其在流空间中的地位具有重要的应用价值。在基于全行业的城市节点中心度的不同维度中，点度中心度是测量网络中城市综合交往能力的指标，在刻画节点在网络中地位方面具有直观性和综合性的特点；出度中心度是测量该城市对外联系能力的指标；入度中心度是测量该城市吸引外在联系能力的指标；而中介中心度则是测量该城市中介能力的指标。应用 UCINET 6.0 中的"Cohesion-Centrality"分析模块，对长江中游城市群各县域单元的节点中心度进行测量，并基于核密度估计和 ArcGIS 中的空间插值技术对其展开细致的时空分析。

1. 点度中心度

以基于全行业的点度中心度为横坐标，以核密度估计值为纵坐标，基于 Eviews 8.0 绘制 3 个年份点度中心度的核密度曲线（图 4-9）。①2000~2014 年，核密度曲线整体持续向右侧移动，说明点度中心度呈上升趋势。②核密度曲线由"尖峰形"向"宽峰形"发展，且演变趋势十分显著。2000 年，基于全行业的县域单元点度中心度呈现出明显的尖峰形态，2007 年峰度变得相对平缓，主峰相对下降并向右侧移动，2014 年峰度变得更加平缓，且向右侧移动的幅度加大，这些变化说明点度中心度在上升的同时县域间的差异也在扩大，并且这种趋势在 2007 年之后变得更加明显。③2000 年和 2007 年，核密度曲线呈现出一定的多峰分布特征，2014 年的单峰特征更加明显，有向正态分布演变的趋势。

对基于全行业的点度中心度进行 IDW 空间插值，采用自然间断点法（Jenks）将插值预测结果分为 10 类，并结合点度中心度前十位分布进行分析。①2000 年，点度中心度非常低，且县域单元间差异较大，平均值为 3.104，介于 0~44.068。其空间分布整体上表现为"中心-外围"和"岛状"组合分布的特征，就度值来说，形成以武汉、长沙和南昌为主的区域中心，度值围绕中心向外围逐渐递减；在远离中心的外围区度值极低，并集中分布于湘赣鄂三省交界地带、湘赣两省南部交界地带以及赣东南地区；宜昌、襄阳、岳阳、常德等节点的度值分布成为周边的高值"孤岛"，但在江西省内没有明显的分布，说明该时期江

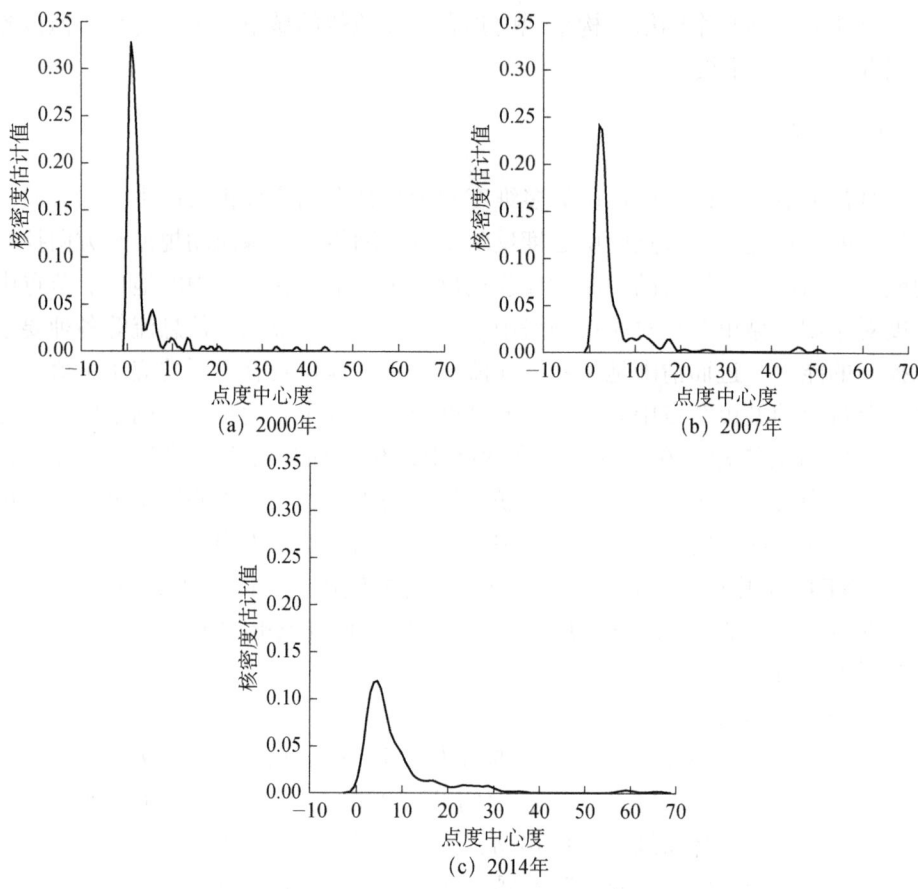

图 4-9 基于全行业的点度中心度核密度估计

西省次级区域中心还没有得到发育。②2007 年点度中心度介于 0.565~50.282，平均值为 5.085，度值有所提升，县域单元间差异依然很大。其空间分布在基本延续 2000 年特征的基础上，三个中心城市当中武汉、南昌度值提升幅度较大，分别增加 12.995 和 12.429，长沙则仅增加 1.695；外围在赣东南分布的低值区面积收缩明显，且发育出上饶、吉安等高值"孤岛"。③2014 年县域综合交往能力快速提升，点度中心度介于 1.695~65.537，平均值为 9.033，但差异性仍旧显著。其空间分布特征较 2007 年有微幅调整，武汉的度值（65.537）在三个中心城市当中最高，南昌（59.322）次之，长沙（58.757）紧随其后；在湘西和湘西北低值区面积扩张明显，而在三省交界地带面积则有所收缩；江西省境内的高值"孤岛"得到强化，而湖南省境内的高值"孤岛"不断弱化。

2. 出度中心度和入度中心度

各节点间的联系是有方向的，点度中心度只能反映城市的综合联系程度，并未揭示节点联系的方向性问题。出度中心度和入度中心度则能有效刻画节点联系的方向及强度。就企业内部组织关联网络表征的城市网络来说，出度中心度反映的是企业总部对其分支机构的网络控制能力，度值越高，表示城市的总部控制能力越强，在网络中的权力则越大；入度中心度反映的是吸引其他城市的企业在该城市设立分支机构的能力，表示城市在网络中的威望，度值越高表示城市的威望越高（Alderson and Beckfield，2004；李仙德，2015）。

从基于全行业的出度中心度核密度曲线（图 4-10）可以看出，2000~2014年，核密度曲线整体变化不显著，没有明显地向左侧或右侧移动，说明度值的平均水平未发生较大改变。此外，研究期间呈现典型的"尖峰形"，而且非常"尖"，并且是右侧带有长尾的偏正态分布，说明大部分县域单元度值是非常低的，高值仅集中于少数节点。

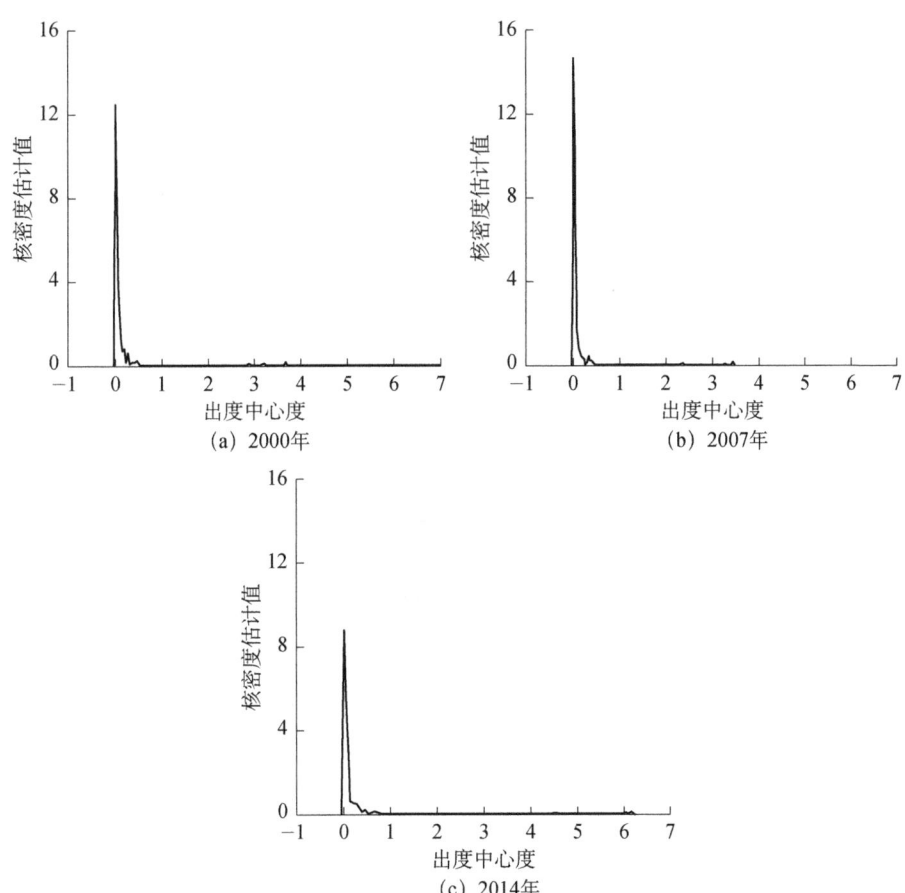

图 4-10 基于全行业的出度中心度核密度估计

由于整体上入度中心度等于出度中心度,故基于全行业的入度中心度核密度曲线(图 4-11)的整体移动情况与出度中心度相比并无差异,2000 年和 2007 年的峰度形态也呈现典型的"尖峰形",但 2014 年峰度降低,并且呈现出明显的双峰趋同的形态,这代表着一部分县域单元的度值在低水平上集中,另一部分则在较高水平上集中。

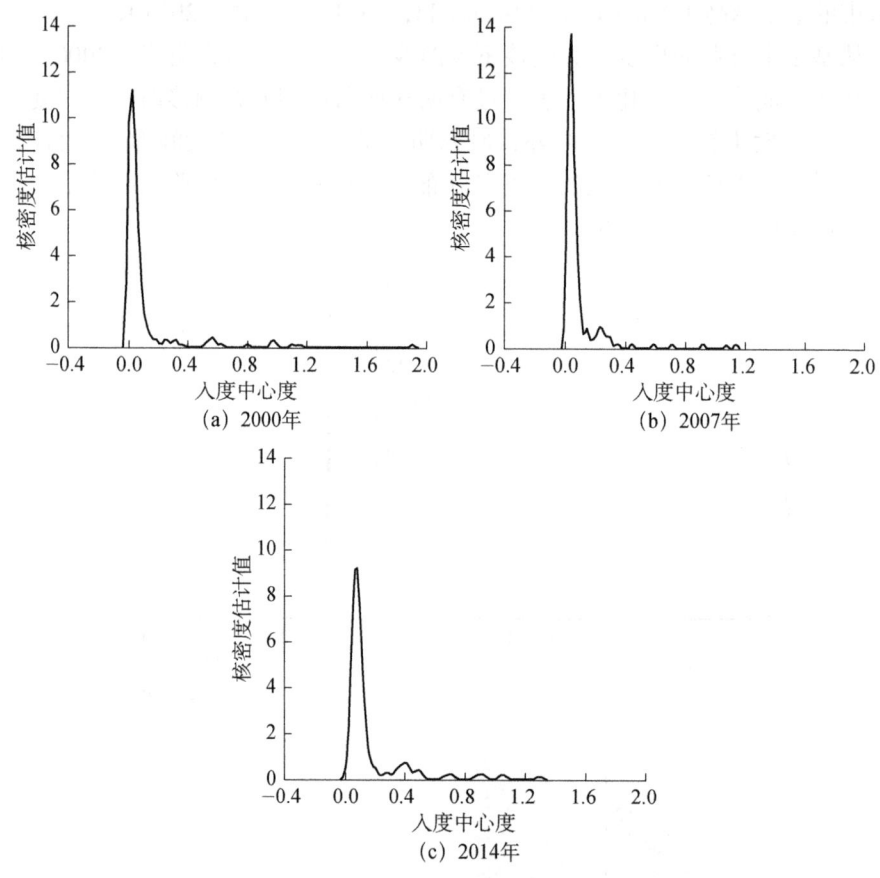

图 4-11　基于全行业的入度中心度核密度估计

具体的空间分布如下:①2000 年,基于全行业的出度中心度平均值为 0.106,介于 0~3.672。其空间异质性非常显著,呈现典型的"岛状"分布特征,就度值来说,武汉(3.672)、长沙(3.202)和南昌(2.895)的度值较高,是整个研究区的"孤岛",说明这三个中心城市对长江中游城市群内其他城市具有较强的网络控制能力。②2007 年出度中心度平均值为 0.090,介于 0~3.425,平均值和最高值均有所下降,但县域单元间差异依然很大,并呈现扩大的趋势。三个中心城市的度值占整个研究区的比例从 2000 年的 51.75%提升到 2007 年的

56.12%，高值的空间分布不断向三个中心城市集中。③2014年出度中心度平均值为0.160，介于0~5.158，与2007年相比有较大的提升。从空间分布上看，"岛状"特征更加明显，除三个中心城市及周边外，外围几乎全部为低值分布区。

对基于全行业的入度中心度进行分析，得出如下结论。①2000年入度中心度介于0~1.907，与出度中心度相比变化幅度较小，县域间度值的差异性较小。空间分布表现出均质性特征，前3位入度中心度的度值之和（22.07%）远远小于出度中心度（51.75%），表明高值的集中程度低，网络中城市的威望比较分散。②2007年入度中心度介于0~1.138，县域间度值的差异性有所缩小。其空间分布基本延续2000年的特征。③2014年入度中心度介于0.008~1.297，县域间度值的差异小幅扩张。其空间分布表现为高值多个点，其中吉安、抚州、九江等地级节点发育成为高值点，强化了入度中心度空间均质性特征，但该类节点构成高值群体，又与大量县级节点等构成的低值群体的差异在扩大，俱乐部收敛导致了整体上的发散。

将出度中心度和入度中心度进行综合比较，可以判断各城市节点在网络中控制与被控制的相对关系。通过计算出度中心度与入度中心度之差的方法进行比较，即若两者之差大于0，则说明城市对外辐射能力强于吸引能力，具有较强的网络控制权力，在网络中处于控制者的位置；若两者之差小于0，则说明城市对外吸引能力强于辐射能力，具有一定的威望，但控制权力较小，在网络中处于被控制者的位置。

根据出度中心度与入度中心度差值的大小将城市分为3类。①2000年度值之差远大于0的城市为武汉、长沙和南昌，表明这三个中心城市具有较强的网络控制能力；度值之差远小于0的城市为襄阳、岳阳、九江、宜昌、景德镇、黄石、荆州、鹰潭、衡阳、新余、萍乡、娄底、荆门、宜春和湘潭15个城市，这些县域单元均为市级节点，表明这些城市在网络中威望大幅超过权力，对其他城市来说具有较大的吸引力；而度值之差在0左右的城市则广泛分布于研究区。②2007年度值之差远大于0的城市仍为武汉、长沙和南昌三个中心城市；度值之差远小于0的城市为襄阳、宜昌、宜春、黄石、鹰潭、九江、荆门、新余和孝感9个城市，与2000年相比有所减少，表明市级节点整体威望在下降。③2014年具有较强的网络控制能力的仍为武汉、长沙和南昌三个中心城市；但威望大幅超过权力的城市增加非常显著，有九江、襄阳、吉安、宜春、岳阳、黄石、荆门、咸宁、抚州、株洲、景德镇、衡阳、新余、萍乡、仙桃、益阳、浏阳、宜都、英山、鹰潭和娄底21个城市，值得注意的是，仙桃、浏阳、宜都等也成为威望较大的单元，表明这些县级节点凭借主要城市的溢出效应在网络中也获得了较大的威望，呈现出威望"下沉"的趋势。

3. 中介中心度

通过观察基于全行业的中介中心度核密度曲线（图4-12）可以得知，①研究期间核密度曲线整体未有明显的移动，说明度值的平均水平未出现较大变动；②核密度曲线呈现非常"尖"的"尖峰"形态，峰度无明显变化，表明大部分县域度值在低水平上集聚；③核密度曲线整体呈现拖长尾的右偏态分布，且有一个明显的单峰，说明研究期间并未出现规模较大的高值群，高值仅集中于少数节点。

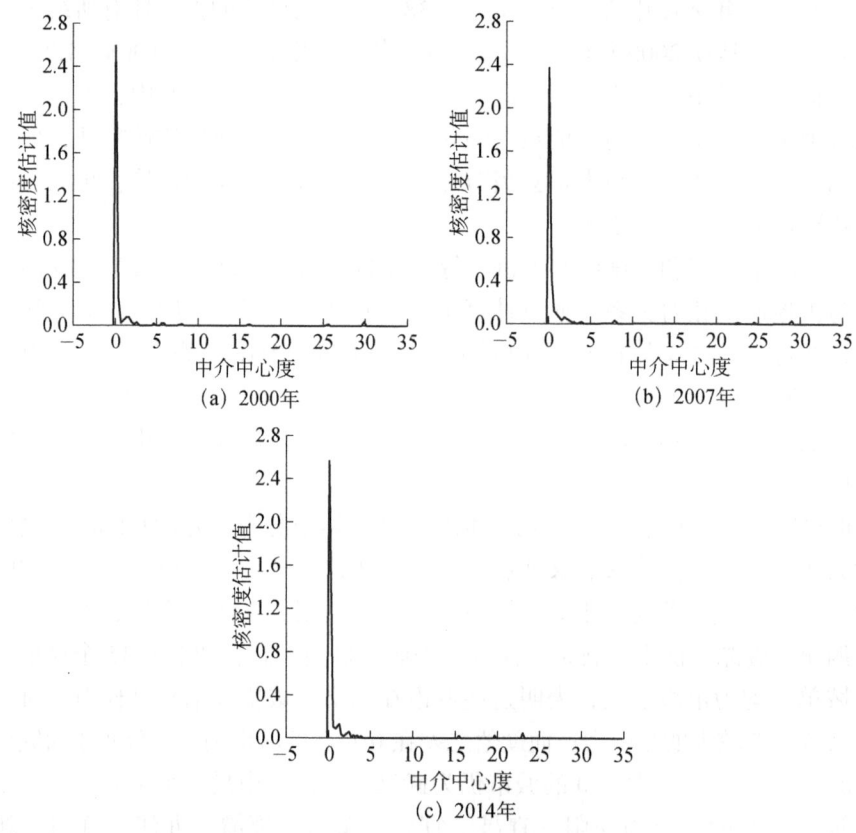

图4-12 基于全行业的中介中心度核密度估计

具体就空间分布来看：①2000年基于全行业的中介中心度平均值为0.857，介于0~29.922，基于全行业的中介中心度高值与低值差异巨大。空间上呈现出高值在3个"大岛"与4个"小岛"交错分布，其余地区为广大低值区的格局特征。3个"大岛"分别为武汉、长沙和南昌，合计占到总度值的46.68%，表明这三个中心城市在网络中的媒介作用最大，结构洞优势最突出，其他城市对其依赖程度非常高；4个"小岛"分别为宜昌、襄阳、岳阳和九江，其中宜昌和襄阳分别是鄂西和鄂西北中心城市，岳阳和九江分别是湘、赣重要的门户型城市，在区域城市联系中占据重要中间人的位置。②2007年中介中心度平均值为0.916，介于0~28.990，最大值与最小值的差异性微幅下降。其空间分布基本维持2000年的格局特征，武汉、长沙和南昌仍是网络中重要的结构洞，且媒介作用在提升（度值合计占比为49.62%），但岳阳和九江的媒介作用下降相对明显。③2014年中介中心度平均值为0.738，介于0~22.962，最值的差异性进一步缩小。在空间上4个"小岛"基本消失，3个"大岛"依然存在，但在这3个"大岛"中，武汉的媒介作用变得最大（22.926），长沙次之（19.647），南昌最低（15.375），度值合计占比下降到37.70%，表明长江中游城市群城市间联系通过这三个中心城市来完成的比例在降低。

（四）核心-边缘分析

区域空间组织形式和结构一直是人文地理学和区域经济学等学科的重要研究课题。空间结构是指区域经济的核心、外围、边缘和网络等不同功能区相互联系组合所形成的特定空间图式，结构形态和结构要素是区域空间结构研究的两个重要方面（陈修颖，2007）。核心-边缘结构已成为结构形态分析中相对固定的模式，该模式将空间结构视为是由连续的功能区所组成的，功能区间的过渡是渐变的。根据不同功能区相互联系组合的方式，可进一步分为同心圆状、条带状和网络状三种。经济全球化、企业生产组织模块化以及时空压缩等致使经济地理空间的流动性特征愈加凸显，由此引发传统的等级梯度式的区域关系向区域互动、横向联系密切的网络式空间关系与结构转变，同时也推动了核心-边缘结构分析模式的网络化转向。

社会网络分析可为研究网络视角的核心-边缘结构提供有力支撑。基于社会网络分析，可对空间网络结构中的功能单元所处位置实现量化研究。利用UCINET6.0中的"Core/Periphery-Continuous"分析模块，对长江中游城市群各县域单元的核心度进行测量，以量化核心节点对边缘节点的带动效应。

2000年、2007年和2014年，县域核心度分别介于0~0.454、0~0.409、0~0.345，差变异系数分别为1.676、1.324和1.467，其变化表明核心度的绝对差异在缩小，相对差异则经历了扩大、缩小、再扩大的过程。具体的分析如下：①2000年，高值主要位于湖南和湖北境内，其中武汉、宜昌、襄阳、荆州等是湖北境内的高值区，长沙、岳阳、襄阳、衡阳等是湖南境内的高值区，江西境内仅有南昌是高值区，空间分布呈现出非均衡性。②2007年，高值分布相对均衡，三省境内均有两个以上高值区，但前十位值合计比重由2000年的39.43%下降至2007年的32.99%，其整体带动效应在下降。③2014年，高值区在湖南和湖北境内的分布格局变动不大，但在江西境内变动显著，九江反超南昌，成为江西境内核心度最高的城市，吉安、景德镇的核心度也大大提升；前十位度值合计比重由 2007 年的 32.99%提升至 2014 年的 36.49%，高核心度城市的整体带动效应有所提升。

采用自然间断点法（Jenks）根据长江中游城市群各县域的核心度将各城市细分为核心区、过渡区和边缘区 3 类。①2000 年，位于核心区的有武汉、长沙、宜昌、襄阳 4 个城市，江西境内没有核心区分布，中心城市南昌未能充分发挥辐射带动的功能；仅有 7 个城市位于过渡区，且空间分布比较分散，未形成与核心区的良好互动；其余数量众多的县域单元则处于网络边缘。②2007 年，居于网络核心位置的城市较 2000 年增加了南昌和新余，总数提高至 6 个，其空间分布的均衡性有所提升；位于过渡区的县域单元充分发育，总数增加至 73 个，且空间上与核心区互动性增强；其余 99 个县域位于边缘区。由此可见，该时期基于全行业企业联系的城市网络空间结构发育较好，形成了各功能层级之间衔接互动的"金字塔"结构。③2014 年，居于网络核心位置的城市进一步增加，为武汉、襄阳、长沙、九江、南昌、黄冈、吉安、宜昌和株洲 9 个城市，其空间均衡性也得到进一步提升，但湖南境内的核心城市分布较江西和湖北两省来说集聚性较高，不利于该区域均衡发展；位于过渡区的县域为 16 个，较 2007 年大幅缩减，与 2000 年相似，城市网络结构体系在该处出现了断层；其余的县域均位于边缘区。总的来说，2000~2014 年，基于全行业企业联系的长江中游城市群城市网络空间结构经历了"极化—均衡—再极化"的发展演变过程。

四、交通网络对城市网络演化的影响分析

（一）理论分析

交通是联系地理空间中社会经济活动的纽带，是社会分工成立的保证。交通技术决定空间相互作用的深度与广度，交通方式的变化与产业的变化是同步的，工业化、交通方式的现代化与城市化是三位一体且同时发生的社会经济现象，所以交通现象就是一种经济地理现象（张弥，2007）。亚当·斯密早在 18 世纪就曾提到交通基础设施的发展与改善是开拓更大市场范围的必要前提，市场范围的扩大可以促进区域间分工合作，进而有利于劳动生产率的提高（斯密，2008）。交通基础设施是具有明显网络效应的空间网络形态，其网络性特征使得地理空间各单元连为一体，网络状交通运输体系的形成会加快生产要素在地区间的流动，可以说，交通基础设施形成的网络系统是区域经济空间的"脉

络"，亦是区域经济集聚与扩散的重要条件（张学良，2009）。企业是区域经济发展以及地区间分工合作的微观行为主体，交通条件是影响企业区位选择以及企业在区域间分工合作的核心因素之一，交通条件的改善会缩短地理空间距离，改变企业的区位决策，加快企业空间组织下各种生产要素在地区间的流动，从而将更多城镇节点纳入区域分工网络之中，并加大彼此间相互作用的强度，进而促进基于企业网络的城市网络的形成与发育。可达性是交通网络的主要产品，亦是交通基础设施最直接的空间影响，可达性的改善及其空间扩散能够加强和改变基于企业内部组织联系的城市网络空间组织格局。

通过本节第三部分分析得知，2000~2014年，基于全行业企业联系的长江中游城市群县域间关联性越来越紧密，并且形成了以武汉、长沙和南昌为中心，其他市级节点为次中心，广大县级节点为外围的空间组织模式。三个中心城市在城市网络发展过程中起着核心主导作用，也就是说，其他县域能否与这三个城市产生联系以及能产生何种强度的联系是决定其网络参与水平的关键所在。此外，长江中游城市群城市网络的空间组织受到省级行政区划的显著影响，存在典型的"行政区经济"现象，研究区各省中心城市分省层面上的网络核心组织者、省内其他县域与中心城市产生联系便捷与否又决定了各省城市网络组织格局。因此，该部分从长江中游城市群和分省两个层面重点实施研究区各县域的三个中心城市平均交通网络可达性和省内中心城市交通网络可达性对城市网络发育影响的研究。

可达性对区域城市网络的作用机理在于：研究区内各县域到三个中心城市的平均时间成本以及省内各县域到省内中心城市的时间成本的压缩，为人流和物流的移动节省大量时间，提升地区间的交通便捷性水平，进而促进地区间的社会经济联系，引导区域经济一体化和协同网络发展，最终形成多极化相互作用的区域城市网络系统。

（二）研究方法及模型构建

1. 基于GIS的交通网络可达性测度

本节测度的长江中游城市群交通网络可达性特指陆路综合交通的可达性，包括公路、铁路等不同方式交通与不同等级交通的综合叠加；测度的内容分别为中心城市平均交通可达性和分城市交通可达性，前者是指研究区内任一县域单元与武汉、长沙、南昌三个中心城市之间的交通便捷程度的平均值，后者指研究区某省内任一县域单元与该省中心城市之间的交通便捷程度。目前测度交通可达性的方法较为多样，根据本研究的研究目的，采用基于GIS的成本加权距离法（何丹和杨犇，2013；高鹏等，2016）计算交通网络可达性：

首先，对主要空间地物赋予不同的通行时度：根据研究期间中国不同等级铁路速度标准和《公路工程技术标准》（JTG B01—2003），并结合区域实际状况设定各类道路通行速度，借鉴张莉（2013）的成果设定河流的通行速度，对没有道路通过的连续陆域和湖泊分别设定 15km/h 和 1km/h 的默认速度（表 4-11）。其次，设定出行 1km 所需的平均时间（以分钟计）为各类空间对象的时间成本，并将各矢量图层栅格化后依次叠加（栅格大小设为 0.3km×0.3km），得到综合时间成本栅格图；需要特别说明的是，考虑到某些道路的封闭性，参照朱杰等（2007）的方法，在叠加高速铁路、铁路和高速公路之前分别对其建立缓冲区，并对缓冲区赋高时间成本值，对高铁站、铁路站和高速公路互通口建立缓冲区，并对缓冲区赋低时间成本值，以此处理道路的封闭性问题。再次，在 ArcGIS 中"Spatial Analyst Tools—Distance—Cost Distance"分析模块的支持下，同时以武汉、长沙、南昌为目标源点，生成研究区内各县域单元到三个中心城市平均可达时间数据；并分别以三个中心城市为目标源点，生成研究区内各县域单元到各中心城市可达时间数据。最后，利用如下公式获取交通网络可达性数值：

$$A_{ik} = \sum_{j=1}^{n} \frac{T_{jk}}{n} \qquad (4-16)$$

式中，A_{ik} 为县域单元 i 的中心城市 k 的交通网络可达时间，代表其交通网络可达性，其数值越低可达性则越好；T_{jk} 为栅格 j 与中心城市 k 之间的最短时间距离；n 为县域单元 i 内的栅格数量。

表 4-11 主要空间地物的通行速度与时间成本

空间对象	速度/（km/h）	时间成本/min	空间对象	速度/（km/h）	时间成本/min
高速铁路	300	0.20	县道	40	1.50
铁路	90	0.67	长江	25	2.40
高速公路	120	0.50	主要支流	20	3.00
国道	80	0.75	陆域	20	3.00
省道	60	1.00	湖泊	1	6.00

2. 变量选取与模型构建

解释变量。选取各县域单元的三个中心城市平均交通网络可达性（Acc_three）作为长江中游城市群层面的解释变量；选取研究区三个省份各县域单元的省内中心城市交通网络可达性（Acc_wuhan、Acc_changsha、Acc_nanchang）作为分省层面的解释变量。

被解释变量。城市在网络中的权力在属性上是相关的（relational），城市就其本身而言并不拥有权力，它们拥有权力是因为它们具有在网络中的指挥中心和计划中心的功能（Alderson and Beckfield，2004）。从企业网络组织的测量方法来看,城市在网络中的影响力来源于企业在进行投资区位决策时对城市的认可与选择,众多企业区位选择结果的叠加塑造出不同城市的网络中心性(张闯,2010)。本研究选取网络中心性作为城市网络的代理变量。在众多刻画网络中心性的指标中,点度中心度是最直观、最综合的,选取该指标作为模型的被解释变量。

控制变量。为提高模型的整体解释力度,结合县域单元数据的可得性,选取包括人均GDP(PGDP)、人均固定资产投资总额(PFAI)和人均社会消费品零售总额(PTRSCG)等一组有代表性的社会经济指标作为模型的控制变量。

面板数据模型(panel data model)能够同时从时间和空间构成的二维系统反映变量的变化特征和规律,在建模过程中其优点主要体现在能够控制个体的异质性、减少回归变量之间的多重共线性并提高参数估计的有效性等方面(靳庭良和郭建军,2004)。因此,借鉴该模型开展长江中游城市群交通网络可达性对城市网络发育影响的估计。

在该研究部分主要获取两类数据:①空间数据。数据来源于行政范围内的空间数据。②属性数据。各县域单元的点度中心度来源于第四章计算所得的基于全行业的点度中心度;社会经济数据来源于2001年、2008年和2015年《湖北统计年鉴》《湖南统计年鉴》《江西统计年鉴》,部分缺失数据通过查阅地级市统计年鉴、县市区的国民经济与社会发展统计公报等补全。

(三)长江中游城市群交通网络可达性分析

1. 三个中心城市平均交通网络可达性演变特征

其一,整体上与点度中心度的空间分布特征相似,呈现出"中心-外围"的分布态势,中心处可达性最优,向外围逐渐递减。2000年以来,长江中游城市群各县域单元的三个中心城市平均交通网络可达性空间格局形成了以武汉、长沙、南昌为中心的可达性最优区域,次优区域围绕最优区域向外逐渐扩散,位于边缘的可达性较差区域面积不断减小。

其二,优质可达性空间沿主要交通干线不断扩散,形成连续的优质可达性空间隆起带。2000年以来,优质可达性空间沿着京广线、京九线、沪渝线和沪昆线等主要交通干线向外围延伸扩散,并逐渐形成了四条贯穿南北、连接东西的优质可达性空间隆起带,架构起各县域单元的三个中心城市平均交通网络可达性空间分布的主骨架。

其三,可达性整体发展态势良好,空间分布的均质性不断提升。2000~2014年,随着长江中游城市群综合陆路交通网络的不断发展与完善,整体可达性不断优化,2000年、2007年和2014年各县域单元的三个中心城市平均交通网络可达性时间的最大值分别为11.526h、11.348h和11.021h,均值分别为

2.186h、1.961h 和 1.621h。从结果分析可知，长江中游城市群高速公路、跨江大桥的建设与国道、省道、县道等的优化使区域交通组织日益网络化，极大地压缩了各县域到三个中心城市的平均时间成本，特别是 2010 年以来武广高铁、沪渝高铁、沪昆高铁，以及连接中心城市与周边城镇节点的城际铁路的建设开通，使得可达性进一步提升。与此同时，可达性的绝对差异不断缩小，三个时间截面下的可达性标准差分别为 0.804、0.790 和 0.604，表明其空间均质性不断提升，但"中心-外围"的空间分布模式基本没有改变。

2. 分中心城市交通网络可达性演变特征

观察各中心城市的交通网络可达性空间演变格局，并重点分析研究区内各省县域单元到其所在省内中心城市的时间成本演变特征，有如下几点发现。

首先，地理区位仍是时间成本的重要影响因素，距离中心城市越远，时间成本越高，进而在整体上影响研究区内各省的交通网络可达性位次。2000 年、2007 年和 2014 年，研究区内湖北各县域单元到武汉的平均可达性时间分别为 2.409h、2.206h、1.803h，而可达性较差的五个县域单元的平均可达性时间分别高达 4.185h、4.043h、3.005h，均位于研究区内远离武汉的西部，其中五峰距武汉的直线距离达到 350 余千米，成为研究区内到武汉时间成本最高的县域单元。三个时间截面下研究区内湖南、江西各县域单元到长沙、南昌的平均可达性时间分别为 1.909h、1.755h、1.503h，以及 2.357h、2.110h、1.676h，两个省份可达性较差的五个县域单元的平均可达性时间分别为 3.011h、2.825h、2.553h，以及 3.857h、3.588h、2.948h，其中湖南的石门距长沙、江西的遂川距南昌的直线距离分别为 245km、300km，分别是研究期间到长沙、南昌时间成本最高的县域单元。由上述分析可知，2000~2014 年，相比较而言，研究区内各省县域单元到其所在省内中心城市的平均可达时间成本由高到低依次为湖北、江西和湖南，武汉的地理居中性较差，西部边缘县域到武汉的时间成本极高，是造成其整体可达性相对落后的主要原因。

其次，优质可达性空间形态演变的交通指向性较为明显，高速公路和客运专线分别是研究前期和研究后期塑造优质可达性空间的主要因素。对研究区内各省进行考察可知，2000~2007 年，湖北境内的沪渝高速公路、京港澳高速公路、襄荆高速公路等，湖南境内的沪昆高速公路、京港澳高速公路、长常高速公路等，江西境内的福银高速公路、济广高速公路、沪昆高速公路等，是连接各县域与中心城市的主要交通干线，该时期可达性提升率为 9.05%。2007~2014 年，湖北境内的武广高铁、沪汉铁路以及武汉城市圈城际铁路，湖南境内的武广高铁、沪昆高铁，江西境内的沪昆高铁、昌九城际铁路、向莆客运专线等，对优质可达性空间形态演变起到主导作用，该时期可达性提升率高达 17.94%。

最后，可达性空间分布的均质性整体呈现提升态势，武汉和长沙的交通网络可达性空间分布差异在波动中缩小，南昌的交通网络可达性空间分布的均质性则不断提升。研究区内湖北各县域到武汉的可达性时间的标准差从2000年的0.868上升至2007年的0.928，之后又下降至2014年的0.633，湖南各县域到长沙的可达性时间的标准差从2000年的0.687上升至2007年的0.743，之后又下降至2014年的0.600，空间上表现为在中心和外围县域的可达性分布差异先扩大之后又缩小。而研究区内江西各县域到南昌的可达性时间的标准差在2000年、2007年和2014年三个时间截面下分别为0.839、0.774、0.591，可达性空间分布差异也一直处于缩小态势。

（四）计量分析

1. 整体层面回归结果分析

在长江中游城市群整体层面上为准确估计2000~2014年各县域到三个中心城市的平均交通网络可达性时间对城市网络发育的影响，对回归结果进行LR检验和Hausman检验，根据检验结果选取最优模型进行估计分析。为更好地反映实证结果的稳健性与可靠性，本研究同时汇报了三个模型的拟合结果（表4-12）。模型Ⅰa、模型Ⅰb和模型Ⅰc分别为基于全行业的点度中心度对解释变量（各县域到三个中心城市的平均交通网络可达性时间）和控制变量（人均GDP、人均固定资产投资总额和人均社会消费品零售总额）的混合效应（mixed effects）、随机效应（random effects）和固定效应（fixed effects）的拟合结果。根据模型Ⅰa的F值（84.102）及其p值（$p=0.000<0.05$），可以摒弃混合效应模型；根据模型Ⅰb中Hausman检验值（170.545）及其p值（$p=0.000<0.05$），则可以拒绝随机效应模型，最终认为选择固定效应模型是较为合适和准确的。

比较三个模型的拟合结果，模型Ⅰc拟合效果较好（调整的R^2为0.966，在三个模型最大；回归方程整体的F值为83.934，其p值为0.000）。从三个模型中各变量回归系数的符号以及显著性来看，未产生明显变动，说明模型Ⅰc的拟合结果是稳健和可靠的。具体来讲，主要解释变量各县域的三个中心城市平均交通网络可达性时间在1%水平上显著为负，说明研究期间长江中游城市群各县域到三个中心城市时间成本的压缩显著提高了该县域在区域空间关联网络中的联系强度，进而促进了整体城市网络的发展与演变。在控制变量中人均GDP在5%水平上显著为正，人均固定资产投资总额和人均社会消费品零售总额在1%水平上显著为正，说明社会经济发展水平的提高对城市网络的发展产生了正向影响。

表 4-12　三个中心城市的平均交通网络可达性对城市网络的影响

C_D	模型 Ⅰa 混合效应	模型 Ⅰb 随机效应	模型 Ⅰc 固定效应
C（常数项）	4.766 70*** （5.620）	4.459 97*** （9.202）	6.750 49*** （26.088）
Acc_three	−1.962 48*** （−5.830）	−1.699 25*** （−5.166）	−1.645 11*** （−15.528）
PGDP	0.000 49** （3.442）	0.000 18** （2.198）	0.000 13** （2.957）
PFAI	0.000 67 （9.883）	0.000 27*** （6.246）	0.000 17*** （8.683）
PTRSCG	0.000 01 （0.273）	0.000 06** （2.666）	0.000 09*** （9.691）
调整的 R^2	0.532	0.531	0.966
F 值	84.102***	83.690***	83.934***
LR 检验			23.454***
Hausman 检验		170.545***	
截面量	178	178	178
样本量	534	534	534

注：括号内的数字为 t 统计量。
***、**分别表示在 1%、5%的统计水平上显著。

2. 分省层面回归结果分析

研究区内各省县域与其省内中心城市基于全行业的城市联系十分密切，因此需要重点考察各县域的中心城市交通网络可达性水平是否显著影响其在网络中的城市联系强度，以便有针对性地采取措施提升区域城市网络的发育水平。由表 4-13 可知，从三个省份面板模型的 LR 检验结果来看均应摒弃混合效应模型，Hausman 检验结果则均支持固定效应模型。此外，三个模型中各变量回归系数的符号以及显著性也未产生明显变动，因此选取模型Ⅱb、模型Ⅲb 和模型Ⅳb 作为在分省层面上交通网络可达性对城市网络发育影响分析的依据。

在解释变量方面，各省县域的中心城市交通网络可达性均通过了显著性检验，其中湖北各县域到武汉的时间成本和江西各县域到南昌的时间成本在 1%水平上显著为负，湖南各县域到长沙的时间成本在 5%水平上显著为负，并且江西县域的中心城市交通网络可达性对城市网络发展影响最强（回归系数为 −1.249 02），而在湖北其影响最弱（回归系数为−0.540 64）。在控制变量方面，除湖南的人均 GDP 未通过显著性检验外，其余各控制变量对城市网络发展的影响均在 1%水平上显著为正。

表 4-13 分省县域单元到各自中心城市的交通网络可达性对城市网络的影响

$C_D (n_i)$	湖北省		湖南省		江西省	
	模型Ⅱa 随机效应	模型Ⅱb 固定效应	模型Ⅲa 随机效应	模型Ⅲb 固定效应	模型Ⅳa 随机效应	模型Ⅳb 固定效应
C（常数项）	3.319 77*** （3.550）	3.888 54*** （8.682）	2.975 69** （2.784）	4.094 63*** （4.340）	4.447 47*** （3.490）	4.715 23*** （8.440）
Acc_wuhan	−0.925 63** （−2.339）	−0.540 64*** （−3.397）				
Acc_changsha			−0.856 66 （−2.045）	−1.055 92** （−2.346）		
Acc_nanchang					−1.313 22* （−2.753）	−1.249 02*** （−5.886）
PGDP	0.001 18*** （3.442）	0.000 63*** （9.574）	0.000 38** （0.034）	0.000 01 （0.034）	−0.001 23 （−7.400）	0.000 18*** （27.489）
PFAI	0.000 52*** （9.143）	0.000 30*** （11.950）	0.000 09 （1.213）	0.000 39*** （5.626）	0.000 45*** （5.768）	0.000 31*** （5.841）
PTRSCG	0.000 03 （0.803）	0.000 06*** （4.207）	0.000 13*** （4.399）	0.000 012*** （4.121）	0.000 15*** （4.510）	0.000 16*** （8.335）
调整的 R^2	0.694	0.987	0.529	0.959	0.666	0.953
F 值	46.980***	211.010***	23.460***	62.708***	87.922***	58.281***
LR 检验		22.251***		25.872***		15.666***
Hausman 检验	107.228***		139.616***		22.545***	
截面量	58	58	47	47	73	73
样本量	174	174	141	141	219	219

注：括号内的数字为 t 统计量。
***、**、*分别表示在 1%、5%和 10%的统计水平上显著。

五、结论与启示

（一）主要结论

本节以长江中游城市群为研究区域，以县域为基本分析单元，基于企业组织进行实证分析，首先利用 11315 全国企业征信系统获取研究区企业名录，将其导入全国企业信用信息公示系统进行二次查询确认并补充所需信息，经过一系列处理后建构出企业总部-分支机构的关系型数据库；其次运用社会网络分析方法对基于全行业的长江中游城市群城市网络进行综合测度，并结合核密度估计和 IDW 空间插值等分析技术揭示 2000～2014 年基于全行业的城市网络发展与空间结构演变特征；利用面板数据模型尝试性地分析了交通网络可达性对城市网络发展的影响，得到的主要结论如下：

（1）样本企业的描述性统计特征表现如下：①总部和分支机构的数量均呈现阶段性递增趋势，且分支机构数量扩张的速度和规模要快于企业总部，说明长江中游城市群企业结网能力不断增强，伴随着企业跨域经营活动的网络化发展，有助于扩大城市群内部县域之间的联系；②样本企业的空间分布呈现出集聚性、中心城市的强溢出效应以及交通指向性等特征；③私有制企业地位在近年来得到巩固与提升，表明以企业网络为依托的长江中游城市群城市网络受到市场化力量的深刻影响。

（2）基于全行业的长江中游城市群城市网络发展及空间演变特征如下：①基于全行业联系的节点联系迅速增加，对外建立联系的方向在增多，但整体仍处于发育初期，且多中心、层级性和行政边界性等特征伴随着城市网络的空间组织过程；各县域最大联系的空间演变特征表明武汉、长沙和南昌三个中心城市的核心地位最为突出，且武汉的地位上升最为显著；②研究期间网络密度值呈递增态势，表明县域间关联作用得到强化，但整体网络化联系仍较弱，尤其是县级节点与各层级节点之间、跨省城市节点之间的联系更为薄弱；对中心势的分析则说明长江中游城市群以武汉、长沙和南昌为主的中心城市稳定地发挥着对周边城市的辐射带动作用；③点度中心度在上升的同时差异在扩大，其空间分布整体上表现为"中心-外围"和"岛状"组合分布的特征；出度中心度比入度中心度在空间分布上更为分散，说明有较强网络吸引力的城市比具有较强的网络控制力的城市要多，且武汉对省外城市的控制力较强；中介中心度的变化表明城市间联系通过三个中心城市来完成的比例在降低；④核心-边缘分析表明高核心度城市的整体带动效应有所提升，城市网络空间结构经历了"极化—均衡—再极化"的发育过程。

（3）交通网络可达性演变特征及其对城市网络的影响表现如下：①就三个中心城市平均交通网络可达性而言，整体上与点度中心度的空间分布特征相似，呈现出"中心-外围"的分布格局，优质可达性空间沿主要交通干线不断扩散，且均质性不断提升；②就单个中心城市交通网络可达性而言，距离中心城市越远，时间成本则越高，进而在整体上影响研究区内各省的交通网络可达性位次；高速公路和客运专线分别是研究前期和研究后期塑造优质可达性空间的主要因素；可达性空间分布的均质性整体呈现提升态势，武汉和长沙的交通网络可达性空间分布差异在波动中缩小，南昌的交通网络可达性空间分布的均质性则不断提升；③长江中游城市群层面和研究区分省层面上交通网络可达性对城市网络的影响均通过了显著性检验，且显著为负，说明研究期间长江中游城市群交通网络可达性的改善显著提高了各县域在区域空间关联网络中的联系强度，进而促进了整体城市网络的发展与结构演变。

（二）政策启示

在以城市群为主体形态推进新型城镇化的战略背景下，本节实证部分的结论为长江中游城市群和其他区域的网络化发展提供了至少如下几点有益的政策启示。

（1）打破行政区划对城市间联系的束缚，推动区域统一市场的建设。由于行政区经济运行下的地方保护和市场分割能够增加政府资源配置权力，地方企业在异地设立分支机构的空间行为会受到限制，进而阻碍了商品和要素在一定区域范围内的自由流动，导致资源配置的扭曲。实证结果发现，除了基于全行业的武汉、长沙、南昌三个中心城市间的联系外，基于全行业的其余县域跨省联系以及基于生产性服务业的所有跨省联系均受到省级行政区划的限制。这种壁垒分明的行政区划及其产生的地方保护主义不利于发挥地区比较优势和形成专业化分工，且明显有悖于十八届三中全会提出的"使市场在资源配置中起决定性作用和更好发挥政府作用"的改革主线。因此，打破行政区划尤其是省级行政区划对城市间联系的束缚，建设区域统一市场，是推动长江中游城市群网络化发展、提高资源空间配置效率的重要内容。

（2）强化武汉、长沙、南昌的中心城市地位，进一步增强辐射带动周边地区发展的作用。城市在整个城市体系中的地位不仅取决于一些重要的属性特征，更取决于其与其他城市的联系，以及其在这些联系所构成的网络中的地位。节点分析的结果表明，因武汉、长沙、南昌是众多企业的集聚地，其在基于全行业尤其是生产性服务业的城市网络中地位最为突出，在整个网络中的服务等级和控制力也最强。为此，应充分发挥各中心城市在产业、科技、金融、商贸等方面的优势，强化其辐射引领作用，渐进式地推动与周边地区一体化发展。

（3）完善长江中游城市群交通网络，构建多中心网络化区域空间结构。回归结果证明交通网络可达性的改善可以显著提高区域网络化联系水平。为此，应结合不同地区发展的具体需求与问题，完善区域交通基础设施支撑网络。如积极推进高速公路、高速铁路和既有线路改扩建等，充分发挥其塑造优质可达性空间、增强城市间联系的重要作用。对于交通网络可达性较好的地区来说，应重点关注效率的提升（高鹏和何丹，2015），建立现代化程度高、可持续发展、完善的综合交通运输体系，以交通基础设施一体化来促进区域经济一体化。对于外围可达性较差的地区来说，可以优先发展其地区中心城市（如襄阳、宜昌等），增强其经济发展水平和公共服务能力，提高其基于城市间联系的对外控制辐射力。此外，为避免中心城市对外围落后地区可能产生的"虹吸效应",在合理布局交通基础设施的同时要注意推动基本公共服务均等化,促进当地经济社会环境的持续改善。

第三节 基于生产性服务业的城市群网络结构演化

长江中游城市群作为正在崛起的中国经济发展新增长极,以石油化工、综合化工、金属冶炼、重型机械等为代表的重化工业,以及以光纤通信、交通运输设备、汽车整车、医药等为典型的现代制造业,已呈现出可观的集聚效应;目前东部地区正加速向中西部进行产业转移,转移的产业以制造业为主,而长江中游城市群是承接东部产业转移的核心地带,可以预见,制造业会在该区域进一步集聚;《长江中游城市群发展规划》明确指出要"充分发挥武汉、长株潭地区综合性国家高技术产业基地和南昌航空及生物等专业性国家高技术产业基地的辐射带动作用,加强分工协作,大力发展新一代信息技术、高端装备制造、新材料、生物、节能环保、新能源与新能源汽车等战略性新兴产业"。面对长江中游城市群制造业的发展态势,必然要求配套式地发展与之紧密关联的生产性服务业。与此同时,生产性服务业还是有效激发内需潜力、带动扩大社会就业、改善人民生活质量,以及引领产业向价值链高端提升的战略选择,《长江中游城市群发展规划》中也提出要"重点推进金融业、物流业、旅游业、文化创意的深度合作,支持湖南开展环境服务业试点,大力发展网上交易等新型服务业态,打造各具特色的现代服务业聚集区"。

从上节中对样本企业行业分布特征的分析可得知,以交通运输、仓储和邮政业,信息传输、软件和信息技术服务业,金融业,房地产业,租赁和商务服务业以及科学研究和技术服务业六个行业为代表的生产性服务业,在企业总部和分支机构的行业结构中分别占到了45.10%和47.43%,是企业网络的构成主体。此外,生产性服务业具有较高的区域乘数效应,能够产生激发内需潜力、扩大就业、改善生活、引领产业向价值链高端提升等一系列的积极影响,其空间格局演化已成为塑造区域城市体系结构和功能联系的重要推动力量(Moyart,2005;Yang and Yeh,2013),并成为国内外研究城市网络的重要切入点之一(Derudder et al.,2003;Taylor et al.,2009;唐子来和赵渺希,2010;王聪等,2014)。

通过文献梳理发现,近年依托真实流量数据的实证研究陆续出现,视角多集中在信息流(蒋大亮等,2015)、交通流(黄洁和钟业喜,2016)等方面。尽管21世纪以来长江中游城市群的生产性服务业以平均每年近20%的速度快速发展，但目前鲜有研究从生产性服务业企业内部组织的角度对该区域城市间关系进行探讨。此外，研究内容上侧重网络空间格局刻画，较少涉及网络形成与演变背后动因的探究。综上考虑，本节基于生产性服务业企业总部-分支机构数据，在县域尺度上分析长江中游城市群网络结构演变特征，并尝试对演变过程的影响机理进行定量分析，以期为优化城市群空间结构，提高长江中游城市群发展质量提供科学依据。

一、数据与研究方法

（一）企业数据库构建

对上一节中采集的样本企业经营范围进行归类处理，筛选出交通运输、仓储和邮政业，信息传输、软件和信息技术服务业，金融业，房地产业，租赁和商务服务业以及科学研究和技术服务业六个行业的企业；根据得到的企业总部和分支机构的空间位置，仅保留企业总部和分支机构在异地的样本；将样本企业按时间分类，筛选出2000年、2007年和2014年的样本企业。

（二）研究方法

1. 模块度

社团发现算法是指寻找网络中社团结构的过程算法，目前研究中采用最多的一类算法是Newman和Girvan（2004）提出的模块度指标，其思想是将社团发现问题定义为优化问题，然后搜索目标值最优的社团结构。公式如下：

$$Q = \frac{1}{2m}\sum_{ij}\left(A_{ij} - \frac{k_i k_j}{2m}\right)\delta(C_i, C_j) \quad (4\text{-}17)$$

式中，A_{ij}为城市i和城市j之间的边权重之和；k_i、k_j分别为城市i和城市j在非加权网络中的度值；C_i、C_j分别为城市i和城市j所在的社团；m为网络中可能存在的最大联系数；$\delta(C_i, C_j)$表示的是一个函数，当节点i和节点j在同一个社区时，函数值为0，否则为1，这个函数的作用在于自动对每一个社区内的节点进行计算，主要是帮助进行分段。Q值介于0~1，Q值越接近1，代表对社团结构的划分质量越好，实际网络中，该值通常为0.3~0.7。

2. PageRank算法和冲积图

Brin和Page（1998）提出的PageRank算法是评估网络中节点重要性的常用算法，利用该算法可以计算每个社团中各节点的PageRank值，值越大节点在社团中的重要性也就越高，通常可以用该值最大的节点对其所属社团进行命名。具体算法见文献（Brin and Page，1998）。

此外，城市群社团结构并非一成不变的，而是一直处于动态演化过程之中。Rosvall 和 Bergstrom（2010）提出的冲积图（Alluvial Diagram）方法能够直观清晰地呈现出社团的演化过程，Liu 等（2014）曾尝试将该方法引入世界城市网络的研究中，取得了较好的应用效果。在冲积图中，各社团的名称由社团内部 PageRank 值最大的节点命名；社团的位置代表其在网络中的地位，越靠近冲积图底部的社团其地位越高；社团间连线的数量和粗细反映彼此间的关系。借助 MapEquation 平台绘制长江中游城市群社团网络结构演化的冲积图。

二、城市群网络结构演化特征分析

（一）网络关联特征

以有联系的地理单元为网络节点，提取生产性服务业企业在节点间的联系强度为 1 及以上的边，从网络视角分析 2000 年、2007 年和 2014 年的空间组织关系。

分析结果显示，被纳入网络中的城市以及城市对外建立联系的方向均在增加，三个年份城市联系边数分别为 157 条、431 条和 807 条，其年均增长率达到 12.40%，但与理论上最大的城市联系边数即 15 753 条（$0.5 \times 177 \times 178$）相比相差甚远，说明基于生产性服务业的长江中游城市群网络还处于快速发展的初级阶段，存在非常大的提升空间。此外，城市联系强度也呈现较为明显的提升趋势，三个年份的联系强度的均值分别为 2.516、3.862 和 5.482，2000～2014 年的年均增长率为 5.72%，但其增长速度明显慢于城市联系边数的增长，表明在该阶段网络以拓展联系覆盖范围为主，城市间联系强度的提升次之。

从空间结构上来说，伴随着武汉、长沙和南昌生产性服务业企业总部的增加，武汉、长沙和南昌这三个中心城市与周边城市的联系逐渐增强。考察各城市的首位联系城市可以更清楚地看到，首位联系包括三个城市的边数由 2000 年的 45 条猛增到了 2014 年的 117 条，且基本形成了以三个城市为中心向外辐射的轮轴状结构特征。但这从侧面反映出，除这三个城市以外，其余众多城市之间的联系非常微弱，尤其是跨省级行政边界的联系则更弱。

（二）网络层级特征

采用城市位序-规模法则，对城市网络节点层级结构进行分析可知，长江中游城市群 2000~2014 年城市网络节点的中心度及其位序的双对数线性模型均通过了 1%水平的显著性检验，拟合度均高达 0.95 以上。具体而言，2000 年、2007 年和 2014 年的中心度回归线的斜率 q 始终大于 1，分别为 1.132、1.220、1.064，表明中心度的等级结构服从帕累托分布模式，即少数节点的中心度很高，大多数节点不够发育，中心度都很低；然而随着时间的推移，斜率 q 呈不断下降的趋势，首位型分布特征逐渐减弱，规模分布日趋均衡，接近 Zipf 理想状态，表明低位序节点的网络联系量迅速增长，城市网络之中的分散力量大于集中力量。回归线的截距 a 呈下降趋势，分别为 2.472、2.314、1.183，反映出第一位节点的中心性不断弱化。

遵循"类内差异小，类间差异大"原则，借助 SPSS 软件，根据中心度的数据谱系图特点，选择系统聚类中的 Q 型聚类方法，将城市群网络结构分为三个层级（表 4-14）。第一层级是核心节点层，三个年份中心度之和所占比重分别达到 36.33%、36.72%、37.15%，形成了武汉市-长沙市-南昌市稳定的城市网络顶层结构。第二层级是次核心节点层，节点数量由 2000 年的 13 个猛增到 2007 年的 23 个，2014 年平稳增加到 26 个，中心度之和所占比重分别为 32.83%、35.17%、34.78%。值得注意的是：由于近年来南昌县、长沙县等个别县级节点的经济发展环境得到持续优化，集聚辐射能力和服务功能显著增强，使其在区域生产性服务业企业网络中开始发挥次核心节点的功能作用，一定程度上打破了基于行政等级体系组织城市功能的固有格局。第三层级则是一般节点层，节点数最多，但网络联系作用最弱，即节点数量分别多达 90 个、144 个、149 个，而中心度之和所占比重分别仅为 30.84%、28.11%、28.07%。由上述分析可知，从网络层级的角度看，2000 年以来，城市节点数量和点度中心度整体上分别呈现出逐渐清晰的"金字塔形"和"倒梯形"的结构特征。

表 4-14　长江中游城市群网络结构层级分布

层级	2000 年	2007 年	2014 年
第一层级	长沙市、武汉市、南昌市	南昌市、武汉市、长沙市	南昌市、武汉市、长沙市
第二层级	九江市、常德市、宜昌市、岳阳市、襄阳市、黄石市、株洲市、抚州市、湘潭市、吉安市、景德镇市、衡阳市、荆州市	九江市、常德市、襄阳市、宜昌市、抚州市、株洲市、上饶市、吉安市、湘潭市、衡阳市、岳阳市、萍乡市、景德镇市、孝感市、荆门市、宜春市、荆州市、新余市、黄石市、娄底市、黄冈市	九江市、宜昌市、抚州市、吉安市、常德市、株洲市、襄阳市、上饶市、岳阳市、衡阳市、宜春市、萍乡市、益阳市、黄石市、荆州市、湘潭市、南昌县、黄冈市、孝感市、荆门市、景德镇市、娄底市、鹰潭市、新余市、咸宁市、长沙县

续表

层级	2000 年	2007 年	2014 年
第三层级	宜黄县、益阳市、荆门市、宁乡县、萍乡市、孝感市、鹰潭市、黄冈市、上饶市、新余市、宜春市、汉寿县、乐平市、娄底市、南城县、鄱阳县、长沙县、当阳市、鄂州市、贵溪市、洪湖市、津市市、澧县、临澧县、南昌县、祁东县等 90 个市（县）	新建县、万年县、德安县、广昌县、余干县、长沙县、南昌县、鄂州市、宁乡县、桃源县、东乡县、金溪县、九江市、乐平市、南城县、广丰县等 144 个市（县）	仙桃市、浏阳市、高安市、玉山县、鄂州市、新建县、东乡县、宁县、乐平市、丰城市、桃源县、都昌县、南丰县、澧县、修水县、汉寿县等 149 个市（县）

注：宁乡县 2017 年撤销，设立宁乡市；新建县 2015 年撤销，设立新建区；东乡县 2016 年撤销，设立东乡区；广丰县 2015 年撤销，设立广丰区。

为考察层级内部以及各层级之间联系的流动状况，借鉴网络分析中常用的密度公式，计算层级内部以及各层级之间的联系和网络密度（表 4-15）。整体上，层级内部以及各层级之间的联系和网络密度不断提高，但非均衡性较强。具体而言，在层级内部，第一层级内的节点相互作用程度最高、网络密度最大，第二层级次之，第三层级最小。在各层级之间，无论是从联系的绝对数量来看还是从网络密度来看，第一层级和第二层级之间互动最为活跃，而第三层级与其他两个层级的互动程度最低。

表 4-16、表 4-17 分别为仅保留跨省和跨市的各层级节点间联系和网络密度的计算结果，据此可分析出行政边界在生产性服务业企业的区域空间组织过程中的影响效应。跨省的联系在三个年份的平均下降幅度分别高达 90.76%、87.11%、86.90%，而跨市的联系下降幅度则分别为 39.50%、25.69%、27.65%。一方面说明了行政边界对生产性服务业企业的异地扩张行为影响较大，但省级行政边界比市级行政边界的影响更为显著，而下降幅度的逐渐减小则说明行政边界的影响力度在减弱。此外，行政边界对各层级到第三、第二和第一层级的联系的影响力度大体是逐渐降低的。例如，在 2014 年第二层级节点的跨省域网络中，到第三、第二和第一层级的联系下降幅度分别为 93.98%、88.02%、78.99%。这反映出跨行政边界的联系具有向高层级流动的空间指向性特征，且层级越高，受行政边界的影响就越小。

表 4-15 长江中游城市群分层级整体联系与网络密度

层级	年份	第一层级		第二层级		第三层级	
		联系	密度	联系	密度	联系	密度
第一层级	2000	20	2.222	132	0.781	96	0.011
	2007	101	11.222	645	1.219	418	0.020
	2014	211	23.444	1794	2.654	1250	0.056

续表

层级	年份	第一层级		第二层级		第三层级	
		联系	密度	联系	密度	联系	密度
第二层级	2000	14	1.556	9	0.053	74	0.009
	2007	43	4.778	66	0.125	312	0.015
	2014	119	13.222	217	0.321	897	0.040
第三层级	2000	19	2.111	22	0.130	14	0.002
	2007	32	3.556	47	0.089	64	0.003
	2014	40	4.444	86	0.163	207	0.009

表 4-16　长江中游城市群分层级跨省联系与网络密度

层级	年份	第一层级		第二层级		第三层级	
		联系	密度	联系	密度	联系	密度
第一层级	2000	20	2.222	6	0.036	2	0.000
	2007	101	11.222	28	0.053	18	0.001
	2014	211	23.444	94	0.139	62	0.003
第二层级	2000	2	0.222	1	0.006	2	0.000
	2007	11	1.222	3	0.006	16	0.001
	2014	25	2.778	26	0.038	54	0.002
第三层级	2000	3	0.333	2	0.012	2	0.000
	2007	6	0.667	8	0.015	15	0.001
	2014	10	1.111	13	0.019	32	0.001

表 4-17　长江中游城市群分层级跨市联系与网络密度

层级	年份	第一层级		第二层级		第三层级	
		联系	密度	联系	密度	联系	密度
第一层级	2000	20	2.222	117	0.702	45	0.005
	2007	101	11.222	638	1.208	359	0.018
	2014	211	23.444	1602	2.370	964	0.043
第二层级	2000	9	1.000	9	0.053	8	0.001
	2007	23	2.556	60	0.114	37	0.002
	2014	103	11.443	191	0.283	184	0.008
第三层级	2000	11	1.222	13	0.078	3	0.000
	2007	22	2.444	32	0.061	36	0.002
	2014	28	3.110	44	0.065	65	0.003

（三）社团结构特征

1. 社团结构整体特征

基于生产性服务业企业关联网络，首先利用 UCINET 6.0 软件计算模块度 Q

值，对长江中游城市群 178 个地理单元进行社团划分。将关联网络的分裂次数设置为 2～15 次，分别计算不同分裂次数下的 Q 值，确定社团结构的最佳分类；其次计算不同年份间的社团稳定度，以此判断其空间组织过程的稳定性；然后依托 MapEquation 平台计算各社团中节点的 PageRank 值，以该值最高的节点来命名社团名称，最终生成长江中游城市群社团结构演化的冲积图。

首先，"社团化"空间组织特征显著，区域经济空间呈一定程度的优化态势。当三个年份的分裂次数均为 3 次时，对应的 Q 值最大，此时意味着城市社团的划分效果最理想，各年份均形成了三个"社团内部联系紧密、社团间联系稀疏"的城市社团；并且 Q 值均在 0.3 以上，整体处于较高水平，表明长江中游城市群的城市关联网络分化程度较高，呈现非常显著的"社团化"空间组织模式特征。三个年份模块度 Q 值分别为 0.575、0.488、0.450，呈下跌态势，反映出社团间联系紧密度有所增强，原先较为封闭的区域经济空间得到一定程度的优化。

其次，各社团地位在动态中不断调整。如图 4-13 所示，2000 年各社团在网络中的地位由高到低依次为长沙社团、南昌社团、武汉社团；2007 年各社团的地位变化较大，南昌社团成为网络中地位最高的社团，武汉社团地位次之，而长沙社团退步非常明显，以至成为网络中地位最低的社团；2014 年武汉社团延续了之前态势地位不断提升，成为网络中地位最高的社团，南昌社团被反超地位次之，而长沙社团的地位仍为最低。

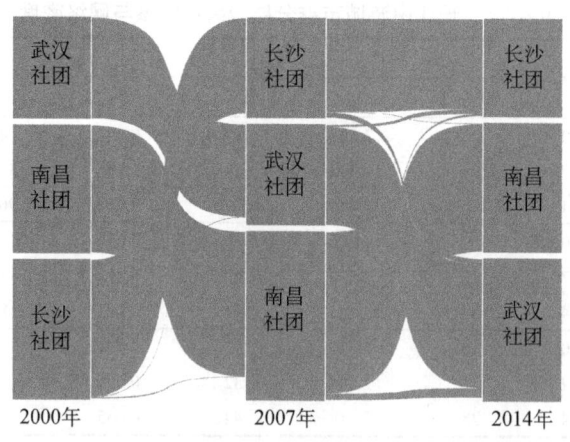

图 4-13　长江中游城市群社团结构演化冲积图

最后，社团之间的关系存在非均衡性和非对称性特征。如图 4-14 所示，2000 年武汉社团-长沙社团的联系最为紧密，武汉社团-南昌社团次之，长沙社团-南昌社团的联系最弱；2007 年武汉社团-南昌社团成为联系最为紧密的一对社团,并且联系强度远超第二位的武汉社团-长沙社团;2014年武汉社团-长沙社团和武汉社团-南昌社团的联系强度相当,社团间互动较为活跃,且与长沙社团-南昌社团的差距进一步拉开。可见,三个社团之间的关系存在显著的非均衡性特征。如果考虑到社团间的主导联系流向,社团间的关系并非对称的,三个年份中武汉社团均为净流出社团,而长沙社团和南昌社团始终是净流入社团,表明武汉社团的对外经济辐射能力较强,对其他两个城市社团产生了经济外部性作用。

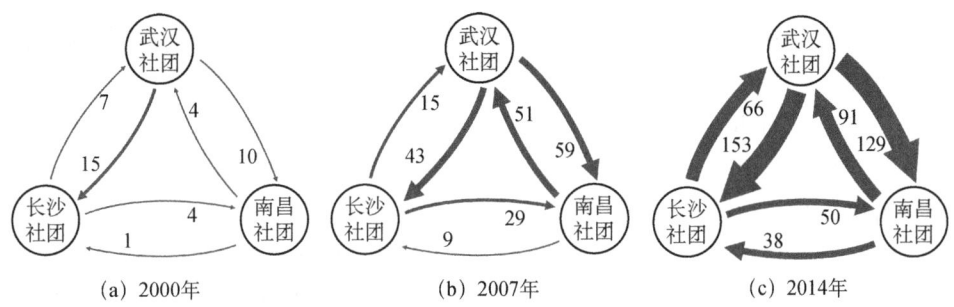

图 4-14　长江中游城市群社团间的有向联系

图中数值为分支机构数量,代表各社团之间的有向联系强度

2. 社团结构内部特征

(1)社团边界与省级行政边界高度吻合。如图 4-15 所示,2000 年湖北省的监利县和通城县被纳入长沙社团;2007 年湖北省的监利县和通城县退出长沙社团,长沙社团新纳入湖北省的松滋市和江西省的修水县,此外湖北省的阳新县、监利县被纳入南昌社团;2014 年跨省组团现象消失,各社团完全表现为以省级行政边界为分界线的经济体系。可以初步确定,曾经采用以行政区为主导的区域经济运行模式至今仍在产生非常重要的影响。

(2)社团内部非均质性较强,但呈现不断弱化的态势。表 4-18 的结果表明,用幂律曲线拟合三个城市社团各年份的 PageRank 值分布,模型的拟合优度均在 95%以上,符合幂律分布特征,即社团内部极少数节点的 PageRank 值很高,其中武汉、长沙、南昌各年份在所属社团中的 PageRank 值占比均高达 30%以上,但绝大部分节点的值都很低。这种网络结构是一种典型的无标度网络,即节点的 PageRank 值分布非常不均匀,社团内部存在较强的非均质性。此外,观察幂指数的变化规律可知,各社团 PageRank 值分布的幂指数整体上呈增加趋势,表明各社团内部关联网络结构变得更加均衡,城市间的差异正趋于缩小。

表 4-18 长江中游城市群各社团 PageRank 值幂律分布

年份	武汉社团		长沙社团		南昌社团	
	回归函数	R^2	回归函数	R^2	回归函数	R^2
2000	$y=12.504x-1.15$	0.982	$y=11.098x-1.176$	0.962	$y=10.937x-1.002$	0.972
2007	$y=11.356x-1.467$	0.972	$y=10.140x-1.316$	0.957	$y=11.254x-1.125$	0.962
2014	$y=11.017x-1.493$	0.978	$y=7.866x-1.199$	0.979	$y=6.309x-1.219$	0.984

注：x 为节点位序，y 为拟合值。

（3）各社团内部形成核心-次核心-边缘的拓扑结构。观察长江中游城市群的拓扑网络（图4-15）可以很明显地发现，武汉、长沙、南昌分别是其所属社团中的核心城市，在社团内部的空间组织中发挥主导作用；紧密围绕核心城市分布的是市级节点，属于各社团的次级中心，是社团内部网络流通的重要媒介；而各社团的边缘则分布着大量的地理位置偏远、交通条件欠佳、经济基础薄弱的县级节点。可见，基于生产性服务业企业网络的长江中游城市群城市拓扑网络与地理网络存在明显的结构同质性。此外，值得注意的是：由于近年来南昌县、长沙县等个别县级节点的经济发展环境得到持续优化，集聚辐射能力和服务功能显著增强，其在各自社团中开始发挥次核心节点的作用，在一定程度上打破了基于行政等级体系组织城市功能的固有格局。

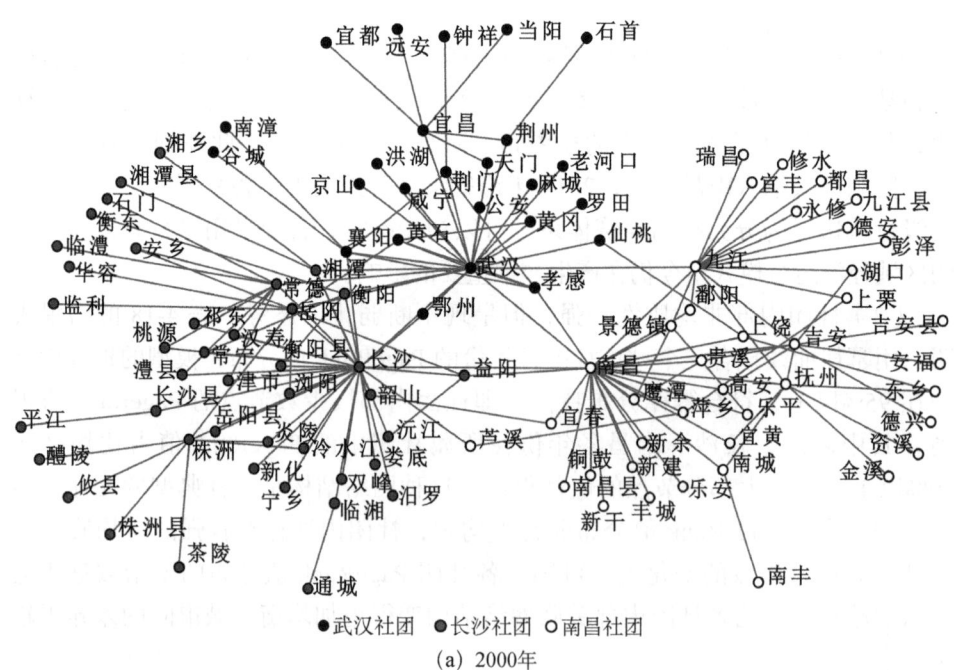

(a) 2000年

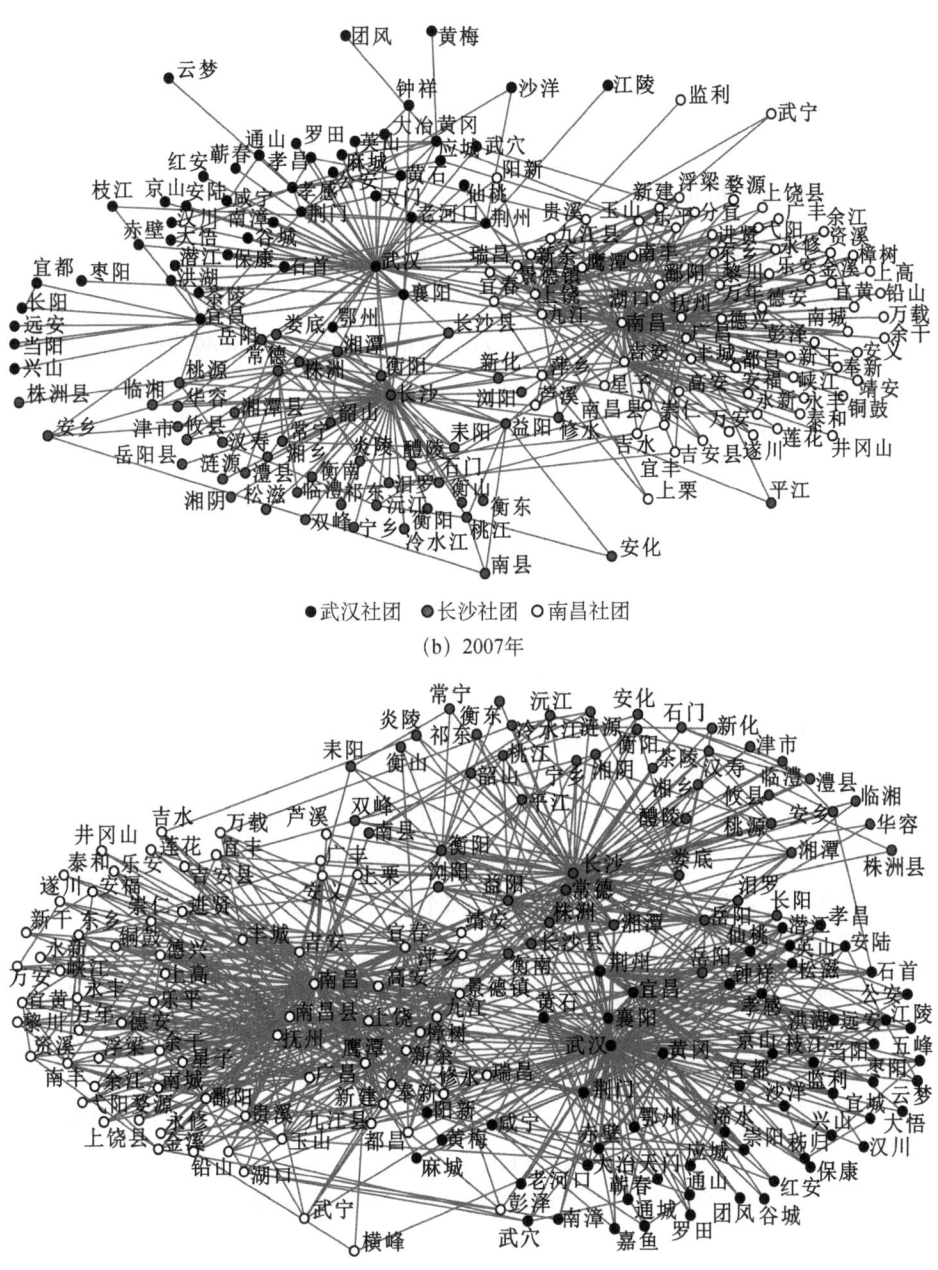

(b) 2007年

(c) 2014年

图4-15 长江中游城市群内部社团网络结构

三、城市群社团网络结构演化机理

（一）理论分析框架构建

基于生产性服务业的产业特性，本节试图从经济转型、要素集散、技术进步、边界效应四大方面，选取涵盖从全球到地方、从经济技术到制度文化等的多尺度多类型因素作为变量来分析，力求全面、准确地揭示网络视角下长江中游城市群"社团化"空间组织的形成机制。

1. 经济转型

市场化、全球化、分权化是经济转型过程中重塑中国区域经济格局的三股力量（Wei，2000），三者皆有可能推动长江中游城市群生产性服务业企业网络的形成与演化。①市场发育程度高的地区，对经济活动的干预少，企业的自主经营权大，从而对作为服务外部化和市场化产物的生产性服务业的发展更为有利。②全球化背景下，世界经济发展凸显了区域性特征，金融与创新服务等高层次服务业向区域内发展条件占优势的城市不断集聚，而低层次服务业广泛分散，加强了区域生产性服务业分工与合作，进而使城市间的功能性联系得以强化（Taylor et al.，2009）。③分权化后的地方政府可能与区域内其他掌握推动城市经济增长资源的不同能动主体在生产性服务业领域进行有效的产业分工与合作；但由于生产性服务业利税率高、就业吸纳能力强、更容易受政府管制等特点（陈建军等，2009），地方政府可能干预本地生产性服务业企业在异地布局。

2. 要素集散

制造业、人力与知识资本、金融资源等要素在城市间的集聚与扩散创造了生产性服务业网络化发展的基础性条件。①一般而言，制造业对企业生产服务需求的规模和发展潜力是决定生产性服务业发展的关键因素，由此导致生产性服务业企业的区位决策受制于制造企业的空间决策，进而促使服务企业的空间劳动分工呈现出与制造企业相似的特征（刘曙华，2012）。但在都市区尺度上，生产性服务业并不必然围绕制造业进行布局（Sassen，1991），邱灵和方创琳（2013）对北京市制造业与配套生产性服务业的实证研究表明，两者就业空间分布的一致性较差，制造业的集聚性并不能较好地解释生产性服务业的地域性。②作为典型的人力资本与知识资本密集型产业，生产性服务业往往倾向布局在人力与知识更易获得、更新与交流更为便捷的大中城市，即知识和创新存量越丰富、人才交流和知识协作越频繁的地区，越能吸引生产性服务业企业在此集聚。③作为现代经济的核心，金融体系是配置资源的重要手段，生产性服务业的发展离不开金融体系的支持；金融资源的跨区域流动产生金融机构提供跨区域金融服务的需求，进而影响作为生产性服务业中最具代表性的部门即金融业的跨区域发展。

3. 技术进步

技术进步尤其是交通和信息与通信技术进步，在提高生产性服务业交流便捷性的同时极大促进了城市间的相互作用（Pflieger and Rozenblat，2010）。①服务生产和消费的同时性以及面对面接触要求服务企业的服务生产和交易的地方应该是可达性较强的区位（Sassen，1991），随着交通技术的不断进步，区域可达性不断提高，交通网络结构和可达性的改善增强了城市间联系，为生产性服务业的集聚与扩散创造了条件。②卡斯特"信息化城市"概念的提出（Castells，1989），体现了信息时代城市作为各种信息流汇聚与传输节点的新的空间逻辑。在新旧区位因子的互动过程中，信息技术对企业区位选择和企业空间组织产生了重要影响（宋周莺和刘卫东，2012）。其中生产性服务业在信息化水平较高的地区布局，将拥有更丰富的信息资源和更低的信息传输费用，导致该地区集聚更多的生产性服务业企业；此外，互联网的广泛应用和计算机技术的快速发展，为生产性服务业企业跨区域转移提供了重要的技术支持。

4. 边界效应

现实中普遍存在着行政边界和看不见的"文化边界"。边界的存在阻碍了要素跨区域高效流动，从而对跨边界的社会经济行为产生影响，该影响即所谓的"边界效应"（王成龙等，2016）。①阻碍经济要素跨越行政边界自由流动，从而造成市场分割，是地方政府保护地方经济和实现短期政治绩效的重要手段。国内外的实证研究均显示，企业依然根据行政区划来组织企业的区域联系网络（日野正辉，1996；吴康等，2015），由于生产性服务业更容易受到政府管制，相应地，行政边界效应可能会更明显；此外，行政边界具有等级属性，不同等级的行政边界可能产生不同的边界效应。②文化会影响经济主体的认知、互动和策略选择，地方/区域空间尺度上，经济主体的联系主要通过面对面非正式交流来实现，文化相似有利于沟通和协调，这对于生产性服务业的发展有着积极意义；相反，跨文化边界开展经济活动，往往会产生文化冲突，不利于生产性服务业的发展。

(二) 变量选取与数据说明

根据上述理论分析，选取如下变量来分析长江中游城市群网络结构演化的影响机理。在经济转型方面，采用进出口总额来衡量各城市市场化水平；经济全球化的影响通过实际利用外资表示；财政分权是分权体制改革中的重要部分,参考季菲菲和陈雯(2014)方法,采用地方一般预算收入占财政总收入的比重来衡量各城市分权化水平。在要素集聚方面,因为制造业数据在县级层面难以获取,本节用工业增加值来代替,以反映制造业要素的区域集散状况;用专利申请量反映各城市的人力与知识资本,因为专利申请量较多的地区,人才与知识集聚度较高,科技创新能力更强;选取金融机构各项存款余额和各项贷款余额的总和反映区域金融发展水平。在技术进步方面,交通可达性的改善是交通技术进步最直接的空间响应,采用基于 ArcGIS 的成本加权距离法(高鹏等,2016),计算不同等级、不同类型交通基础设施综合叠加下的平均最短时间距离矩阵,以此反映交通技术发展水平;选取邮电业务总量反映信息技术发展水平。在边界效应方面,由于长江中游城市群是由三个次级城市群跨省组合而成的,存在多条省级边界和数目众多的市级边界,而这两级边界对生产性服务业企业的影响可能存在差异,故引入虚拟变量 1 和 0 分别表示两城市同属一个省或不同省,反映省级行政边界作用,同样地,引入虚拟变量 1 和 0 分别表示两城市同属一个地级市或不同地级市,反映市级行政边界作用;方言在中国是一种重要的文化表征,其中长江中游城市群的方言地域类型复杂,涉及 5 个一级方言区、18 个二级语言片,引入虚拟变量 1 和 0 分别表示两城市同属一个方言区或不同方言区,反映一级文化边界作用,引入虚拟变量 1 和 0 分别表示两城市同属一个语言片或不同语言片,反映二级文化边界作用;此外,网络演化还受自身过去状况的影响,存在所谓的循环累积因果机制,为描述这一机制,引入 7 期滞后项,即以 2007 年生产性服务业企业关联矩阵为基准。

分别计算上述变量的差值矩阵,为消除量纲影响对其进行标准差标准化处理。考虑到企业是在陆续开设经营的,本节选取的年度生产性服务业企业数据截至该年 12 月末,所有数据截至 2014 年 12 月末,故自变量数据应滞后 1 期即为 2013 年数据。所有自变量以及数据来源说明如表 4-19 所示。

表 4-19 自变量及数据来源说明

变量组	具体变量	变量符号	代理变量	数据来源
经济转型	市场化水平	Market	进出口总额差值网	2014 年相关统计年鉴/公报
	全球化水平	Global	实际利用外资差值网	2014 年相关统计年鉴/公报
	分权化水平	Decentr	地方一般预算收入比重差值网	2014 年相关统计年鉴/公报
要素集散	制造业	Manuf	工业增加值差值网	2014 年相关统计年鉴/公报
	人力与知识资本	Intell	专利申请量差值网	2014 年相关统计年鉴/公报
	金融资源	Finance	各项存贷款余额差值网	2014 年相关统计年鉴/公报

续表

变量组	具体变量	变量符号	代理变量	数据来源
技术进步	交通技术	Transport	平均最短时间距离矩阵	《中国物流超市地图集（2014）》
	信息技术	Informal	邮电业务总量差值网	2014年相关统计年鉴/公报
边界效应	省级行政边界	Gov_prov	省域 0-1 网络	国家基础地理信息中心数据
	市级行政边界	Gov_muni	市域 0-1 网络	国家基础地理信息中心数据
	一级文化边界	Cultr_1	语言区 0-1 网络	《中国语言地图集》
	二级文化边界	Cultr_2	语言片 0-1 网络	《中国语言地图集》
	滞后项	Service2007	2007年生产性服务业企业关联矩阵	企业数据库

（三）实证结果分析

首先对长江中游城市群整体样本进行检验。QAP 相关分析的计算结果（表 4-20）与本章第一部分的理论分析以及长江中游城市群的实际情况基本相符。大部分因素和生产性服务业企业关联矩阵之间的相关关系均通过 1% 显著性水平检验。其中，市场化水平、全球化水平、制造业、人力与知识资本、金融资源、省级行政边界、市级行政边界、一级文化边界、二级文化边界等因素与企业关联矩阵之间呈正相关关系；以时间矩阵为代理变量的交通技术与企业关联矩阵之间呈负相关关系；而分权化水平和企业关联矩阵之间没有显著的相关关系，原因是：据统计数据可知，2013 年，长江中游城市群各城市的地方一般预算收入在财政总收入中的平均比重达到 68%，而比重的标准差未超过 10，表明各城市分权化水平均较高，绝对差异较小，城市间分权化水平的较小差异导致其与企业关联矩阵的相关性不显著。

表 4-20 长江中游城市群整体网络结构演化的 QAP 分析结果

变量组	变量	QAP 相关分析（1）	QAP 回归（1）	QAP 回归（2）
	常数项		0.000	0.000
经济转型	Market	0.078***	0.013	0.011*
	Global	0.081***	0.023	0.002
	Decentr	−0.028		
要素集散	Manuf	0.090***	−0.032	−0.024
	Intell	0.071***	0.012	0.010
	Finance	0.110***	0.150***	0.032***
技术进步	Transport	0.120***	0.052*	0.030**
	Informal	0.071***	0.031	0.014**

续表

变量组	变量	QAP 相关分析（1）	QAP 回归（1）	QAP 回归（2）
边界效应	Gov_prov	0.075***	0.058***	0.013***
	Gov_muni	0.063***	0.032***	0.003***
	Cultr_1	0.045***	0.002	0.003
	Cultr_2	0.064***	0.037**	0.006**
	Service2007			0.900***
	R^2		0.024	0.833
	调整的 R^2		0.022	0.819

***、**、*分别表示在 1%、5%和 10%的统计水平上显著。

剔除相关分析中不显著的因素，将剩余因素作为自变量与企业关联矩阵进行 QAP 回归分析，结果显示（表 4-20），模型可以解释生产性服务业企业网络 2.2%的变异，很多变量未通过显著性检验。模型（2）在模型（1）的基础上引入滞后项，此时模型的解释力提升到 81.9%，且通过显著性检验的变量有所增加，因此就模型（2）展开具体分析。在经济转型变量组中，仅有市场化水平通过了显著性检验，即伴随经济转轨的市场化显著影响网络结构演化；全球化水平未通过显著性检验，整体来讲，与东部沿海城市群相比，长江中游城市群全球化进程较为缓慢，外向型经济不突出（方创琳等，2016），对城市群网络结构演化还未产生显著作用。在要素集散变量组中，仅金融资源变量显著为正，突显出金融在生产性服务业企业发展中的重要作用。在技术进步变量组中，两个变量均通过了显著性检验，表明交通技术进步产生的"时空压缩效应"促进了城市间联系；信息技术进步在优化企业网络空间组织中的积极作用也得到实证支持。在边界效应变量组中，省级行政边界和市级行政边界两个变量均显著为正，但省级行政边界的回归系数更大，说明城市间的联系受到省市两个层面的行政区划限制，但省级边界的限制更难突破；文化边界中仅二级文化边界显著为正，这可以解释为区域内部方言和文化的差异越小（或一致性越高），那么微观个体间社会认同感越高，导致区域内部联系越密切。滞后项的回归系数高达 0.9，且通过 1%显著性水平检验，表明循环累积因果关系是网络演化的重要影响机制。

由于城市群社团间发展水平各异，生产性服务业集散水平和制度、文化环境等也都各不相同，本节进一步探讨各因素在不同社团间的影响差异。QAP 相关分析的结果显示（表 4-21），在 3 个社团中，市场化水平、全球化水平、制造业、人力与知识资本、金融资源、市级行政边界、二级文化边界等因素与企业关联矩阵呈显著正相关关系，以时间矩阵为代理变量的交通技术与企业关联矩阵呈显著负相关关系，这些与整体样本的相关分析结果一致。省级行政边界的相关系数在各社团中均不显著，因为根据第二部分分析，长江中游城市群的社团结构主要受省级行政边界影响而划分为3个社团，在各社团内部，各城市基本同属一省，网络结构则基本不受省级行政边界影响。在武汉社团和长沙社团中，分权化水平的相关系数不显著，信息技术、一级文化边界等因素的相关系数显著为正，与整体样本的相关分析结果一致；但南昌社团的分权化水平、信息技术的相关系数显著为负，一级文化边界的相关系数不显著。

  剔除各社团在相关分析中不显著的因素，将剩余因素与各社团的企业关联矩阵做QAP回归分析，结果显示（表4-21），回归模型（3）可解释武汉社团企业网络4.8%的变异、回归模型（4）可解释长沙社团企业网络5.9%的变异、回归模型（5）可解释南昌社团企业网络4.3%的变异，解释力与回归模型（1）相比有所提升。在经济转型变量组中，市场化水平仅在武汉社团中对网络演化产生了积极影响，而在长沙社团和南昌社团中的影响不显著，原因是：无论是根据本节的测算结果，还是根据王小鲁等（2017）的《中国分省份市场化指数报告（2016）》中的相关数据，相较于武汉社团，长沙社团和南昌社团的市场化水平较低，还未对网络演化产生显著影响；全球化水平在各社团中的回归系数为正，但不显著，与整体样本的回归结果一致；分权化水平在南昌社团的影响显著为负。在要素集散变量组中，制造业变量在各社团的回归系数为负，但不显著，这与整体回归样本一致；金融资源对生产性服务业企业发展有显著促进作用，且具有稳健性；人才与知识资本在武汉社团中发挥了显著的正向影响，因为在各社团中，武汉社团是高等教育资源和科研院所分布最多、人才与知识资本相应最丰富的区域，为生产性服务业发展提供了坚实的智力支撑。在技术进步变量组中，交通技术和信息技术在各社团中的显著性和影响方向与整体样本一致，具有稳健性。在边界效应变量组中，市级行政边界在各社团中均显著为正，但回归系数表现为南昌社团＞长沙社团＞武汉社团，意味着市级边界对生产性服务业发展的限制依次弱化；一级文化边界未对各社团产生显著影响，与整体回归样本一致；二级文化边界对武汉社团和长沙社团产生了显著的正向影响，但对南昌社团的影响不显著。

表 4-21 长江中游城市群各社团网络结构演化的 QAP 分析结果

变量组	变量	武汉社团 QAP 相关分析 (2)	武汉社团 QAP 回归 (3)	长沙社团 QAP 相关分析 (3)	长沙社团 QAP 回归 (4)	南昌社团 QAP 相关分析 (4)	南昌社团 QAP 回归 (5)
	常数项		0.000		0.000		0.000
经济转型	Market	0.197**	0.161*	0.112**	0.067	0.123**	0.026
	Global	0.152**	0.036	0.155**	-0.010	0.148***	0.021
	Decentr	-0.013		-0.017		-0.156***	-0.002*
要素集散	Manuf	0.188**	-0.057	0.170**	-0.170	0.155**	0.073
	Intell	0.175**	0.051*	0.161**	0.017	0.147**	0.045
	Finance	0.203**	0.177**	0.207**	0.501***	0.186**	0.206***
技术进步	Transport	0.102**	0.052*	0.112**	0.060*	0.130**	0.100**
	Informal	0.160**	0.023*	0.144**	0.113**	0.156**	0.089*
边界效应	Gov_prov	0.011		0.006			
	Gov_muni	0.028*	0.011*	0.065***	0.033*	0.045***	0.037*
	Cultr_1	0.050**	-0.003	0.059**	0.020	-0.001	
	Cultr_2	0.064**	0.088**	0.095***	0.074**	0.033**	0.014
	R^2		0.050		0.063		0.045
	调整的 R^2		0.048		0.059		0.043

***、**、*分别表示在 1%、5%和 10%的统计水平上显著。

四、结论与讨论

本节基于生产性服务业企业总部-分支关系型数据，采用网络分析方法，并依托多个技术平台，在县域尺度上刻画了长江中游城市群"社团化"空间组织演进特征，在整体和个体两个层面上揭示了长江中游城市群"社团化"空间组织的形成机理，对于深化城市群网络结构空间认知具有一定的意义。研究结果如下。

（1）首先，长江中游城市群正处于以快速拓展联系覆盖范围为主的初级阶段，空间上呈现出多中心、层级性和跨省联系受到行政边界分割等特征。其次，城市群网络结构呈现出明显的层级集聚特征，层级内部以及各层级之间的联系和网络密度不断提高，但非均衡性较强，且受到行政边界的影响。通过社团发现算法识别出武汉社团、长沙社团和南昌社团三个城市社团，但城市群抱团发展的趋势有所减缓，且社团之间的强弱地位在动态发展中不断变化；此外，三个社团之间的关系存在显著的非均衡性特征，长沙社团-南昌社团的联系最为薄弱，并且三个年份中武汉社团均为净流出社团，表明武汉社团的对外经济辐射能力较强，对其余两个城市社团产生了经济外部性。最后，社团边界与省级行政边界基本相似，吻合程度非常高，且各社团内城市之间的差异性不断减弱，形成了核心-次核心-边缘的网络拓扑结构。一方面表明省级行政边界构成了制约长江中游城市群一体化发展的主要障碍之一，另一方面表明各省的省会城市在城市社团中的地位最高，对要素的吸纳和集聚处于绝对主导地位，这亦是各省举全省之力发展省会城市并希望其成为引领本省经济发展的政策导向。

（2）对形成机制的分析显示：其一，自然地理边界、行政边界和文化边界的存在阻碍了要素跨区域的高效流动。城市间的联系受到省、市两个层面的行政区划限制，其中省级行政界的限制更难突破。大部分城市间联系被限制在省内，形成三个明显的城市社团。从实践的角度，研究期间长江中游城市群正处于以省内互动结网为主的发展阶段，形成了典型的行政型社团结构。城市群本质上是生产网络在大尺度空间范围内集聚与扩散形成的城市化现象（李仙德和宁越敏，2012），对于跨区域城市群，其成功的关键在于微观经济主体能够跨越本地界限开展密切且有效的互动、联系与结网。因此严格来讲，长江中游城市群还是规划意义上的城市群，而非功能意义上的城市群。其二，较高的文化认同感是城市群构建和发展的重要基础之一，在文化差异更小或文化一致性更高的区域内易于形成发展合力。其三，发挥市场机制在资源配置中的作用、增强金融资源集散以及改进交通和信息与通信技术等则有助于强化社团内外联系。其四，循环累积因果关系也是城市群社团化空间组织的重要形成机制之一，唯有以区域整体利益为决策的出发点，打破行政壁垒，创造平等、便利的经济发展环境，才能破解循环累积的发展"怪圈"。其五，各因素在三个城市社团中的影响效应存在一定的差异性，从而凸显出针对发展水平、制度安排与文化环境等各不相同的特定城市社团实施差异化政策的必要性。例如，相较于武汉社团，长沙社团和南昌社团的市场化水平较低，人才与知识资本积累较少，这些因素还未对两个社团的发展产生积极影响，未来应重点培育和完善两地的市场机制，大力支持两地教育事业的发展和人才的开发，填补制约长江中游城市群发展的"制度和人才洼地"。

第五章 公众视角

第一节 长江中游城市群空间范围认知研究

一、城市群的概念演进与范围识别

(一) 城市群的概念演进

自20世纪80年代起,伴随着改革开放带来的我国工业化和城市化进程的加快,城市用地不断扩张,区域空间组织呈现出新的发展趋势,我国学者开始关注国内城市群这一宏大尺度的区域空间组织现象。城市群在国民经济发展中的重要作用不仅引起了政策制定者的关注,而且已成为城市研究的重要学术话题之一。

1. 国外城市群概念演进

城市群的概念可以追溯到当代都市主义前期戈特曼(Gottmann)所使用的术语"megalopolis"(Mumford,1938),它表示一个大而高度连通的城市区域,特别是美国东北部(Baigent,2004)。戈特曼解释了城市群的定义并给出了五个主要标准(Gottmann,1957)。美国人口普查局在1910年提出了大都会区的概念,然后在1990年将其修改为"Metropolitan Area"。1960年,日本行政管理部强调了"大都市带"的概念并提出了四项识别标准(日野正辉和刘云刚,2011)。后来,McGee(1991)构建了"desakota"的概念,它特指亚洲的城乡一体化区域。在接下来的几年里,以识别城市群为主的学术著作已成为学术界的热点。学者们使用了许多不同的方法来定义世界各地的城市群(Gottmann,1961;Lang and Dhavale,2005;Scott et al.,2001;Hall,2009)。

2. 我国城市群概念的发展

1983年,宁越敏首次以"巨大都市带"的译名将戈特曼的思想引入中国。

之后，宋家泰等（1985）、周一星（1991）、顾朝林（1992）、姚士谋（1992）等分别提出城市-区域（城市群）、都市连绵区（Metropolitan Interlocking Region）、城市集聚区、城市群等与戈特曼的"megalopolis"近似的概念，并分别对我国东部沿海的几个不同的类大都市带的区域进行了研究。

（1）都市连绵区。周一星（1991）提出了都市连绵区的概念，力图把中国的城市区域地域概念与国际通用概念接轨，并首次系统地对我国长三角、珠三角、京津唐和辽中南四个都市连绵区进行了分析。周一星（1991）认为大都市带以都市区为基本组成单元，因此称为都市连绵区更为贴切，并提出了都市连绵区形成的五个必要条件：①具有两个以上人口超过百万的特大城市作为增长极；②有对外口岸；③增长极和对外口岸之间有便利的交通干线作为发展走廊；④交通走廊及其两侧具有较多的中小城镇；⑤城乡之间有着紧密的经济联系。基于以上五个必要条件，他指出都市连绵区是以若干大城市为核心并与周边地区保持强烈交互作用和密切经济社会联系，沿一条或多条交通走廊分布的巨型城乡一体化区域。

2000年，国内8家单位学者基于对长三角、珠三角、京津唐和辽中南4个演化城镇密集地区的集聚扩散趋势与形成机制研究成果发表的《中国沿海城镇密集地区空间集聚与扩散研究》采用了都市连绵区（周一星，1991）的界定方法，着重对都市区与都市连绵区、大中城市与小城镇的发展进行了不同地域层次的深入分析。

基于都市区界定得出的都市连绵区空间范围有效地避免了空间尺度的混淆，也与国际上的相关研究接轨，对国内关于城市群的后续研究具有较大的示范意义。

（2）城市群。相比都市连绵区概念主要应用于学术会议与论文，城市群从最初的用来形容"城市集合体"发展成我国"大都市带"的代名词，这一概念更多地被我国政府及学界所接受。

从城市群这一专业名词的起源来看，它是我国早期用来形容联系紧密的城市密集区的术语，在内涵与概念上经历了多次转变。"城市群"一词最早出现在1980年出版的《城市规划译文集》一书中，申维丞在其撰写的"兰斯塔德——西欧典型的城镇群"一文中称兰斯塔德是一个由大、中、小型城镇集结而成的城市群（或城市综合体）。兰斯塔德的尺度相当于一个大都市区，但其内部空间结构是一个多中心的大都市区（宁越敏和张凡，2012），因此，其与现代我们通常所讲的城市群意义有所不同，更多地体现了"城市集合体"的含义。1985年宋家泰等在《城市总体规划》中也使用了"城市群"这一术语，但内涵与大都市带有所不同，主要是城市-区域的一种类型。宋家泰等指出所谓城市-区域是城市发展及与之紧密相连的周围地区之间的一种特定的地域结构体系，他认为我国城市-区域存在两种基本类型，一种是相应于行政区域的城市经济区域，另一种是非行政区的城市区域经济。而城市群是非行政区区域经济的一种，即在一个特定的地区内，具有同等经济实力或水平的几个非行政性的经济中心，如苏锡常、长株潭、沈鞍抚本辽，甚至扩而大之，像京津唐地区也是城市群。宋家泰等提出的"城市群"在一定意义上与格迪斯的"组合城市"有相通之处。顾朝林（1992）也较早地使用了城市群一词，他在中国现代城镇体系地域空间结构研究中依据城镇分布形态、核心城市多寡和城市数量多少将城市群分为三种基本类型：块状城市集聚区、条状城市密集区和以大城市为中心的城市群。顾朝林当时提出的城市群与现代通常讲的城市群在概念和内涵上有一定的差异。

姚士谋在《中国的城市群》一书中首次对中国城市群进行了系统研究，将城市群定义为一个复杂的区域系统，在一定地区范围内，城市之间、城市与地区之间都存在着相互作用、相互制约的特定功能，是各类不同等级规模的城市依托交通网络组成的一个统一体，该书的出版进一步掀起了学界与政府对城市群的研究热潮。在2001年该书的第二版中，他进一步将城市群概括为"在特定的地域范围内具有相当数量的不同性质、类型和等级规模的城市，依托一定的自然环境条件，以一个或两个特大或大城市作为地区经济的核心，借助于现代化交通工具和综合运输网的通达性以及高度发达的信息网络，共同构成一个相对完整的城市集合体"，并且认为动态性、网络结构性、连接性和开放性是城市群的四个重要特征。姚士谋认为沪宁杭地区、京津唐地区、珠江三角洲区域、辽中南地区和四川盆地是我国的五个超大型城市群，而关中地区、湘中地区、中原地区、山东半岛、福厦城市密集区、哈大齐城市地带、武汉地区和台湾西海岸是我国的八个近似城市群的城镇密集区。在2006年的第三版中将山东半岛调整为第六个超大型城市群。但许学强等（2009）认为姚士谋对城市群的系统研究缺乏明确的界定指标和确定的空间尺度内涵。以姚士谋界定的四川盆地城市群为例，其面积超过长三角城市群的一倍，但城市化率却不足30%，能够发挥的辐射和带动作用有限（宁越敏和张凡，2012）。

宁越敏（2011）提出了基于大都市区的城市群概念和界定方法，并以此为基础界定了我国13个大城市群，认为大都市区是城市群形成的基础，一个大城市群应拥有较高的城市化水平，至少有两个人口100万以上大都市区作为发展极，或至少拥有一个人口在200万以上的大都市区，沿着一条或多条交通走廊，连同周边有着密切社会、经济联系的城市和区域，相互连接形成的巨型城市化区域。

此外，代合治（1998）、苗长虹（2005）、方创琳等（2005）、顾朝林（2011）等学者也对城市群的概念和界定标准提出了各自的看法。城市群空间范围的界定呈现出多样化局面。当然，除了不同学者对我国城市群的概念内涵与界定方法的不同造成了城市群数量与空间范围具有明显差异外，界定城市群的时间节点也是一个重要影响因素。由于城市群具有动态性，随着城市化和工业化进程的推进，我国能够称作城市群地区的数量会有所增长。但城市群这一概念的确也存在任意性太大、空间尺度不明确、不同学者提出的城市群数量各不相同、城市群之间的规模差异巨大等问题。更为重要的是，如果缺乏统一的界定标准，很难进行城市群之间的比较、与国际接轨进行国际对话、总结城市群的发展演化规律为发展水平相对较低的城市群提供经验借鉴。因此，本节有必要先对城市群概念与范围界定等相关研究进行梳理，确定本节对城市群空间的内涵和空间范围的认知。

总体来看，城市群这一概念经历了近30年的发展，尽管城市群的概念没有完全统一，但城市群内部的核心特征已达成共识：区域空间系统内具一个或多个核心城市、便捷的联系通道、区域城市间及城乡间具有密切的联系、高度集聚的人口和经济活动、系统的整体性等特征。周一星（1991）、胡序威等（2000）、宁越敏（2011）提出的都市连绵区、城镇密集区以及大城市群均是建立在大都市区的概念之上，因此本节更加认同建立在大都市区之上的城市群的概念。因为密切的城乡联系是城市群的核心特征之一，而不仅仅是城市间的密切联系。以大城市为核心与周边县市具有紧密联系的大都市区已首先确定了大都市区中心市与外围县较强的联系程度，为城市群的确立奠定了基础。

（二）城市群的范围识别

确定城市群范围的重要性在于，它是评估中央或地方政府对公共产品（如基础设施和公共服务设施）投资的规模和成本收益的最重要的空间因素之一。同时，它是制造商评估这个经济腹地领域的关键指标之一。无论是英语语境还是中国语境，都集中在四项主要方法上，取决于决定因素：功能关系，人类住区密度，城市发展的形态和专业知识。具体来说，各种数学模型，泊松分布（顾朝林，1992），泰森多边形（Ottaviano and Pinelli, 2006），城市重力场模型（陈群元和宋玉祥，2010），地理信息系统技术（张倩等，2011）和美国"国防气象卫星"（DMSP）/生命线夜间灯（周婕和卢孟，2017）已被用于城市群的空间范围界定。

1. 国外城市群界定研究

城市群理论的研究启蒙于霍华德构想的关于城乡协调发展的田园城市的理

念，直至第二次世界大战后经法国学者戈特曼开拓性提出"城市群"概念，而后佩鲁、弗里德曼等学者不断丰富、完善城市群理论研究体系。梳理国外学者在城市群界定方面做出的研究，主要从实证研究法和模型法两个方面展开。

（1）实证研究法。国外学者对城市群界定和识别的实证研究方法中较具影响力、发展较为成熟完善的有以下几类。

简·戈特曼（J. Gottmann）的大都市带研究。"大都市带"（Megalopolis）的概念于1957年出现在简·戈特曼对美国地区研究的论著中，他认为大都市带应该满足以下几点：区域内城市紧密分布；不少大城市形成都市区，具有明显的核心和外围地区，且二者间有较为密切的社会经济联系；核心城市由便利的交通相连，各都市区之间无间隔，联系密切；必须达到相当大的总规模；区域规模必须达到一定水平；在国际联通中发挥一定作用，具有国际交往枢纽的作用（Gottmann，1957）。按照其标准，目前世界上有六大城市群达到上述标准。

美国政府部门对于大都市区范围的界定。美国最早提出"大都市区"（Metropolitan Area）概念，1910年美国人口普查局首次采用"大都市区"这一概念进行人口统计，1949年定义为标准大都市区，同时，这一方法由于统计数据完备，是国外最常用的城市功能地域概念。大都市区的鉴定标准主要对中心城市人口规模、非农业劳动力比重、人口密度和通勤率进行了规定。鉴定标准：中心城市人口规模在5万人以上；非农业劳动力的比例大于75%或绝对数大于1万人；人口密度不低于50人/mi^2[1]；通勤率单向不低于15%或双向不低于20%。美国大都市区是城市群的基本组成部分，主要研究对象是城市及与其紧密联系的腹地。

日本政府部门的大都市圈。20世纪50～60年代，日本行政管理厅定义了"都市圈"的概念，并将其纳入政府统计单元。学者在多个领域展开研究，先后出现了商业圈、居住圈等一系列都市圈层。鉴定标准：中心城市除了要满足由国家指定、人口100万人以上其中之一，其周围城市人口亦要在50万人以上；中心城市的经济贡献要占总量的1/3以上；中心-外围地区要有密切的社会经济联系，用二者间通勤量作为衡量指标，需满足外围地区与中心城市的通勤量高于外围人口总量的15%；总人口规模要达到3000万人。日本快速交通的迅速发展推进都市圈不断城市群的发展演变。

加拿大地理学家Mcgee提出的Desakota区域。加拿大学者Mcgee（1991）在大都市带的概念基础上，结合多年来对亚洲某些发展中国家区域的实地探究，总结出具有亚洲特色的区域空间结构特征，与以往西方发达国家空间结构

---

[1] $1mi^2=2.589\,988km^2$。

特征不同,将其命名为 Desa-kota 区域。Desakota 是印尼语,Desa 即乡村,kota 即城市。鉴定标准:至少有两个核心城市,且彼此间交通便捷;核心区域人口密集,核心与外围区域又可以实现当天通勤的交通,便于二者间社会经济层面的联系;非农产业发展迅速;各类用地交错布局;区域内人口流动性极强;女性成为非农劳动的重要参与者;景观及内部管理存在"灰色区域"。

(2)模型法。国外学者有关城市群界定和识别的模型研究主要包括:Ottaviano 和 Pinelli(2006)基于市场潜力和生产力运用泰森多边形对芬兰地区的城镇体系进行空间分割;Mu 和 Wang(2006)基于人口规模运用几何方法系统分析美国的城市体系;Fragkias 和 Seto(2009)借助不同算法对中国南部的城市群的演化发展进行了探测研究。

2. 国内城市群界定研究

(1)实证研究法。理论是在实践基础上产生而后不断检验、修正的结果,我国学者对城市群的界定研究亦是如此。伴随着我国社会经济的发展,我国学者先后提出了如都市连绵区(史育龙和周一星,2009)、准都市连绵区、大都会区、城镇密集区(董黎明和孙胤社,1988)等许多类似的城市群概念。学者在实证方面对城市群空间范围的界定主要是从地理单元视角出发,采用以小见大、层级推进的方法,由城市界定标准逐步推演出城市群的界定标准。当前比较权威、流行的城市群识别和界定方法主要有以下几种。

周一星的都市连绵区。这一概念是在引介"megalopolis"概念的基础上结合中国地域特征提出的,他认为都市连绵区应该满足:有 2 个以上特大城市;集海陆空一体的综合交通体系;具有较多的中小城市,人口密集分布,人口规模和密度分别达 2500 万人和 700 人/km^2;区域内城市间、中心外围地区联系紧密(周一星,1986)。

宁越敏对城市群的界定标准。宁越敏将都市区作为城市群的基本单元;以都市区统计范围为基础,至少有 2 个人口 100 万以上大都市区作为发展极,或至少拥有 1 个人口 200 万以上的大都市区,城市群的总人口达 1000 万人以上;高于全国平均城市化水平;交通走廊连接周边区域形成城市化区域;城市群内部区域在历史上联系紧密,有认同感(宁越敏和张凡,2012)。

方创琳的空间范围识别标准。方创琳在对城市群形成发展研究的基础上提出城市群空间范围定量识别的标准:至少有 3 个都市圈或大城市,且要满足至少存在一个核心城市的城镇人口大于 500 万人;人口规模不少于 2000 万人;城市化水平大于 50%;经济发展水平和土地产出效益要分别达到 1 万美元和 500 万美元/km^2;对外贸易总额占地区生产总值比重高于 30%;具备高度发达的交通运输网络,至少满足 2 小时内经济圈;第二、第三产业产值比重高于 70%;核心城市地区生产总值中心度>45%，发挥省际区域合作的功能（方创琳等，2005）。

总的来说，学者基于实证法的城市群范围界定的识别标准主要从以下几方面考量：区域内特大城市或都市区作为发展极，较大的人口规模，经济发展水平，交通连通度以及城市化水平等。但是究竟怎样的量化才是合理的，学者们各抒己见。有学者认为区域内人口规模达 2500 万人以上才能称为城市群，但也有学者认为城市群可以依据人口规模的不同进行等级划分（代合治，1998）。姚士谋、方创琳等学者在结合中国现状及发展的阶段性特征基础上，对城市群进行了定性定量的界定（姚士谋等，2006a，2006b；方创琳和蔺雪芹，2008）。综合看来，他们对城市群的范围界定指标集中在几个方面：区内特大城市或都市区作为发展极，人口指标如城市群的总人口规模及城镇人口占比，经济指标如人均 GDP、经济密度，交通路网的密度以及城市化水平等指标。

（2）模型法。国内学者从定量模型（王丽等，2013）方面对城市群的界定研究为国内城市群的界定开拓了新的研究渠道：顾朝林（1992）结合数理统计泊松分布理论，采用集聚程度衡量指标，对全国范围内的城市群进行了划定。随后，李震等（2006）在顾朝林研究基础上，借用牛顿引力学方程对随机分布模型进行改进，以引力公式代替集聚值，根据场强的大小界定城市群。张倩等（2011）学者以空间可达性数据和经济社会属性为基础借助 GIS 技术，构建一套科学合理、操作性强的城市群界定与识别的技术流程。定量模型法能够高效便捷地识别出城市群，极大地避免了传统实证研究法适用范围的局限性和非体系化。然而，目前国内对城市群测度的模型法研究仍处在初级阶段，此领域学者关注的重点在于城市群识别的模型化、技术化，而忽视了对城市群内部机制、城市群识别标准的深入探究，这就需要实证研究与模型研究相结合，提高结果的准确性、可信度。

（三）城市群空间演化动力机制研究

不同学科对城市群形成与演化机制的研究形成了不同路径，概括来讲，可以大致分为两类：一类是经济学视角的、基于模型推导与实证检验的研究路径，强调城市群形成与演化的微观机理；另一类是地理学、社会学视角的宏观分析。

1. 经济学视角下的城市群形成机制

赵勇（2009）将经济学视角下的城市群形成机制研究划分为四种范式：一是传统的、强调经济主体之间相互作用的研究范式；二是基于强调产业间联系和产品差异化的产业组织研究范式；三是基于强调集聚外部性的新经济地理学研究范式；四是基于强调人力资本和知识重要性的内生增长理论研究范式。以上四类范式的研究基本回答了发达国家城市（群）的形成以及单中心向多中心转变的动力机制，深入探讨了城市群形成与演变的微观机制。国外城市群演化机制的研究对我国城市群机制研究产生了重要影响，尤其是始于20世纪末的新经济地理理论，强调规模报酬递增和运输成本的相互作用，从经济主体追求利益最大化的视角创建了核心-边缘模型，为城市群的形成与演化机理提供了重要了理论支撑和实证分析工具。

刘传江与吕力（2005）使用新经济地理学的产业集聚与扩散模型解释了城市的合理规模以及城市空间等级体系的形成机理。乔彬与李国平（2006）利用新经济地理的分析框架对我国城市群形成的内在机理进行了探讨。张亚斌等（2006）从新经济地理学的理论视角出发，对中心城市的出现、城市群的形成以及区域"圈层"经济形态演变的机制进行了研究。李学鑫与李琳（2011）从分工、专业化与集聚经济的视角对城市群经济效应进行了分析，进而为城市群的形成与演化机理提供了理论与实证支持。但国外的城市群理论与实证模型都是以发达国家为研究对象，强调企业作为经济活动主体在城市群形成与演化过程中的自组织力量，较少考虑政府的能动作用。因而对于处于转型时期的发展中国家来讲，会出现解释力不足等问题。

2. 城市化进程中的多元动力机制

事实上，在研究我国城市-区域空间结构演变的动力机制过程中，我国学者很早就注意到我国城市-区域发展环境（全球化的时代、体制改革的背景等）与西方国家的城市-区域具有明显的差异性，指出单纯地借鉴西方主流理论很难解释我国的实际情况，如新经济地理学虽然强调规模经济、运费和要素流动的相互作用并使经典区位论获得了新的发展动力，但其忽视地租以及政府的作用限制了其对我国问题的解释力（段学军等，2010）。早在20世纪90年代，宁越敏（1998）由哈维的资本城市化理论得到启发，提出要从政府、企业、个人三个行为主体的角度分析我国城市化进程中的多元动力机制。张庭伟（2001）指出研究我国城市-区域空间演变机制的问题应该综合考虑政府、市场、社区等多方面的力量，尤其是当地政府通过战略规划、空间规划等途径对城市空间结构产生了重要影响。戴学珍与蒙吉军（2000）认为交通、政策和政府行为引导的点轴机制是京津冀空间扩张的重要动力机制。石崧（2004）在上述学者对城市空间演化动力主体的研究基础上，提出了城市空间结构演变的三种作用力：基础推动力、内在驱动力和外在动力。而代表外在动力的政府在任何时候都是城市空间作用不可或缺的力量。叶玉瑶（2006）将城市群空间演化的动力归结为三类：自然生长力、市场驱动力以及政府调控力，并以此为基础构建了城市群空间演化动力模型。图5-1揭示了城市群空间演化动力作用机制与合成原则以及不同演化阶段主导动力。其中城市（区域）规划作为人们主动、有意识地干扰与引导空间生长的一种理性决策过程，是一种"空间被构组织的过程"，对城市群空间演化具有重要的调控与引导作用。

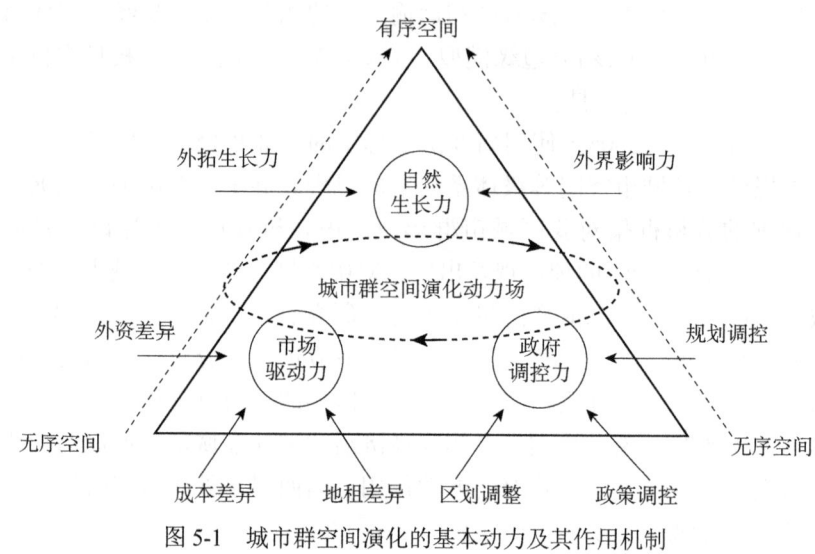

图 5-1　城市群空间演化的基本动力及其作用机制

资料来源：叶玉瑶，2006

3. 城市群发展演化的影响因素

也有学者从外资、技术等具体城市群发展演化的影响因素视角对城市群演化机制进行了分析。许学强与胡华颖（1988），薛凤旋与杨春（1997），阎小培与刘筱（1997），林先扬与陈忠暖（2003）等学者从区位、投资、基础设施网络等具体要素的视角分析了珠江三角洲城市群形成和发展的直接原因和基础。宁越敏等（1998）认为宏观政策机制（基础设施组织、权力下放、产业政策、户籍政策等）、市场机制、投资机制和辐射机制是长三角城市群形成的重要机制。胡彬（2003）则强调了全球化和跨国公司对城市群发展演化的重要作用。顾朝林与宋国臣（2001）指出政府权力层层下放、行政区划调整、投资主体多样化、市场建设与乡镇企业发展是推动长江三角洲都市连绵区形成的主要动力。甄峰（2004）进一步指出全球化与信息技术的驱动、产业升级与转移、城市间多样化与网络化的空间联系、区域经济社会的空间整合以及国家与地方发展政策等多种因素耦合构成了城市群空间结构成长的动力机制。

总体来看，国内学者在城市群发展演化动力机制的定量研究上侧重对市场机制下企业主体行为的作用，而忽略了政府的影响力。尽管许多地理学与城市规划学的相关研究意识到政府权力对我国城市群发展演化的重要作用，但多数研究以定性分析为主,缺少微观视角的实证分析。国内对城市群演化过程与机制的研究还处于起步探索阶段,还未形成完整的理论框架,定性研究多、定量研究比较少,研究手段还相对落后;大多数研究都假定了城市群战略的正面影响,而检验与测度这种影响的研究相对较少;多静态研究,很少从时间纵向动态分析其演变。

二、认知地图与城市地理研究

城市群对于区域社会经济发展至关重要,因此,决定城市群的空间范围是一个重要的话题。基本上,城市群的界定分为两大类:城市群的识别标准和边界划分的定量模型(陈守强和黄金川,2015)。已有的研究提出了几个不同的城市群概念,他们从经济社会角度得出了不同的识别标准(潘竟虎和刘伟圣,2014)。城市群的一个核心特征是紧密相连的空间形态(Anderson,2012),城市群的划界应该根据区域识别的程度进行划分。换句话说,城市群的划界不应该仅仅根据城市规划者和政策制定者的专业判断来进行,还要考虑公众对某个特定城市群范围的认知(Harrison and Hoyler,2014)。在实践中,认知地图提供了将公众认知融入科学划界进程的有效工具。

认知地图(Cognitive Map)是帮助人们对人地关系复杂体进行简化和秩序化的一种工具。认知地图作为一种基于人们对其空间环境的感知来理解人类行为的技术来自空间科学传统的行为地理学(Kitchin,1994;Golledge and Stimson,1997)。几十年来,认知地图在环境心理学中发挥了核心作用(Heft,2013)。制图师、心理学家和地理学家表达了对认知地图的兴趣,并强调认知地图的正确性是复杂环境中的一个关键思想(Lloyd,1989)。

西方地理学界对空间认知地图的研究大多集中在理论构建和实证探究两个方面,主要集中在空间认知地图概念、意象要素与空间形态研究以及对环境与相关因素关系的探索。林奇(Lynch,1960)的著作《城市意象》被认为是认知地图的代表性地理研究。Appleyard(1970)的研究将学者的注意力转移到城市空间结构,对认知地图研究产生了深远的影响。近些年来国外研究聚焦用认知地图来分析人的情绪(诸如恐惧、期望、压力)和环境质量之间的关系;学者们将认知地图应用于空间行为的研究,如消费者行为研究、城市间和城市内部的移动模式研究(Johnston,1973)以及与娱乐和休闲选择伴生的移动研究。

欧盟第七框架计划(7th Framework Programme,FP7)的欧洲广义地图项目(Project Euro Broad Map)是一次空间认知的研究对象逐渐从单一城市转移到区域层面的重要尝试，该项目试图通过认知地图来理解欧洲一体化过程中欧盟成员国内外的公众对欧盟产生认同的问题。更大规模地认知地图往往与人类知识有关，这与社会、教育和生活背景有关（Kwan and Ding，2008）。这使得通常需要通过"结构化的基础地图"来生成认知图（Boschmann and Cubbon，2014；Pocock，1976）。许多作者表示担心结构化草图中使用的基本地图会影响受访者绘制的草图（Gieseking，2013）。虽然基本地图大小和图像确实对草图绘制输出有影响，但这些影响相对较小（Sloan et al.，2016）。

国内对认知地图的研究相对较弱，还停留在比较初级的阶段，主要集中在以下几个方面。微观城市层面的研究主要集中在对北京、广州等大城市的分析：顾朝林、冯健等学者均采用手绘草图的方式了解居民对北京市的认知，较为详尽地分析了北京市的城市意象空间结构（顾朝林和宋国臣，2001；冯健，2005）；学者对广州、重庆、兰州、长沙等地的城市意象研究旨在分析城市中的意象元素，为城市的规划和发展提供参考意见（冯维波和黄光宇，2006；李郇和许学强，1993；苗涛等，2010）。旅游景区层面的研究主要包括，对旅游景区的认知地图进行研究以找出景区内的关键要素，对景区的下一步规划和开发提出有益的建议（蒋志杰等，2004；林玉莲，1995）。

国内将认知地图研究扩展到区域层面的还相对较少。李明明（2005）总结了国内外研究得出形成区域认同的途径：各种行为体之间的跨际互动和交流；国际机制（即形成的统一机制）的作用；"我们意识"和相对于他者的构建。欧盟在一体化的过程中则采取一系列的条约和宣言来推动欧盟成员国的公众对新欧洲的"认同"：1973年的《哥本哈根宣言》提出"对外认同"，借此构建新欧洲意识；1992年的《马斯特里赫特条约》对欧洲认同的内外含义进行了详尽阐述，强化欧盟在区域内外的认可；1997年的《阿姆斯特丹条约》强调欧盟的统一公民资格和防务认同。

（一）认知地图与定性GIS

认知地图是一种可用于简化和规范人地关系复杂性的工具。康德认为，地理空间是个人对世界经验的协调的心理框架（Richards，1974）。心理学和地理学思想和理论的联系将在某种程度上建立一个综合框架（Kitchin et al.，1997）。认知地图是环境图像组件的重新建模的表达。它描述了居民对日常生活空间信息的空间思考（Kitchin，1994）。因此，通常采用手绘草图来获得认知地图。林奇的《城市形态》将居民对城市认知的图像元素分为地标、节点、道路、边界和区域。他运用他的认知地图概念来研究美国波士顿、洛杉矶和泽西城的各种城市形象。

相比之下，基于经济数据，交通量和照明的实质性数据，公众认知数据似乎更主观（Shalev，2008）。然而，这并不影响认知地图解释空间范围的能力。许多认知映射数据由诸如点、线和多边形的空间元素组成。这使得利用传统空间统计分析这些数据并使用制图技术对其进行可视化成为可能（Kitchin，1996）。Tu 与 Doherty（2007）描述了一种将得到的草图映射集成到地理信息系统（GIS）中以用于可视化和潜在几何分析的方法。此外，绘图民主化（Crampton，2011）以及定性研究与 GIS 的整合（Pavlovskaya，2006）为扩展认知地图的使用提供了空间。定性 GIS（即 QGIS）是社会学知识系统和 GIS 的结合，它可以将多种材料（文本材料、音频文件、图纸、视频文件等）与 GIS 集成，以可视化各种定性信息（Kwan et al.，2013）。认知地图通常用作 QGIS 的替代数据来收集数据（Loebach and Gilliland，2016）。此外，认知地图技术已广泛应用于行政科学、政策分析和管理科学领域（Harris and Weiner，1998；Martin and Hall-Arber，2007）。公众参与 GIS（PPGIS）为公众提供参与地理数据收集和决策的机会（Sieber，2006）。PPGIS 可以通过将个人感知和个人经验整合到相关问题的分析和决策中来实现各种定性信息的可视化（Knigge and Cope，2006）。在实践中，认知图的图示可以增强识别部分错误的知识（Lourdel et al.，2007）。认知图的定量分析是优选的，因为定性分析中的主观偏差将减少。在过去十年中，认知映射在组织战略问题中的应用显著增加（Wang，1996）。

（二）认知地图变形研究

尽管认知映射表现出许多优点，但由于城市影响与居民认知的相互作用，认知地图和实际地图之间存在扭曲（Tversky，1992）。来自手绘草图的信息被扭曲和一般化（Schwering et al.，2014）。因此，失真测量引起了学术界的关注。Mackay 等（1975）使用平均余弦方法来探索认知地图与购物行为之间的关系，并指出购物行为差异与认知地图紧密相关。Sherman 等（1979）采用改进的点间距离方法来研究实际距离和认知距离之间的扭曲。为了探索距离和位置等地理环境信息，Evans 与 Pezdek（1980）使用错误率来衡量认知映射。Spencer 与 Weetman（1981）展开了认知地图中扭曲程度的研究，发现扭曲在一定程度上受到城市形态或个体活动模式的影响。Moar 与 Bower（1983）提出认知地图包含一致的空间信息，但由于在表达过程中的差异，可以从中获得不一致的信息。Waterman 与 Gordon（1984）通过使用带有数字转换器的微型计算机，提出可以用失真指数来比较和分析心理图中的失真。Okabayashi 与 Glynn（1984）分析发现，采用弯曲边界图的被调查者比直边界图产生更多的认知失真。

认知地图与实际地图之间的差异揭示了公众产生的区域认知与规划制定者

所判断的区域认同之间的偏差。失真主要反映在距离和方向上（Bestgen et al.，2013）。这使得难以在手绘地图和其对应的地理参考度量图之间实现一一对齐（Wang and Schwering，2015）。统计指数，如二维相关系数、误差系数、扭曲系数，点间距离相关系数（Sherman et al.，1979）和平均值余弦（Mackay et al.，1975）主要用于定量分析认知图的扭曲。Lloyd 与 Heivly（1987）研究了认知图中不同的误差来源，这些误差来源于：①观察环境的特征；②强调认知地图的特征；③考虑人们将空间信息编码到内存中并检索用于创建决策的信息的过程。不同大小或规模的空间中的空间认知依赖于质量上不同的信息（Bell，2002）。人们熟悉周围环境，对小规模环境有高度的认识。在小规模研究中可以使用诸如位置、地标和道路之类的微图像元素。但是在区域范围内很少有认知扭曲相关的研究。我们需要在区域范围内有一个参考地图，通常是国家发布的规划，以界定认知地图的扭曲。

（三）认知地图变形的影响因素研究

认知失真的决定因素也是认知图的重要研究方向。先前对认知图的研究已经检验了认知主体的个体社会经济属性。Orleans（1973）发现居民在城市不同地区的认知地图是各种因素共同作用的结果，包括职业、收入、教育、私家车、社区规模和活动空间。一些研究表明，认知图上的城市图像因社会经济属性而异。例如，空间结构因类而异（Goodehild，1974），认知距离因收入而异（Burnett，1978）。Tversky（1981）提出人们倾向通过旋转且以一个主要方向排列来简化他们的认知地图。Spector（1982）证明，通过诸如居住地、教育水平和运输工具等因素，收入、就业状况和教育背景等社会经济属性能够对居民的认知地图产生间接影响。通过比较几种不同情况下的男女差异，Ward 等（1986）发现，男性倾向使用比女性更准确的主要方向和距离估计。因此，男性的空间认知错误较少。然而，专注这一主题的学者们已经得出了不同的结果。通过认知主体研究地图和空间距离，然后分析他们获取知识的能力，Golledge 与 Stimson（1997）得出结论，性别差异对空间认知能力没有显著影响。

冯健（2005）统计分析了性别、年龄、居住地、学历等属性信息差异下的居民空间认知差异；陈基纯等（2004）对空间距离的认知研究发现女大学生对短距离的认知准确性明显高于男大学生；宋伟轩等（2011）对社区层面的城市意象研究发现居民社会属性因素是影响人们社区空间意象的决定性因素，性别、年龄、收入和居住时间的差异对其影响较小。申思等（2008）采用国外学者普遍使用的二维回归系数方法对北京市居民的认知地图的整体和局部变形进行了定量测度。

三、研究思路与研究方法

（一）研究背景

21世纪以来，中国经济一直保持着高速发展。在未来几年，中国的城市人口预计将持续增长，因此，中国的城市将进一步扩大。但是，中国存在土地少、人口多的特点。因此，城市化的空间格局将呈现出大区域和紧凑的趋势。在过去的30~40年中，三个增长最快的城市群（长江三角洲、珠江三角洲和京津冀地区）为中国经济发展做出了巨大贡献。对于中国来说，仍然需要培育更多的大型地区，以保持其在世界上的竞争力。国务院分别于2015年和2016年颁布了《长江中游城市群发展规划》（以下简称《规划》）、《成渝城市群发展规划》，决定将长江经济带作为其中之一。

尽管《规划》结束了有关"中三角""中四角"的争论，但是对城市群的界定一直以来是学术界研究的重点，目前尚未形成统一的划定标准。城市政治经济学相关理论表示区域的社会经济发展是社会中各个群体共同作用的结果，也就是说，区域的发展会受到政府、市场、公众三大主体的影响。政府（治理主体）为实现区域治理预期制定的公共政策，市场主体在区域内经济势力范围的争夺和公众对于区域空间的满意程度和迁居意愿，三大主体通过不断博弈，重塑自己的空间范围。因此，有必要对区域各大利益主体的认知进行研究，尤其是公众认知的研究。政府、市场和公众都参与了城市群发展的利益博弈。他们通过持续的互动（Potter，2012）重塑了他们的空间影响范围，这对区域社会经济发展具有最终影响（Stimson et al.，2006）。特别是公众的认知，决定了他们的生活和工作意愿，对于大地区的发展很重要（Boschmann，2011）。从这个意义上说，目前大多数研究都是从政府、专业规划者和市场主体的角度来确定城市群的功能和范围。迄今还没有从公众的角度来进行城市群空间范围的探讨。

在行为地理学的背景下，认知地图全面反映了居民对城市和城市对居民影响的认知。由于城市影响与居民认知的相互作用，认知地图与制图地图之间存在着扭曲。过去的文献集中在认知地图扭曲（Lloyd and Heivly，1987），以及认知扭曲与个体社会经济属性之间的关系。此外，目前大多数研究使用校园（Sherman et al.，1979）、社区和城市作为对象而不是大区域。因此，我们认为一系列关键问题仍然没有得到解决：通过将结构化手绘地图应用于区域范围内的大区域定义，可以创建什么样的空间图？如何定义和评估由不同的个人社会属性导致的认知扭曲？哪个人的内部因素影响了认知扭曲？很少有学者对这些问题进行过系统的科学研究。

（二）研究框架与研究方法

该研究特别关注区域尺度上认知扭曲的测量和决定因素。因此，本节的研究框架（图5-2）包括如下几点。①通过结构化的手绘地图获取草图。绘制草图时，基本地图仅用作协助认知地图的空间参考；②将草图映射到地理信息系统中，并将通过QGIS获得的认知密度图和认知比例分布图与规划图进行比较；③分析它们之间的联系和差异，通过面积偏差系数（ADI）和中心偏差系数（CDI）来测量变形程度；④分析变形的决定因素，即通过回归分析，发现大学生的属性和认知扭曲之间的关系。

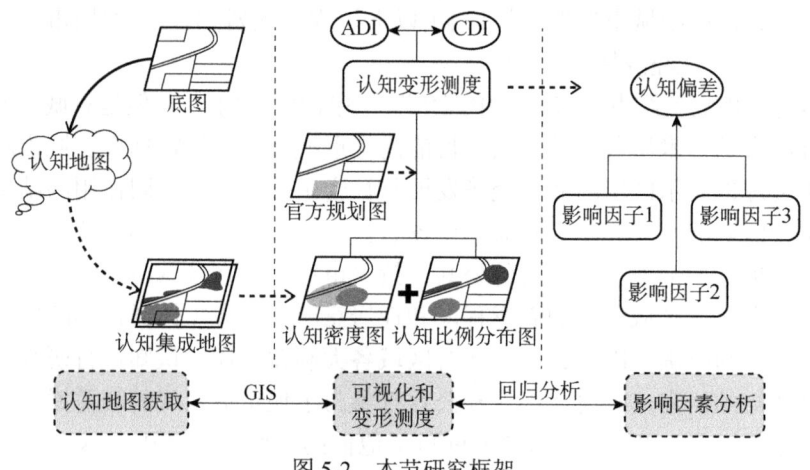

图5-2　本节研究框架

研究通过分析公众——大学生的认知地图，了解其对城市群的空间认知，同时比对认知地图与长江中游城市群规划范围偏差，分析个人属性因素在认知偏差中发挥的作用。根据本节的研究思路，主要采用以下方法展开研究。

（1）问卷调查法：研究聚焦公众对长江中游城市群的认知，因此，在认知地图的获取过程中，采用调查法中的问卷调查形式展开，对大学生进行问卷发放，基于结构化的地图获取大学生对长江中游城市群的认知地图，而后回收整理用于统计研究。

（2）定性GIS法：将得到的大学生手绘认知地图叠加扫描，并应用QGIS方法将手绘地图整合到地理信息系统中，做出认知密度图、比例分布图等，以便进一步可视化表达并定量分析认知地图偏差。

（3）定性与定量相结合的方法：本节将问卷所得的认知地图叠加形成各个

城市的认知地图集，通过定性的描述分析各个城市大学生对长江中游城市群的认知，并进行差异对比；通过构建认知地图基于长江中游城市群规划范围的认知偏差这一指标，结合大学生个人属性信息，运用计量模型分析认知偏差与个人属性间的关系。

（三）研究区域与研究对象

1. 研究区域

研究主要聚焦公众对城市群的认知地图，同时考察长江中游城市群内部及外部大学生对长江中游城市群空间认知差异比较，因此调研区域涉及了长江中游城市群本身以及同处于长江经济带上的成渝城市群。

研究的核心在于分析公众对长江中游城市群的空间认知，因此，需要对长江中游城市群范围有一个预定范围，这一范围与《规划》划定的范围基本一致，范围包括：湖北省武汉市、黄石市、鄂州市、黄冈市、荆州市、荆门市、天门市、潜江市、仙桃市、襄阳市、咸宁市、孝感市、宜昌市，湖南省长沙市、株洲市、湘潭市、岳阳市、益阳市、常德市、衡阳市、娄底市，江西省南昌市、九江市、景德镇市、鹰潭市、新余市、宜春市、萍乡市、上饶市、抚州市及吉安市，共计31个城市。

2. 研究对象

除了将居民和游客作为公共空间认知研究的对象之外，一些研究倾向以大学生为对象（Lee and Schmidt，1988）。考虑到学生来源的多样性及其在学习、交流、逻辑思维和语言表达方面的强大能力，他们的认知地图在区域范围内更有效。因此，参考相关研究成果，关注大学生的认知特征具有特殊意义。根据中华人民共和国人力资源和社会保障部的数据，2015年中国大学毕业生（749万人）占新就业人口（1312万人）的57.1%。这将产生大量的人力资本来提升未来几年的国家竞争力（Lau and Ng，2015）。此外，影响区域发展的社会经济因素已经部分个性化为大学生的个人认知。对他们的认知地图的分析可以探索在区域发展中起关键作用的隐藏信息。因此，了解其区域空间认知并进一步获取区域发展所需的信息至关重要。

综上所述，本节采用问卷调查的方法获取区域认知图，对各高校各专业即将进入社会的三四年级的大学生随机发放问卷。选择高年级本科生作为调查对象，是因其个人属性的多样性。首先，武汉、长沙和南昌3个城市被选为问卷点，因为它们是长江中游城市群的省会城市，拥有的本科生较多。同时，为了比较分析同处于长江经济带上，但位于长江中游城市群以外城市的大学生空间认知特点及差异，本节还选择了重庆、成都2个城市作为问卷点。

最终，考虑到大学生专业的潜在影响，在 2 个城市群的 5 个中心城市（武汉、长沙、南昌、成都和重庆）内分别选取了同时涵盖地理、医学、金融、艺术和计算机这 5 个专业的大学各 2 所；选择在 5 个城市的 2 所大学中的每一所大学攻读这 5 个专业的 30 名高年级本科生作为研究对象。

第二节 案例研究：武汉、长沙、南昌大学生的区域认知地图

一、数据来源

本案例于 2014 年 11～12 月随机发放 900 份（30×5×2×3）问卷，最终回收有效问卷 874 份，其中湖北省华中师范大学 150 份，华中农业大学 141 份；湖南省长沙大学 145 份，湖南师范大学 144 份；江西省南昌大学 149 份，江西师范大学 145 份，问卷回收率达 97.1%，如表 5-1 所示。

表 5-1 问卷发放以及回收情况

学校	所在城市	有效问卷数/份
华中师范大学	武汉	150
华中农业大学	武汉	141
江西师范大学	南昌	145
南昌大学	南昌	149
湖南师范大学	长沙	144
长沙大学	长沙	145

因为研究内容涉及认知地图失真及影响因素两个方面，从问卷中获得的数据由两部分构成：第一部分问卷来源于大学生绘制的长江中游城市群手绘认知地图。在收集本科生的认知范围时，地图上没有设置默认范围。在计算区域失真指数和中心失真指数时，将平面图设置为参考范围。第二部分问卷涉及本科生性别、居住地、居住时间、专业等个人和社会经济属性。

二、认知地图差异度分析

(一)认知地图的描述性分析

首先,对武汉、长沙和南昌三市大学生绘制的空间范围认知地图进行叠加,得到认知范围集成图[图5-3(a)、(d)、(g)];其次,应用ArcGIS软件矢量化集成图并应用创建空间网格工具(Create Fishnet)在矢量边界内生成规则的经纬网格,应用点密度分析工具(Point Density)对认知地图每个网格的中心点进行分析得到三市认知密度图[图5-3(b)、(e)、(h)];最后,根据集成图计算认知地图范围内涉及的城市次数(包括集成图范围内的城市和不少于1/2的面积在范围内的城市)与问卷总数的比值,利用ArcGIS软件可视化表达做出认知比例分布图[图5-3(c)、(f)、(i)]。

1. 武汉市大学生认知地图分析

武汉市大学生的认知地图具有"武汉中心椭圆式"的特点,武汉市城市群范围集成图形成以武汉市为中心的椭圆集合,长轴差异显著、短轴较为相似[图5-3(a)]。认知密度图显示认知地图最西端已涉及宜昌、恩施和重庆三地,最东端已延伸至安庆市东侧,长沙、南昌两市基本处于椭圆南部边界处[图5-3(b)]。认知比例分布图显示:①80%的大学生认为长江中游城市群应包含武汉、天门、仙桃等11个城市[图5-3(c)深色区域];②大多数学生能够将湖北省的14个城市(武汉、天门、仙桃等)和长沙、南昌以北区域划入长江中游城市群范围[图5-3(c)深色和次深色区域],"武汉城市圈+恩施+随州+宜荆城市群"的认知地图格局基本形成。

2. 长沙市大学生认知地图分析

长沙市大学生的认知具有以"武汉-长沙"中点为圆心、范围向外扩散的认知椭圆特点,认知范围集成图大致涵盖了湖北、湖南、江西三省,同时有少量认知范围向南京、合肥方向延伸[图5-3(d)]。认知密度图显示认知地图有明显的向南偏移趋势,这部分源于珠三角经济辐射能力较强,珠三角与长三角间的交通和经济联系对大学生的认知产生了一定程度的强化作用[图5-3(e)]。认知比重分布图显示:①80%的大学生将岳阳、咸宁、武汉等15市划为长江中游城市群的核心[图5-3(f)深色区域],其中岳阳和咸宁认知度最高;②大多数学生能够将岳阳、咸宁、武汉、宜春、荆门等27个城市划入长江中游城市群范围[图5-3(f)深色和次深色区域],这27个城市在湖北、湖南和江西三省

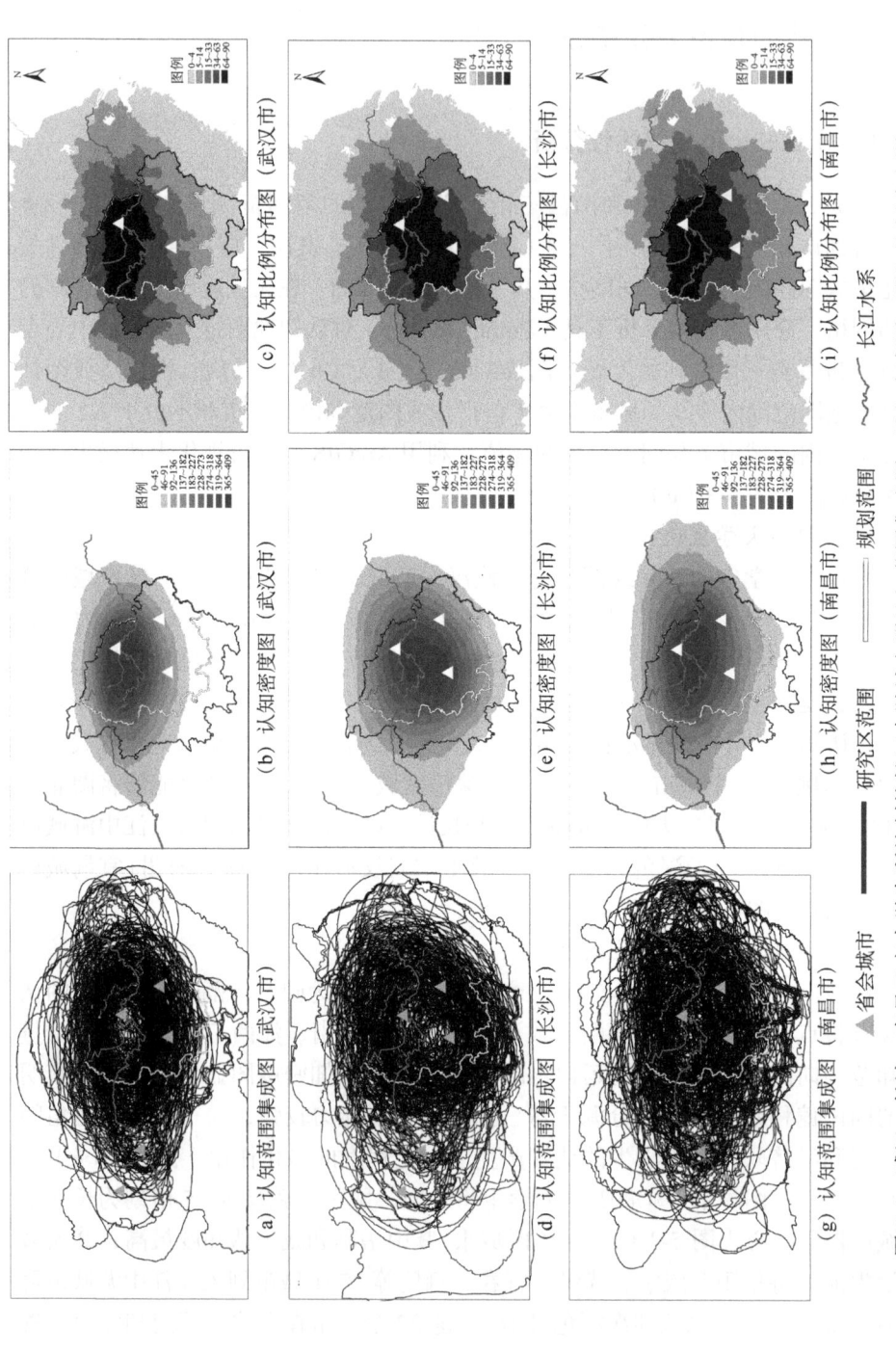

图 5-3　武汉、长沙、南昌三市大学生所绘制的长江中游城市群认知范围集成图、认知密度图、认知比例分布图

均衡分布，长株潭城市群、武汉城市圈以及环鄱阳湖城市群基本被涵盖在内。

3. 南昌市大学生认知地图分析

南昌市大学生的认知地图辨识度不高，界限划分相对不明显［图5-3（g）］。认知密度图显示认知地图有明显的东南向偏移趋势，表明南昌市大学生对长江中游城市群有相对较低的归属感，同时有融入东南沿海发展的意愿［图5-3（h）］。认知比例分布图显示：①80%的学生将武汉、鄂州、黄石等11个城市划为长江中游城市群的核心［图5-3（i）深色区域］；②大多数学生将武汉、鄂州、黄石、荆门、岳阳等23个城市纳入长江中游城市群范围［图5-3（i）深色和次深色区域］，范围涉及了湖南、湖北、江西和安徽四省，其中有6个城市属于江西省。

（二）认知地图的统计性分析

为进一步研究武汉、长沙、南昌三市大学生的认知地图与《规划》范围的差异程度，同时考虑到手绘地图的差异性与多样性，将认知地图矢量化，并引入面积偏差系数和中心偏移系数两个指标来展开研究。

1. 面积偏差系数

其中面积偏差系数（area distortion index）用以测度认知地图的面积与《规划》范围的面积偏差程度，定义如下：

$$\text{ADI} = (A - B)/C \tag{5-1}$$

式中，A为手绘认知地图与《规划》范围相交部分的面积；B为手绘认知地图与《规划》范围不相交部分的面积；C为《规划》划定的范围面积。当ADI<0时，表示认知偏差比重已大于认知准确比重；ADI=0时，认知地图与《规划》范围有50%的面积偏差，即认知准确和认知偏差的比重均为50%；ADI越接近1，认知地图与《规划》范围面积偏差越小。

如表5-2所示，对标《规划》范围，大部分学生的空间认知范围均存在一定的偏差。对三市样本的面积偏差系数均值进行比较，武汉、长沙两市（0.1284、0.1123）较高，南昌市（0.0317）相对较低（表5-2）。可以得出，南昌市大学生平均认知准确程度较武汉、长沙两市大学生的低。对比三市样本的面积偏差系数的标准方差，长沙市样本的面积偏差系数离散度高于武汉、南昌两市，说明与《规划》范围相比，长沙市大学生的认知一致性较武汉、南昌两市大学生低。

表 5-2　武汉、长沙、南昌三市样本的面积偏差系数的描述性统计

城市	数量	最大值	最小值	均值	标准方差
武汉市	291	0.6285	-2.1372	0.1284	0.3145
长沙市	289	0.7229	-3.9804	0.1123	0.5261
南昌市	294	0.7705	-2.3380	0.0317	0.4175
合计	874	0.7705	-3.9803	0.0905	0.4295

2. 中心偏差系数

矢量化各认知地图并借助 ArcGIS 软件计算几何要素（calculate geometry）中的经线中心（X coordinate of centeoid）和纬线中心（Y coordinate of centeoid）计算认知地图的中心点坐标。引入中心偏差系数（center distortion index）来测度认知地图中心点与《规划》范围中心点的偏移程度，定义如下：

$$CDI = \sqrt{(X-a)^2 + (Y-b)^2} \qquad (5-2)$$

式中，（X、Y）为大学生手绘地图的中心点坐标；（a，b）为《规划》空间范围图的中心点坐标。CDI 值越大，表示认知地图中心点与规划中心点偏差越大。

如表 5-3 所示，对三市样本的中心偏差系数均值进行比较，武汉、南昌两市（4.3598、4.5915）较高，长沙市（3.6025）相对较低。对比三市样本的中心偏差系数的标准方差，长沙市样本中心偏差系数的离散度低于武汉、南昌两市。综合均值和标准方差可以看出，长沙市大学生对长江中游城市群中心点位置认知准确度较武汉、南昌两市大学生高。

表 5-3　武汉、长沙、南昌三市大学生认知地图中心偏差系数的描述统计

城市	数量	最大值	最小值	均值	标准方差	东偏数	西偏数	南偏数	北偏数
武汉市	291	20.2853	0.3585	4.3598	2.8643	25	80	5	181
长沙市	289	22.2926	0.2302	3.6025	2.6977	38	123	37	91
南昌市	294	19.7906	0.2617	4.5915	2.8703	86	85	17	106
合计	874	22.2926	0.2302	4.1798	2.8369	149	288	59	378

选取《规划》空间范围图的中心点作为基准，以基准点垂线左右 45°角为界限，沿顺时针划定东、南、西、北四个方向。从方向性偏移来看，三市大学生认知地图中心点均有不同程度的偏移。武汉市方向性偏移以偏北（62.20%）为主；长沙市大学生认知地图中心点分布整体比较集中，以偏西（42.56%）、偏北（31.49%）为主；南昌市大学生认知地图中心点在四个方向分布较为分散，其中偏北（36.05%）相对较多。

由于《规划》范围中心点与三省交界点吻合，样本中心点在该区域分布愈密集则样本中心偏移愈小。综合对比武汉 291 个、长沙 289 个、南昌 294 个样

本的认知地图中心点与《规划》范围图中心点，发现以下特点。

（1）三市认知地图中心点分布均形成了三个圈层。武汉市第一圈层分布在武汉、咸宁等湖北省内城市，体现了部分武汉市大学生认为湖北省是长江中游城市群的核心；第二圈层紧密围绕第一圈层分布在黄冈、岳阳、常德和宜昌等城市，与湖北省发展重点逐步向西部偏移的现状吻合；第三圈层具有向东、西方向偏移的特点，且向西偏移的特点更为明显。长沙市样本中心点具有在两湖区域内"较劲"的特点，第一圈层分布在武汉、长沙、潜江、咸宁、岳阳等城市；第二圈层中心点均匀分布在第一圈层外，范围涵盖了湖南、湖北、江西三省；第三圈层中心点以恩施的分布最为集中。南昌市样本中心点第一圈层主要分布在湖北省部分城市（武汉、仙桃、黄石、咸宁等）以及九江、岳阳两市；第二圈层有向东、西方向延伸的特点，体现了部分学生空间认知较为杂乱；第三圈层有向东、南、西三个方向分散的趋势，部分中心点分布在安徽省境内。

（2）三市认知地图中心点以向北偏移为主。与《规划》范围相比，武汉市样本中心点集中分布在武汉市的西南区域，长沙、南昌两市分布较少，说明武汉市大学生对南昌、长沙两市的认知存在较大偏差。长沙市样本中心点分布相对集中在以武汉、长沙两市中点为圆心的圆内，同时少量分布在南昌市内，说明多数长沙市大学生认为两湖区域是长江中游城市群的重要组成部分，但对江西省大部分区域的认知存在较为明显的偏差。南昌市样本中心点集中度较低，分布在武汉、长沙和南昌三市四周，形成了南昌市大学生认知地图分布较为无序的特点。

（3）三市认知地图中心点大多沿长江分布。武汉市样本中心点集中于长江以北区域，主要沿长江中游的宜昌-九江湖口段周边的城市集中分布，同时在湖北省境内的汉江流域也有部分分布。长沙市样本中心点向湖南省偏移，主要分布在长江干流中段与支流汉江围合形成的区域，长江中段以南的岳阳市也有较多分布。南昌市样本中心点集中分布在湖北境内的汉江区域以及湖北宜昌-九江湖口的长江中段区域，此外，还有部分中心点分布在长江上游的恩施以及下游的池州和安庆。

（三）认知地图差异度影响因素分析

1. 研究方法

（1）模型选取。在借鉴已有方法的基础上（许洁等，2011），本节应用二值逻辑回归方程进行统计分析，模型公式如下：

$$P(y) = \frac{1}{1+e^{-(\alpha+\beta x_i)}} = 1 - \frac{1}{1+e^{\alpha+\beta x_i}} \tag{5-3}$$

式中，P 为自变量 x_i（其中 $i=1, \cdots, k$）预测事件 y 发生的概率；α 为回归截距；β 为回归系数；x_i 为自变量。本案例中 y 为大学生对长江中游城市群空间范围的认知率；x_i 为大学生的个人属性变量；P 为模型对空间范围认知率的预测值。

（2）变量确定。

因变量。长江中游城市群空间范围认知偏差包括面积和中心点方向两个方面的偏移。本节通过因子分析法将面积偏差和中心偏差两个具有同质性的指标降维，最终得到"认知率"综合因子作为因变量，并对其进行二分类处理以满足二值逻辑回归模型对因变量的特定要求。本节采用最优离散化方法，通过 SPSS 软件处理因变量得到最优临界值，临界值以下和以上的样本认知率分别赋值为 0 和 1。

自变量。客观事物由主体重塑的结果产生了认知地图，其与个人属性有较强的相关性。本节引入个人属性信息作为自变量（表 5-4），本节采用设置虚拟变量的方式来处理多分类变量。以居住地变量为例，居住地类型包括农村、县城/镇区和城市三类，其中城市居住地为参照组，农村、县城/镇区为虚拟变量。

表 5-4　逻辑回归模型自变量赋值

自变量	分类赋值
性别	0：男；1：女
居住地	0：农村；1：县城/镇区；2：城市
居住时间	连续变量
专业	0：医学；1：计算机；2：金融；3：艺术；4：地理
生源地	0：在《规划》范围内；1：在《规划》范围外
户口	0：非农业户口；1：农业户口

2. 研究结果

根据逻辑回归结果（表 5-5），居住时间、居住地、专业和男性为对长江中游城市群空间范围认知率有显著影响的因子。对自变量进行分析主要有以下特点。

表 5-5　逻辑回归结果分析

自变量		p 值（Sig.）	标准误差（S.E）	回归系数（B）	OR 值 [Exp(B)]
居住时间		0.000	0.009	0.058	1.060
居住地		0.040			
	县城/镇区	0.011	0.189	−0.480	0.619
	农村	0.227	0.179	−0.216	0.805

续表

自变量		p 值（Sig.）	标准误差（S.E）	回归系数（B）	OR 值 [Exp(B)]
专业		0.028			
	医学	0.020	0.237	−0.549	0.577
	金融	0.005	0.243	−0.680	0.506
	计算机	0.580	0.229	−0.127	0.881
	艺术	0.194	0.235	−0.305	0.737
男性		0.094	0.155	0.260	1.297
常量		0.001	0.230	−0.800	0.449

（1）男性大学生对长江中游城市群范围的认知率高于女性。借助 ArcGIS 运算工具计算男性、女性大学生认知地图的中心点坐标，将其可视化形成分性别的认知地图中心点分布图。可以发现，男性样本中心点空间布局集中分布在《规划》范围图中心点以北区域；女性样本中心点分布呈现离散型特点，主要分布在武汉城市圈、环鄱阳湖城市群以及长株潭城市群内。

根据事件发生概率比 OR 值可以得出，男性大学生认知水平较高的可能性为女性的 1.297 倍。社会分工的差异一定程度上影响了认知能力，一般来说男性更加擅长运用距离和空间方位进行空间感知，而在经验性的细节把握和场景性记忆上女性较为擅长，因此女性大学生对区域空间的认知要弱于男性大学生。

（2）以城市为参照的居住地因素对认知率提升产生了显著影响。通过分居住地类型的认知地图中心点分布图可以发现，居住地为城市和县城/镇区的大学生认知中心点密度相对较高，而居住地为农村的大学生认知中心点密度相对较低。

居住地影响因素整体较为显著（$p=0.04<0.05$），县城/镇区居住地大学生的回归系数为负值，显著性较大（$p=0.011<0.05$），这说明与参照组（城市居住地大学生）相比，县城/镇区对长江中游城市群空间认知率的提升概率较低。居住地为农村的大学生未通过显著性检验，这可能是由于居住在城市的学生有更多的资源优势，可以拓宽自身认知渠道，会更为密切地关注城市群相关资讯。此外，城市群的发展主要依托大城市，范围由城市逐步拓展到县城、农村。

（3）专业变量对长江中游城市群空间范围认知率的影响显著。从分专业的认知中心点分布图，可以看出相比其他专业，地理专业的中心点集中程度更为明显，一定程度上体现了在空间范围认知上地理专业学生的背景优势；金融、医学和艺术三个专业中心点集中区域分布相似，但外围中心点分布有较大差异。

专业变量影响较为显著（$p=0.028<0.05$），金融、医学专业的回归系数为负值，说明其对于提升城市群空间范围认知率有较低的可能性，而计算机、艺术专业并未通过显著性检验。分析导致不同专业影响差异的原因，可能是不同的学科背景导致五个专业对信息的关注点不同，形成了差异化的认知结果。

（4）居住时间对认知率的提升有显著的正向效应。居住时间 $B=0.058$，$p<0.01$，说明在一定条件下较长的居住时间，具有提高认知率的可能性。Golledge 和 Stimson（1997）认为居民与外部环境相互作用形成了认知地图，并且随着居住时间的增加认知地图的范围和形状会发生改变，时间积累与外部环境作用强化可以使认知地图形成由简单到复杂、由低级到高级的演变式发展阶段。居住时间越长，对城市空间感知地图的空间范围越大，此外，长江中游城市群范围的多次调整，可以增强该区域居民的关注度。

（5）生源地变量未通过模型的显著性检验。由于居住时间对认知率存在显著影响，生源地变量和居住时间变量在一定程度上有共线性，导致生源地变量的作用被弱化。同时考虑到部分生源地属于长江中游地区的大学生家庭可能有到外地务工等因素的存在，在长江中游地区实际居住的时间较短，导致生源地变量并未通过显著性检验。

（6）户口变量未通过模型的显著性检验。首先，2014年7月国务院发布了《国务院关于进一步推进户籍制度改革的意见》，宣告了以非农业户口和农业户口二元化分类的结束，在一定程度上户籍的约束力被市场导向的经济改革弱化。其次，相似的校园环境和共同的时代背景对大学生产生了相似的影响，一定程度上弱化了户籍差异的影响。最后，户口变量并未通过显著性检验，而上文提到的居住地变量的影响显著。通过观察样本数据来分析产生这种现象的原因，观察到居住地类型与大学生户口类型存在不能完全对应的现象，即居住地为城市的大学生户口可能为农业户口，县城/镇区尤为明显，在另一方面解释了户口变量未能成为认知率提升主要影响因素的原因。

第三节 案例研究：重庆、成都大学生的区域认知地图

一、数据来源

本案例选取成渝城市地区的大学生为调查对象，抽取成都和重庆 2 座城市 4 所大学（四川师范大学、西南交通大学、重庆师范大学、西南大学）5 个专业大类的 600 名大学生进行了问卷调查，回收有效问卷 575 份，如表 5-6 所示：

表 5-6 问卷回收情况表

城市	专业	数量/份
成都	地理	58
	计算机	56
	金融	57
	医学	54
	艺术	58
	合计	283
重庆	地理	57
	计算机	60
	金融	60
	医学	58
	艺术	57
	合计	292

二、认知地图的总体形态分析

本部分主要对成渝地区大学生的手绘认知地图进行三个层次的描述性分析。①对认知地图的整体形态分析，概括总体形态特点并将其与规划范围进行对比，总结成渝地区大学生对长江中游城市群的认知总体特征；②绘制各城市大学生认知比重密度图，分析大学生对规划范围内长江中游城市群各城市的认知把握程度，找出大学生眼中的中心城市与相对被忽视的城市，并分析这种现象

的形成机制；③通过 ArcGIS 绘制每个个体的手绘认知地图中心分布图与密度图，参照规划中心分析成渝地区大学生空间认知中心的分布特点，对比分析不同城市大学生的认知中心布局与中心点密度，并概括这种分布形态和密度图的形成原因和机制。

（一）手绘认知地图的形态分析

通过 ArcGIS 软件对 575 份手绘认知地图进行叠加汇总得到成渝地区大学生对长江中游城市群的线条集成图［图 5-4（a）］，由于该图线条密集，不利于辨别，所以对该集成图进行了线密度处理，得到手绘认知地图的线密度图［图 5-4（b）］。

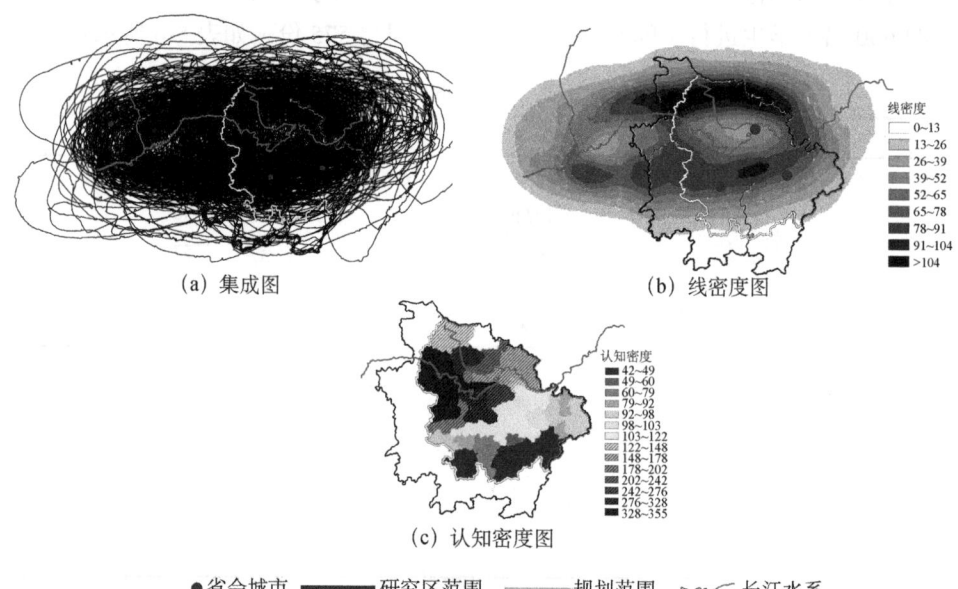

图 5-4 成渝地区大学生手绘认知地图集成图、线密度图、认知密度图

结合两张图可以得到成渝城市群范围内的大学生对于长江中游城市群空间范围的认知特点。

（1）总体看来，成渝地区大学生对于长江中游城市群空间范围的认知呈现出中心在湖北省境内的东西向椭圆形，大部分被调查者对于长江中游城市群的东西边界把握度不高，仍有不容忽视的一部分大学生的认知空间范围向西部的成渝地区与东部的长三角城市群方向拓展。大多数被调查者能将空间范围划定在长江中游地区，这也说明成渝地区大学生对于长江中游地区这一地理概念有一定的把握，但从图中也不难看出，许多大学生难以明确区分"长江中游城市群"、"长三角城市群"与"成渝城市群"这三者。相比起此前学术界在对长江中游城市群空间范围划分过程中对安徽的偏向性，成渝地区大学生的认知更偏向于将重庆与四川东部城市包容进长江中游城市群的范围内，这也在一定程度上显示成渝地区与长江中游地区的紧密联系。

（2）从认知地图边界来看，绝大部分认知地图的北部边界与湖北北部边界基本吻合，说明绝大多数被调查者对于长江中游城市群的北部边界把握度较高，且大部分被调查者都将"武汉城市圈"划定在认知范围内，这也体现出民众心中武汉在长江中游城市群中较高的社会经济地位。被调查者对于长江中游城市群的南部边界把握程度则比较低，从两图中可以看出，集成图的南部边界线密度相对较疏散，大部分集中在长沙以北的地区，与规划的南部边界出入较大。

（3）从形态方面看，绝大多数被调查者的手绘认知地图呈"圈"形，没有突出行政边界。这说明绝大多数被调查者还没有清楚地区分"城市群空间范围"和"城市群影响范围"这两个概念，对城市群边界的认识非常模糊，对于长江中游城市群的规划空间范围也没有准确地把握，只能确定武汉、长沙等中心性城市。

（4）长江中游城市群规划范围内的江西省部分受到的关注过少。能够将《规划》所确定的江西省所属长江中游城市群的城市划入自己认知地图的大学生较少，这表明江西省在城市群中的定位不明确。该现象的出现也与江西省向长三角的经济联系倾向有关。

（二）成渝地区大学生认知密度分析

本部分使用 ArcGIS 软件对成渝地区大学生认知密度进行分析，得到规划范围内各市的大学生认知密度图［图5-4（c）］，图中各城市的数值表示的是将该城市纳入长江中游城市群空间范围的大学生数量（笔者将该数值定义为大学生对该城市的认知密度），认知密度越大表示公众越认可该城市属于长江中游城市群范围。为了更直观地展示各市的认知密度，采用自然断点法将得到的数值进行分级，不同级别用不同的颜色深浅和填充来表示，颜色越深并带有斜线的表示该城市被越多大学生划入认知空间范围。

从图中可以看出：①长江中游城市群范围内的湖北部分和湖南北部部分城市的大学生认知密度较高，江西省部分与湖南南部部分城市的认知密度则较低。②大部分被调查者能将湖北各市划入长江中游城市群范围内，但对于湖南和江西各市定位的认识尚不明确。这从侧面反映出武汉城市圈近年来飞速发展的经济得到了民众的认可，也进一步论证了建设以武汉城市圈为增长极的长江中游城市群的必要性。③大学生对于江西省各市的认知度仍然较低，这也与本节提到的江西省的对长三角城市群的经济联系偏向有关。④此外，图中还呈现出"长株潭城市群"认知密度较低的现象，这也与近年来长株潭地区经济影响力的相对减弱、"武汉城市圈"经济影响力的大幅度增加有关。

总体说来，"武汉城市圈"已然成为大多数民众心中的长江城市群空间范围的中心；而以长沙为中心的"长株潭城市群"在公众心目中的影响力并未达到预期，这也与其经济影响力和辐射能力有关；不容忽视的是，目前江西省各城市得到的关注度非常低，许多民众对于江西省各城市的定位十分不明确，这与江西省的经济联系倾向有着密不可分的关系，在大部分被调查者的认知中，规划范围内江西省各城市与长江中游地区的经济联系并不高。

（三）认知地图的中心与密度分析

本部分对成渝地区大学生的认知中心进行了分析。认知中心为使用 ArcGIS 软件计算出的被调查者手绘认知地图的几何中心点。使用点密度分析工具对成渝地区大学生的认知中心进行密度分析来展示大学生眼中的总体认知中心分布趋势。

研究表明，成渝地区大学生的认知中心更多地集中在荆门与常德的交界地带，相对规划范围的几何中心向西北偏移。成渝地区大学生对长江中游城市群空间范围认知的中心点在两个区域聚集——一个是以武汉为中心的高度集聚区，另一个则是以宜昌为中心的次集聚区。这表明大部分大学生对长江中游城市群的中心把握较为准确，能把握武汉城市圈这一基本要素，说明被调查者对于湖北各市的相对重视，这与湖北省近来的飞速发展有关；此外，认知中心在宜昌附近形成一个次密集区也表明了成渝地区大学生倾向将成渝地区的部分城市划入长江中游城市群范围内，这在一方面说明仍有不容忽视的群体对长江中游城市群没有清晰准确的认识，在另一方面也显示了长江中游城市群日益增长的影响力和成渝地区与长江中游城市群之间的紧密的经济联系。成渝地区大学生的认知中心点整体向西偏移较多，向江西省部分偏移非常少，进一步说明了成渝地区大学生对于规划范围内江西省部分的认知度较低，这也从侧面展示江西省在长江中游城市群的发展中不够活跃，没能引起公众的重视。

（四）认知地图的认知偏移分析

为了更直观地描述成渝地区大学生对于长江中游城市群空间范围相对规划范围的偏移，本部分引入面积偏差和中心偏差两个指标对被调查者的认知偏移进行量化（张盼盼，2016），这两个指标的计算公式如下：

$$\text{面积偏差} = (A_i - B_i)/S$$

$$\text{中心偏差} = \sqrt{(a_i - x)^2 + (b_i - y)^2}$$

式中，A_i 为大学生 i 的手绘认知地图与规划范围相交面积；B_i 为大学生 i 的手绘认知地图与规划范围不相交的面积；S 为规划范围面积；(a_i, b_i) 为大学生 i 的手绘认知地图几何中心坐标；(x, y) 为规划范围几何中心的坐标。面积偏差数值越大则表示面积认知准确率越高，中心偏差指数越低表示认知越准确。由于数据量较大，不易进行直接分析，笔者在此对不同群体的面积偏差与中心坐标偏差的平均值、最大值、最小值与方差进行了计算，结果如表 5-7 和表 5-8 所示。

表 5-7　面积偏差表

	面积偏差	平均值	最大值	最小值	方差
成都	地理	-0.16	0.53	-2.12	0.33
	计算机	-0.19	0.49	-1.75	0.19
	金融	0.02	0.60	-0.92	0.13
	医学	-0.18	0.48	-0.87	0.14
	艺术	-0.02	0.77	-1.04	0.19
	小计	-0.11	0.77	-2.12	0.20
重庆	地理	0.08	0.62	-1.67	0.15
	计算机	-0.22	0.37	-1.17	0.13
	金融	0.00	0.43	-0.75	0.25
	医学	-0.20	0.44	-1.54	0.09
	艺术	0.04	0.62	-1.21	0.18
	小计	-0.06	0.62	-1.67	0.16
汇总（两市）		-0.08	0.77	-2.12	0.18

表 5-8　中心偏差表

	中心偏差	平均值	最大值	最小值	方差
成都	地理	8.07	18.02	0.40	24.20
	计算机	8.58	20.06	0.91	28.71
	金融	6.22	16.53	1.21	15.25
	医学	8.02	19.02	1.93	22.25
	艺术	6.93	21.34	0.65	25.32
	小计	7.56	21.34	0.40	23.15
重庆	地理	5.81	20.33	1.42	15.35
	计算机	12.76	200.47	1.15	630.73
	金融	6.89	19.42	1.38	25.20

中心偏差		平均值	最大值	最小值	续表 方差
重庆	医学	8.24	17.60	2.55	17.94
	艺术	5.39	16.85	0.41	18.58
	小计	7.82	200.47	0.41	141.56
汇总（两市）		7.69	200.47	0.40	82.35

从面积偏差表（表5-7）来看，两市被调查者的平均面积偏差均小于0，表明公众在面积认知方面认知偏差范围大于认知正确范围；其次，从各专业内部来看，最大值与最小值之间相差比较大，而方差数值较为稳定和相似，表明在不同专业群体内部，个体的认知的差异性较大。

从中心偏差表（表5-8）来看，总体来说各市各专业的平均中心偏差差别不大，稳定在一个较小的偏差水平（个别极端值除外）；与面积偏差类似，从表格可以看出，最大值与最小值之间相差较大，个别数值甚至出现极端情况（重庆计算机专业出现的最大值为200.47）。但各群体的样本方差则较为稳定，这也表明了个体之间存在巨大的认知差异。

总体说来，结合以上两表，成渝地区大学生的认知偏移特点有以下两点：①不同属性的群体在平均认知偏差方面表现十分相似，在面积偏差方面，被调查者表现出整体认知偏差范围略大于认知正确范围；②各群体内部差异较大，但方差表现较为相似，显示个体认知存在的巨大差异。

为了进一步探究个体间存在的巨大差异，笔者将各被调查者的面积偏差数值与坐标偏差数值绘制成散点图进行分析，此外，由于数据量过大，将所有样本放在同一张散点图中会造成识图困难，因此笔者将被调查者划分为成都和重庆两个群体进行研究，得到图5-5～图5-8。

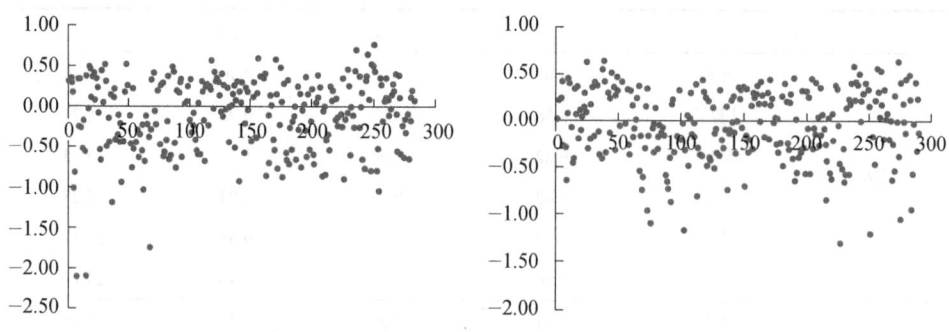

图 5-5　成都面积偏差散点图　　　　图 5-6　重庆面积偏差散点图

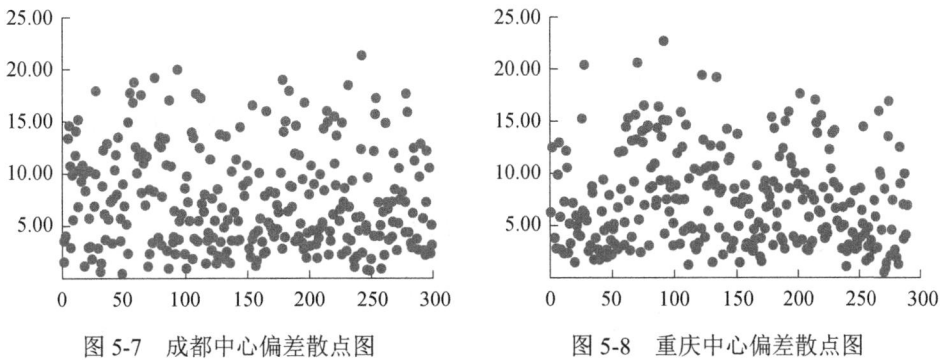

图 5-7 成都中心偏差散点图　　图 5-8 重庆中心偏差散点图

从离散情况来看，两市大学生的面积认知偏差数值主要集中在 -0.5～0.5，分布相对集中，但成都大学生群体中有不容忽视的一部分群体面积认知偏差集中在 -1～-0.5，从面积偏差方面来看，与重庆大学生相比，成都大学生认知偏差较大的人数更多；从坐标偏差方面来看，两市学生的离散情况总体差别不大，且可以看出来，多数被调查者的中心偏差保持在较小的水平，但偏差较大的群体也不在少数，仍有相当数量的学生中心认知偏差大于 10。此外，从上面四张图中可看出成都大学生中心坐标偏差点集中于 15～20 的数量明显多于重庆，可以推断出成都大学生在对长江中游城市群的中心把握方面偏差较重庆大学生而言更大，这可能是成都大学生更倾向将成都地区划入长江中游城市群空间范围所造成的。

三、认知地图影响因素分析

上述分析并没有对影响大学生空间认知的因素以及机制进行解释，因此，为了进一步探究大学生对长江中游城市群空间范围认知的影响因素及影响机制，本部分使用 SPSS 软件采用多元 Logistic 回归模型进行了分析（符想花，2017）。

（一）方法介绍与模型分析

这一部分的分析首先采用 SPSS 软件对面积偏差和中心偏差两个指标进行降维处理，得出综合认知率，再将该综合认知率划分成三个等级（0=认知无效，1=认知相对有效，2=认知有效），该等级值即多元 Logistic 回归模型中所需的因变量，自变量则使用问卷调查中得到的大学生个人属性数据，具体包括性别

（男=1，女=0）、居住地（0=城市，1=县城/城镇，2=农村）、户口（城市=2、城镇/县城=1、农村=0）、收入、大学所在城市（成都=0、重庆=1）、专业（地理=0、计算机=1、金融=2、医学=3、艺术=4），其中性别、居住地、户口、大学所在城市、专业为因子，回归分析中设置认知评级为 2 的群体为参照群体，分析结果见表 5-9。

表 5-9 模型拟合信息

模型	模型拟合条件	似然比检验		
	-2 对数似然	卡方	自由度	显著性
仅截距	500.924			
最终	449.267	51.657	20	0.000

从（表 5-9）来看，模型最终显著性小于 0.05，因此可以判定模型具有统计学意义。

从似然比检验表（表 5-10）可以得出，总体看来，大学所在城市对大学生认知有一定的影响；专业对大学生认知有着非常显著的影响，是影响大学生空间认知的主要因子；而性别、居住地、户口对于大学生的认知影响不大。

表 5-10 似然比检验表

效应	模型拟合条件	卡方	自由度	显著性
截距	449.276	0.000	0	
性别	450.614	1.347	2	0.510
居住地	454.715	5.448	4	0.244
户口	453.967	4.699	4	0.320
城市	454.074	4.807	2	0.090
专业	485.248	35.981	8	0.000

参数估计表（表 5-11）可以分析大学所在城市和专业对大学生空间认知的具体影响。从参数估计表格可以看出，相对于认知级别为 2 的群体来说，专业为计算机和医学两个因子也呈现出小于 0.05 的显著性，可以认为这两个专业对于大学生认知有一定的负面影响。

表 5-11 参数估计表

认知是否有效（有效2，较有效1，无效0）		B	显著性
0	截距	-13.251	0.000
	女性	-0.114	0.694
	男性	0	
	居住地=0	-0.034	0.936

续表

认知是否有效（有效2，较有效1，无效0）		B	显著性
0	居住地=1	−0.557	0.121
	居住地=2	0	
	户口=0	14.535	0.000
	户口=1	15.508	
	户口=2	0	
	成都	−0.494	0.066
	重庆	0	
	地理	−0.551	0.193
	计算机	−1.716	0.000
	金融	−0.132	0.778
	医学	−1.549	0.000
	艺术	0	
1	截距	0.706	0.655
	女性	−0.267	0.280
	男性	0	
	居住地=0	0.318	0.386
	居住地=1	−0.043	0.885
	居住地=2	0	
	户口=0	0.758	0.617
	户口=1	1.291	0.397
	户口=2	0	
	成都	−0.479	0.037
	重庆	0	
	地理	−0.491	0.212
	计算机	−0.820	0.025
	金融	0.453	0.291
	医学	−0.485	0.190
	艺术	0	

对于认知水平为1的大学生，大学所在城市对这类群体的空间认知产生了一定影响（显著性为0.037<0.05），且相对于重庆市大学生而言，大学在成都会对该群体对长江中游城市群空间范围的认知造成一定的负面影响；此外，专业为计算机对于大学生的空间认知也造成了一定的负面影响。

（二）专业对大学生认知的影响分析

研究发现，不同专业的学生的认知差异较大，其中地理专业学生对长江中游城市群空间范围的认知与规划范围的契合度较高，其认知中心高度集中在武汉地区，但同时也展现出来对湖南、重庆地区的关注；艺术类专业学生的认知则在湖北境内形成两个较为松散的中心，对湖南地区的关注度较其他专业来说更高；计算机专业的学生在湖北西部靠近重庆的地区形成一个相对集中的高密度认知中心点，其余中心点分布则较为分散；金融专业的认知中心则形成湖北境内一东一西两个相对集中的中心点分布区域，没有形成明显的高密度认知集中点；医学专业学生的认知中心则更为松散，形成东西向的带状分布形态，认知中心的集中性不明显。

总体说来，地理专业的学生认知与规划较为契合，艺术类次之，计算机专业的学生认知中心偏移则较为明显，该专业学生的认知中心点在远离规划中心点的宜昌西南角附近形成了一个密集区，其他专业的认知中心则较为分散，且对湘赣地区的关注度不够。医学类专业的中心点分布尤为分散，这也表明了该专业对于大学生的空间认知基本没有起到作用。此外，几乎所有专业都有一定数量的学生对于成渝地区表现出一定的关注度，这也显示了成渝地区公众希望参与到长江中游城市群建设的一种心理。

（三）大学所在城市对于大学生空间认知的影响分析

研究发现，成都大学生在边界的划定方面没有重庆大学生集中。相比之下，重庆大学生能更为精准地把握长江中游城市群的北部边界。但两市大学生对于南部和西部边界把握度都不高，在划定东部边界时，两市大学生显得相对统一，大部分学生能把握住湖北东部边界这一要素，但重庆大学生在该边界的划分上更为集中，可见重庆大学生对于长江中游城市群空间范围的把握更加准确。

同时，两市大学生的认知结构非常相似，均呈现出规划范围中部和北部的城市认知度较高，对规划范围内南部城市认知度较低的现象。但从认知密度的具体数值来看，成都大学生的认知密度数值介于 21～163，重庆则介于 18～192；从认知密度分级层面看，重庆大学生的 9 个认知密度层级对应的数值均比相应的成都大学生认知密度数值都要大，因此也可以看出，重庆大学生对于规划范围内城市的把握度更高，准确率也更高，这与 SPSS 中的分析结果相符。

（四）认知中心点分布图分析

由成都大学生认知中心分布趋势可得出以下几个结论：①相对于规划中心点，成都大学生的认知中心整体向北部和西部偏移；②大部分大学生的认知中心点集中在湖北境内，呈现出以武汉城市圈为中心的空间认知形态。但从中心点的详细分布图来看，成都大学生的认知显现出两个高密度中心（一个在是临近武汉的偏东的中心点，一个是临近宜昌的偏西中心点）；③仍有不少被调查者的认知中心在规划范围之外，向重庆、成都延伸；④成都大学生认知中心在湖南、江西两省境内少有分布，这两省（尤其是江西省）在公众认知中的地位较低。

由重庆大学生认知中心分布趋势可得出以下几个结论：①相对于规划中心点而言，重庆大学生的认知中心也呈现出整体向西部和北部偏移的趋势；②绝大部分被调查者的认知中心仍落在湖北境内，且在近武汉地区出现了一个高度集中区域；③对湖南、江西省地位的认知较为缺失，尤其是对江西省的定位十分不清晰；④许多被调查者的认知中心延伸到重庆境内，凸显了重庆的经济地位。

通过对两个城市大学生认知中心密度与分布的对比，可以发现：①两个城市大学生的认知均向北部和西部偏移，都形成相对集中的中心，不同的是重庆市的大学生认知中心更明显地集中在武汉市附近，形成一个相对其他地区具有明显优势的中心，而成都大学生的认知则较为分散，尽管也形成了临近武汉的中心点，但集中度相对重庆大学生形成的临近武汉认知中心集中点较低；②尽管两个城市的大学生认知中心均向重庆、四川延伸，但成都大学生在重庆、四川范围内的认知中心分布较为零散，重庆大学生在重庆范围内的认知中心则相对集中且多于成都；③对于湖南、江西两省，两城市大学生的认知度都较低，但重庆大学生对湖南的认知度要高于成都大学生，二者对江西省都表现出相对低的认知度。

总体说来，相对于重庆大学生而言，成都大学生对于长江中游城市群的空间范围认知准确率更低，但两市大学生均能基本把握《规划》中提到的武汉城市圈这一中心，这也从侧面反映出武汉城市圈的迅速发展；不过两市大学生对《规划》中提到的另两个主体——长株潭城市群和环鄱阳湖城市群的认知还较为缺乏，尤其是对环鄱阳湖城市群的定位非常不清晰；此外，两市大学生对成渝地区的关注反映了在公众认知中成渝地区与长江中游城市群的密切联系，也从侧面显示成渝地区希望与长江中游城市群展开经济合作的愿望。

结合以上的分析，总体说来，专业与大学所在城市这两个要素会对大学生群体对长江中游城市群范围的认知产生较为显著的影响,其中专业和大学所在城市对认知的影响最为显著。具体说来,专业对于大学生的认知影响的显著性主要表现在计算机和医学两个专业对于大学生认知有着明显的负效应,这与专业关注领域有很大的关系;此外,从认知密度、边界密度和中心点密度几方面来看,成都大学生的认知水平相对重庆大学生来说都较低,成都大学生的认知中心更为分散,且更倾向将成渝地区划分进长江中游城市群。

第四节 结论与讨论

认知绘图是制图和地理学中的一个基础研究课题,因为人们通过认知地图制作处理地理空间的各种决策(Lloyd,1989)。公众对政府政策和市场变化有最独特的体验。根据他们的个人行为,他们对巨型区域也有特殊的空间认知。首先,我们选择本科生作为本节的研究对象,基于结构化手绘地图获取他们的区域认知地图。其次,我们通过叠加长江中游城市群的认知图获得了它们的认知范围集成图,并使用 ArcGIS 中的视觉表达式生成认知密度图和认知比例分布图。然后,为了进一步分析计划图和本科生绘制的认知图之间的范围扭曲,我们构建了一套指标,包括 ADI 和 CDI。最后,我们分析了失真指数的决定因素。

一、认知结构特点

(一)长江中游城市群内部认知特点

长江中游城市群内部认知特点如下:①以"武汉为中心"为特征,呈现出"武汉城市圈+荆州+岳阳,九江,益阳等周边城市"的格局。②武汉、长沙、南昌的认知地图区域变形程度逐渐增大。武汉大学生的空间认知具有"以武汉为中心"的高度一致性。③武汉的中心点紧密分布在武汉城市圈内。长沙的认知图识别出明显的南向扭曲趋势,一般形成以武汉和长沙为重点的椭圆。然而,南昌的认知地图覆盖了湖北、湖南、江西和安徽省,它们具有较低的识别度,并且具有向东南沿海地区的扭曲趋势。④根据 ADI,可发现武汉大学生的平均认知准确率高于长沙和南昌。中心点失真图显示三个城市的中心点在不同方向上表现出失真。对 CDI 进行了进一步计算，可得出结论：长沙大学生的中心点认知准确率高于武汉和南昌。

（二）长江中游城市群外部认知特点

长江中游城市群外部认知特点如下：①公众对于长江中游城市群的认知往往以武汉城市圈为核心展开，这与该城市圈日益增强的经济实力有关。②长江中游城市群外部（成渝地区）大学生对于长江中游城市群空间范围的认知呈现出向成渝地区延伸的趋势，该现象与公众意识中成渝城市群与长江中游城市群的紧密经济联系有着密不可分的关系。③大部分大学生没有明显的边界意识，他们更倾向将"城市群空间范围"这一概念理解成"城市群的空间影响范围。"④专业会对大学生的空间认知产生重要的影响，地理专业的学生通常对空间的把握会更为准确。

二、认知偏差程度

认知失真程度在一定程度上与大学生的家庭背景、个人经历、知识水平和其他个体属性有关。它们通过工作场所选择对大区域的发展产生影响。在本节中，我们应用二元逻辑回归模型来分析失真指数的决定因素。通过分析个体社会经济属性与认知扭曲之间的关系，我们发现它们之间存在很强的相关性。

（一）长江中游城市群内部

男性群体具有空间认知准确性的优势。与生活在农村地区的人相比，生活在城市地区或县/乡的本科生认知率相对较高。在某种程度上，不同的专业有不同的认知率。与医学、艺术、金融和计算机专业相比，地理专业的本科生认知率更高。长江中游城市群中较长时间的停留能够提高认知率。此外，在重要性测试中拒绝注册的永久居住地变量和学生来源地区变量。这可以通过注册的永久居住"标签"，家庭移民和类似的校园环境来解释。

（二）长江中游城市群外部

对于在长江中游城市群外部的大学生而言，大学所在城市和专业是影响其空间认知的重要因素。相对而言，离长江中游城市群距离更近的重庆大学生对于该城市群的认知更为准确。大学所学专业为地理会对大学生进行准确的空间认知提供重要的帮助，当然，在其他专业群体中也有个体对于长江中游城市群的空间认知准确率较高，这可以从这些个体对于地理方面知识的爱好和关注方面来解释。

GIS 实践不一定是定量的（Sheppard，2001）。本节探讨了在定性研究中使用 GIS 的可能性（Kwan and Knigge，2006）。最近，PPGIS 或 QGIS 中使用了认知地图来帮助实现 GIS 收集个人体验的独特空间数据的目标（Boschmann and Cubbon，2014）。本节旨在为认知地图与 GIS 的未来整合做出贡献（Elwood，2010）。本节使用结构化的手绘地图和传统的铅笔纸方法来获取草图。需要不同的分析框架来研究不同尺度空间单位的认知。与先前研究中使用的微观图像元素（如地标、节点、道路）不同（Lynch，1960），本节构建了一套指标，包括认知密度、认知比例、ADI、CDI 等。该方法可以作为区域尺度认知图的未来研究的参考。然而，我们的贡献是适度的，只测试区域尺度上认知失真的测量和决定因素。未来需要进行更多研究，以测试不同基本图变化对结果变量的影响。

信息技术的进步为公众参与公共事务提供了广泛的渠道。这在"利益博弈"中逐渐增强了公众的重视，并在公共政策中重塑了"政府+市场+公共"的多元化格局。因此，借助认知图来介绍公共视角对研究大区域的发展具有重要的理论意义。微观个体力量的聚合可以影响城市公共政策及其实施。那么，从认知地图技术中获得的空间模式如何有效地为社会政策提供信息呢？认知和计划的协调可以通过两种方式实现。第一，规划应尽可能符合公众的认知期望。第二，规划应通过布置基础设施和公共服务设施以及政治宣传来引导公众的活动。

在本节中，选择本科生作为问卷对象具有获得更多可用认知地图、多样化的源区和差异化专业的优势。本节提供了一个单一样本类型的研究，未来的研究应面向多个群体，如当地居民或游客，以使样本类型多样化。此外，空间认知扭曲与宏观因素有关，如公共政策导向、基础设施建设和区域文化特征等。然而，鉴于本节研究的重点是个体认知图和个体社会经济属性，影响长江中游城市群发展的宏观因素不包括在自变量中。宏观因素对空间认知的影响将在我们未来的研究中进行讨论和说明。

第六章
研究总结

第一节 重要结论

城市政治经济学形成发展于西方资本主义社会,研究语境、制度背景和地域范围与中国的现实都有很大的差异。特别是政治经济学所推崇的"行为者冲突论"分析方法在中国城市与区域研究中还有一个"本地化"的过程。城市政治经济学中行为者(利益相关者)主要涉及政府(公共机构)、公众和市场(资本),他们之间的博弈关系在西方政体下基本处于势均状态。尽管中国 30 多年市场化导向改革已经形成了城市与区域发展的利益主体多元化,但是相对于公众来说,政府和资本拥有更多的博弈资源(何丹等,2004)。近年随着政府逐步退出竞争性领域、互联网络等新媒体的发展、非政府组织的兴起,公众参与和影响城市与区域发展规划(政策)制定的意愿在不断地增强,参与的渠道也在不断拓宽。在这样的背景之下,重新梳理西方城市政治经济学理论的构建和演化,从政府、市场、公众的角度去研究中国城市与区域的发展具有重要意义。

一、政府视角

协调基础设施建设、高等教育等公共服务与经济发展之间的关系是政府最重要的职能之一。在基础设施方面,本书的研究结果表明,交通投资水平、交通规模水平提升会促进城市群一体化水平的发展,且交通投资水平对城市群一体化发展的冲击及贡献大于交通规模水平,是促进城市群一体化发展的主要因素。内河港口场强的分布空间形态与核心港区以及陆路交通网络的空间格局具有高度的耦合关系,处于不同经济发展阶段的港口及其腹地的协调关系,整体处于港口发展滞后于腹地经济发展的磨合阶段,经济发展阶段、产业结构、自然条件、交通运输等因素对各港口与腹地经济的协调关系产生不同程度的影响。

在高等教育方面，本书的研究结果表明，在发展初期，高等教育发展和经济发展所需的优势资源大都集中于个别的重点地区，导致地区之间相对差异比较明显，随着整体经济水平不断提高，相对差异在不断缩小，但各地区原有基数、体量的不同，导致绝对差异仍在扩大。近年来高等教育规模与经济增长相关性较强，但高等教育规模增长速度已明显低于经济增长速度，这主要受到1999年以后大规模扩招的影响，导致高校教育质量下降，从而打破了高等教育和经济稳定发展的旧格局。在未来经济发展中，高层次人才、实用性人才需求仍较为旺盛，在专业方面对理工类、经管类、人文类专业学生的需求仍是主流。

从产业结构变迁与高校产出互动关系来看，产业结构高级化和产业结构合理化可以迅速显著地促进学历高级化。但学历高级化不能显著地促进产业结构高级化和产业结构合理化，表明高校人力资本的供给与工业发展的需求之间存在着差距，可能是因为国家对高校的集中化管理降低了高校适应市场变化的能力。高校产出不能显著地促进产业结构高级化，与我国现存的产业结构滞后现象相一致。一方面，可能是因为高校产出和产业结构之间缺乏有效的转换渠道；另一方面，高等教育本身并不是产业结构升级的充分条件，其他中介市场和社会资本也是会影响产业结构升级，其中包括私营部门和公共部门之间合理的教育资源分配。创新产出对产业结构变迁的影响大于毕业生规模对产业结构变迁的影响。

二、市场视角

市场与城市和区域之间的关系主要体现在产业方面，包括制造业、生产性服务业以及它们形成的城市企业网络。对影响制造业企业空间分布的因素进行分析结果表明：①地区市场规模显著影响制造业企业的空间分布。一个更具消费能力的市场能够吸引更多的企业在本地区集中，形成规模经济效应。②在政策方面，外商直接投资对产业的区域分布影响显著。对外开放程度会显著影响企业的空间集中程度，是推动制造业产业集聚的重要因素。③交通运输条件显著影响企业的区位选择，制造业企业分布明显依赖高可达性的交通运输。

从全行业的城市网络发展与空间结构演变来看，①基于全行业联系的节点联系迅速发展，对外建立联系的方向在增多，但整体仍处于发育初期，且多中心、多层次和边界效应等特征显著影响着城市网络的空间组织；②整体网络化联系仍较弱，尤其是县级节点与各层级节点之间、跨省城市节点之间的联系更为薄弱；③点度中心度在上升的同时差异在扩大，其空间分布整体上表现为"中心-外围"和"岛状"组合分布的特征；出度中心度比入度中心度在空间分布上更为分散，具有较强网络吸引力的城市比具有较强网络控制力的城市要多；④核心-边缘分析表明高中心度城市的整体带动效应有所提升，城市网络空间结构经历了"极化、均衡、再极化"的发育过程。

从生产性服务业的城市群网络结构演化来看，①长江中游城市群正处于以快速拓展联系覆盖范围为主的初级阶段，空间上呈现出多中心、层级性和跨省联系受到行政边界分割等特征。②城市群网络结构呈现出明显的层级集聚特征，层级内部以及各层级之间的联系和网络密度不断提高，但非均衡性较强，且受到行政边界的影响。通过社团发现算法识别出武汉社团、长沙社团和南昌社团三个城市社团，但城市群抱团发展的趋势有所减缓，且社团之间的强弱地位在动态发展中不断变化；此外，三个社团之间的关系存在显著的非均衡性特征，长沙社团-南昌社团的联系最为薄弱，并且武汉社团均为净流出社团，表明武汉社团的对外经济辐射能力较强，对其余两个城市社团产生了经济外部性。③社团边界与省级行政边界基本相似，吻合程度非常高，且各社团内城市之间的差异性不断减弱，形成了"核心-次核心-边缘"的网络拓扑结构。一方面表明省级行政边界构成了制约长江中游城市群一体化发展的主要障碍之一，另一方面表明各省的省会城市在城市社团中的网络地位最高，对要素的吸纳和集聚处于绝对主导地位，这亦是各省举全省之力发展省会城市并希望其引领本省经济发展的政策导向结果。

三、公众视角

信息技术的进步为公众参与公共事务提供了更多渠道。这在"利益博弈"中逐渐增强了公众的话语权，并在公共政策中重塑了"政府+市场+公共"的多元化格局。公众空间认知的差异及其影响因素在一定程度上会影响到城市与区域发展的政策偏好。本书基于本科生对于长江中游城市群的区域认知地图，分析得到了以下结论：对于在长江中游城市群内上学的大学生，男生更具有空间认知准确性的优势。与长期生活在农村地区的学生相比，生活在城市地区或县/乡的本科生认知率相对较高。在某种程度上，不同的专业有不同的认知率。与医学、艺术、金融和计算机专业相比，地理专业的本科生认知率更高。长江中游城市群中较长的停留时间能够提高认知率。此外，显著性检验拒绝了农村和非农户籍变量，以及大学生生源是否在长江中游城市群的变量。这个可以通过弱化的户籍制度、普遍的跨省流动人口及统一的高中知识体系来解释。对于在长江中游城市群外部的大学生而言，大学所在城市和专业是影响其空间认知的重要因素。相对而言，离长江中游城市群距离更近的重庆大学生对于该城市群的认知更为准确。大学所学专业为地理的大学生会对空间认知提供重要的帮助，当然，在其他专业群体中也有个体对于长江中游城市群的空间认知准确率较高，这可以从这些个体对于地理方面知识的爱好和关注方面来解释。

第二节 政策建议

基于上述研究结论，本书围绕交通、教育、市场等三个方面对中部沿江城市与区域发展提出以下建议。首先，在交通方面，要完善长江中游城市群交通网络，构建多中心网络化区域空间结构。例如，积极推进高速公路、高速铁路和既有线路改扩建等，充分发挥其塑造高可达性空间、增强城市间联系的重要作用。对于交通可达性较好的地区来说，应重点关注效率的提升，建立现代化程度高、可持续发展、换乘便捷的综合交通运输体系，以交通基础设施建设来促进区域经济一体化。对于外围可达性较差的地区来说，可以优先发展其地区中心城市，增强其经济发展水平和公共服务能力，提高其基于城市间联系的对外控制辐射力。此外，为避免中心城市对外围落后地区可能产生的"虹吸效应"，在合理布局交通基础设施的同时要注意推动基本公共服务设施均等化，促进当地经济社会环境的持续改善。另外政府需要认识到交通流动性对区域经济一体化的重要性，并将交通流动视为重要的公共利益，改善运输速度、运力和效率以促进区域经济一体化。

其次，在教育方面，要从区域层面上推动高等教育联动改革，打破区域行政壁垒，完善区域劳动力市场，促进各类人才在不同发展水平的地区之间的合理流动，实现高等教育与区域经济资源的优化组合，推动区域的整体发展。要建立一个友好公平的市场环境，优化不同部门之间的教育资源分配。要建立更完善的数据库和案例库，以制定基于实证的、符合实际情况的政策，从而更针对性地解决人力资本短缺的社会问题。政府应向高校下放更多的自主权，并制定更有效的政策以帮助高校更好地应对日新月异的技术革新和急剧变化的企业需求。促进高校科研成果到产品生产的转化，如建立专门的机构，构建协作网络和实施公私合作的R&D合作计划等。高校要根据产业结构变迁产生的人才需求来制定各学历层次的人才培养计划。

最后，在市场方面，要打破行政区划对城市间联系的束缚，推动区域统一市场的建设，提高资源空间配置效率。唯有以区域整体利益为决策的出发点，打破行政壁垒，创造公平高效的发展环境，才能破解循环累积的发展"怪圈"。具体来说，充分发挥各中心城市在产业、科技、金融、商贸等方面的优势，强化其辐射引领作用，渐进式地推动与周边地区一体化发展。此外，要发挥市场机制在资源配置中的基础作用，重点增强投融资渠道、交通运输能力、信息通信技术等方面的建设。工业化进程较慢的地区可以加快推进经济开放政策、缩小本地区与发达地区的工业发展差距。各级政府可以通过制定各级各类优惠政策将本地区打造为"政策高地"，吸引企业入驻。同时，创新招商引资的方式，提高外资利用水平，引导外商直接投资的流向，培养合理的产业集群。

第三节　研究展望

城市与区域正在进入利益分化、利益博弈和利益冲突的时代。利益冲突是城市与区域发展和进步的动力。城市与区域发展应该表现为能够容纳矛盾与冲突，并具有很强的解决利益冲突、实现利益基本平衡的能力。未来如何协调政府、市场和公众之间的关系意义重大。对于城市与区域发展过程中存在的利益冲突和矛盾，并不是要简单地予以消除，政府应当充分地了解不同利益群体的愿望，使公共政策的制定充分反映各利益群体的意愿，最终成为利益协调的产物。这才是利益冲突的最终意义和价值所在，城市与区域也才能因此保证在发展中不失去应有的动力和活力（谷人旭和李广斌，2006）。

城市与区域发展涉及政府、企业和公众等核心利益主体。政府的功能在于维持社会的安定，保障公民的生命、自由和财产安全，并为社会成员在群体生活中的最基本权益提供一定程度的保障。此外，政府还有义务为公民提供教育、医疗、住房、社会福利、公共工程等服务。企业是依法设立和运营，以营利为目的并具有社会责任的经济组织。企业的功能是大规模生产的经济性、筹集资金和管理生产过程（胡鸿高，2008）。而在公众层面，公众为了维护自己在城市中的特定利益而参与企业和住宅的投资（王伟强，2005），从而带动城市与区域的发展。此外，公众的素质与法律意识不断增强，空间治理过程中的公众参与已经变成基本需求。

政府、企业、公众的利益不同，导致种种冲突的发生。如何协调三者之间的利益与城市与区域的发展息息相关。在当代中国语境下，所谓利益协调，是指治理主体，按照以人为本与公平正义的价值取向，在正确分析社会矛盾与利益关系基础上，运用各种手段，依法矫正社会资源配置中的不公与扭曲现象，妥善处理各种利益矛盾与冲突，积极调整人们的利益观念与行为，统筹各方利益关系，积极推动整个社会形成全体人民各尽其能、各得其所而又和谐相处的局面，努力实现改革与发展成果的共享。当然，利益协调不可能完全取消利益矛盾与冲突，而是使其处于一定的、可控制的范围。它具有制度化的解决机制，能够缓解社会矛盾、稳定社会秩序，有利于社会整体的有效发展与和谐稳定（胡鸿高，2008）。

城市与区域的发展不是单纯的物质性、经济性的问题，而是与城市政府的制度安排和政策选择息息相关。特别是对于正处在社会经济转型期的、以经济增长为主导的中国城市来说，政策选择参与者的价值取向、政策决策和协商机制的建构显得尤为重要（何丹，2003）。政府的行为，特别是地方政府的行为，对经济影响最大的最突出的方面还不仅仅限于提供传统的公共品，而在于政府如何在错综复杂的改革进程中处理与企业、与公众的利益关系。可能存在的研究方向有如下几个。

首先，从地方政府利益的角度上看，地方政府利益主要涉及两个方面，即地方行政官员的利益和普通公务员的利益。地方行政官员利益主要以追求政绩、谋求晋升为主要目标，普通公务员的利益则是以提高福利待遇和追求晋升为主要目标。相对于普通公务员来说，地方行政官员的流动性较大，他们主要通过向上级政府及所属区域内的民众展现政绩的方式来获取晋升机会。地方普通公务员则主要通过向上司显示业绩的方式以谋求上级的认可，从而获得优厚待遇和获取晋升的机会，其流动性相对比较弱。作为地方公共投资与地方公共事务管理的主要承担者，地方政府其实就是地方行政官员与普通公务员两方利益主体以科层制的形式组织与运行的。两者相互依赖，相互协作，才能保证地方政府利益的最大化（张丙宣，2010）。

其次，从企业利益的角度上看，任何一个企业，其主要目标都是追求利润的最大化，通过降低成本、扩大市场以及获得价格优势的方式来达到最大化利润的目标。在不断倡导转型的经济形势下，不同类型的企业在其经济利益上存在着较大的区别。对于公有制企业来说，企业自身除了要实现利润最大化以外，还承担着一定的社会职能，因此，在其经营上，政府会为其创造一定的优惠政策或便利条件，甚至还会提供一定的财政支持和援助。而非公有制企业，其市场化程度比较高，实现企业利润最大化是其主要追求目标，非公有制企业拥有较强的灵活性及较高的独立性，使得其市场竞争优势相对较大，但在与公有制企业进行竞争与分工合作时，往往会受到政府金融、财政、政策等多方面的约束与限制。

再次，从公众利益的角度上看，主要表现为公众从区域经济发展过程中所获取的各种利益，包含了三个方面：一是公众从地方政府获得的利益，其内容主要为公众从地方政府得到的公共性的服务、社会保证、秩序和规则等外部和内部的利益，以及其他直接转移支付收益等；二是公众从企业中获得的利益，其内容主要为获取就业机会以及其他要素收益等；三是公众从其他公众中获得的利益，其内容主要为从其他公众中得到的转移支付、直接和间接帮助以及其他收益等。不同区域之间，因经济发展水平的差异性，使得公众从这三方面获取的利益存在较大差异。因此，对于政府来说，要合理有效对其职能进行配置，适当将部分权利让渡出去。同时不断改革区域内行政管理机制，实现地方政府与民众的有效合作与信任，从而消解地方政府、企业以及公众之间的利益冲突，实现区域经济利益的协调发展。

综上所述，政府、企业、公众的利益不同，导致种种冲突的发生。如何化解政府、企业、公众在城市与区域发展中的冲突问题，如何获取三方共赢的协调机制，这些在本书中都因时间、篇幅和方法的限制没有或较少的涉及，如何量化政府、市场、公众之间的关系及彼此之间的影响程度，并提出三者之间的协调机制需要留待日后进一步研究深化。

参考文献

白永亮，党彦龙. 2014. 长江中游城市群空间作用机理与空间结构研究. 宏观经济研究，(11)：47-58
白煜超. 2008. 基于吸引力模型的港口腹地划分方法研究. 北京：北京交通大学
蔡小慎，牟春雪. 2015. 基于利益相关者理论的地方政府行政审批制度改革路径分析. 经济体制改革，(4)：5-12
曹有挥. 1999. 长江沿岸港口体系空间结构研究. 地理学报，54（3）：233-240
陈浩，张京祥，吴启焰. 2010. 转型期城市空间再开发中非均衡博弈的透视——政治经济学的视角. 城市规划学刊，(5)：33-40
陈基纯，陈忠暖，王枫. 2004. 城市居民距离认知研究——以校园大学生群体为对象的调查分析. 热带地理，24（1）：60-64
陈建军，陈国亮，黄洁. 2009. 新经济地理学视角下的生产性服务业集聚及其影响因素研究——来自中国222个城市的经验证据. 管理世界，(4)：83-95
陈晋玲. 2012. 高等教育、产业结构与经济增长的VEC模型分析——基于J省的实证研究. 教育学术月刊，(3)：44-48
陈强. 2014. 高级计量经济学及Stata应用. 第二版. 北京：高等教育出版社
陈群元，宋玉祥. 2010. 城市群空间范围的综合界定方法研究——以长株潭城市群为例. 地理科学，30（5）：660-666
陈守强，黄金川. 2015. 城市群空间发育范围识别方法综述. 地理科学进展，34（3）：313-320
陈松林，陈进栋，韦素琼. 2012. 福建省综合交通可达性格局及其与制造业空间分布的关系分析. 地理科学，32（7）：807-815
陈修颖. 2003a. 空间结构重构的效应及地域性策略. 财经科学，(6)：39-42
陈修颖. 2003b. 区域空间结构重组：理论基础、动力机制及其实现. 经济地理，(4)：445-450
陈修颖. 2007. 长江经济带空间结构演化及重组. 地理学报，62（12）：1265-1276
陈振明，黄新华. 2004. 政治经济学的复兴——西方"新政治经济学"的兴起，主题与意义. 厦门大学学报（哲学社会科学版），161（1）：14-23
程启月. 2010. 评测指标权重确定的结构熵权法. 系统工程理论与实践，30（7）：1225-1228

迟景明，何晓芳，程文，等. 2010. 高等教育层次结构与经济发展关系的实证研究. 教育与经济，（1）：1-7

崔姹，孙文生. 2011. 河北省农村人力资本投资与经济发展水平研究. 湖北农业科学，50（1）：209-212

代合治. 1998. 中国城市群的界定及其分布研究. 地域研究与开发，17（2）：40-43

戴学珍，蒙吉军. 2000. 京津空间一体化研究. 经济地理，20（6）：56-60

丁浩. 2013. 高等教育发展与经济发展的地区协调性研究——基于2005年和2010年的截面数据分析. 重庆高教研究，1（2）：38-44

董大朋，陈才. 2009. 交通基础设施与东北老工业基地形成与发展——Var模型的研究. 经济地理，29（7）：1143-1147

董慧，陈兵. 2018. 空间批判理论研究的主题、趋势及意义. 教学与研究，480（10）：93-101

董黎明，孙胤社. 1988. 市域城镇体系规划的若干理论方法. 地理与地理信息科学，4（3）：19-25

董小慧. 2012. 高等教育层次与专业结构的经济效应分析. 南京：南京师范大学

董晓菲，韩增林，荣宏庆. 2014. 大连港、营口港与腹地经济协同发展比较. 地域研究与开发，33（5）：39-43

董泽芳，柯佑祥. 2000. 高等教育区域化研究. 江苏高教，（5）：31-34

段学军，虞孝感，陆大道. 2010. 克鲁格曼的新经济地理研究及其意义. 地理学报，65（2）：131-138

段玉. 2009. 环洞庭湖区特色经济发展研究. 经济地理，29（7）：1112-1114

范剑勇. 2004. 市场一体化、地区专业化与产业集聚趋势——兼谈对地区差距的影响. 中国社会科学，4（6）：39-51，204-205

方创琳，鲍超，马海涛. 2016. 2016中国城市群发展报告. 北京：科学出版社

方创琳，蔺雪芹. 2008. 武汉城市群的空间整合与产业合理化组织. 地理研究，27（2）：397-408

方创琳，宋吉涛，张蔷，等. 2005. 中国城市群结构体系的组成与空间分异格局. 地理学报，60（5）：827-840

冯健. 2005. 北京城市居民的空间感知与意象空间结构. 地理科学，25（2）：142-154

冯维波，黄光宇. 2006. 基于重庆主城区居民感知的城市意象元素分析评价. 地理研究，25（5）：803-813

弗里曼. 2006. 战略管理：利益相关者管理的分析方法. 王彦华，梁豪，译. 上海：上海译文出版社

符想花. 2017. 多元统计分析方法与实证研究. 北京：经济管理出版社

付凌晖. 2010. 我国产业结构高级化与经济增长关系的实证研究. 统计研究，27（8）：79-81

干春晖，郑若谷，余典范. 2011. 中国产业结构变迁对经济增长和波动的影响. 经济研究，（5）：

4-16

高峰. 2005. 交通基础设施投资与经济增长. 北京：中国财政经济出版社

高惠璇. 2005. 应用多元统计分析. 北京：北京大学出版社

高鹏, 何丹. 2015. 长江经济带水路运输效率测度及其空间格局演变研究//宁越敏. 中国城市研究. 第八辑. 北京：商务印书馆: 304-318

高鹏, 许可双, 何丹, 等. 2016. 公路交通可达性视角下山东省区域空间重构. 世界地理研究, 25（4）: 84-92

高铁梅. 2006. 计量经济分析方法与建模. 1版. 北京：清华大学出版社

高铁梅. 2009. 计量经济分析方法与建模. 2版. 北京：清华大学出版社

高秀静. 2000. 中国公路交通地图集. 北京：中国地图出版社

高耀, 顾剑秀, 方鹏. 2013. 中国十大城市群主要城市高等教育与区域经济协调综合评价研究——基于107个城市2000年和2010年的横截面数据. 教育科学, 29（3）: 21-31

谷人旭, 李广斌. 2006. 区域规划中利益协调初探. 城市规划, 8: 45-46

顾朝林. 1992. 城市实力综合评价方法初探. 地域研究与开发, 11（1）: 5-11

顾朝林. 2011. 城市群研究进展与展望. 地理研究, 30（5）: 771-784

顾朝林, 宋国臣. 2001. 城市意象研究及其在城市规划中的应用. 城市规划,（3）: 70-73

关伟, 许淑婷. 2014. 辽宁省能源效率与产业结构的空间特征及耦合关系. 地理学报, 69（4）: 520-530

韩增林, 郭建科. 2014. 中国海港空间效应的识别与测度. 地理学报, 69（2）: 243-254

何丹. 2003. 城市政体模型及其对中国城市发展研究的启示. 城市规划, 27（11）: 13-18

何丹. 2008. 1990年代以来上海促进增长城市政体的形成和城市发展. 中国城市研究,（1）: 239-258

何丹, 栾峰. 2005. 现阶段中国城市环境问题叠加的经验分析//中国城市规划学会.《城市规划面对面——2005城市规划年会论文集（下）》. 北京：中国水利水电出版社: 1456-1463

何丹, 杨犇. 2013. 高速铁路对沿线地区可达性的影响研究——以皖北地区为例. 长江流域资源与环境, 22（10）: 1264-1275

何丹, 刘勇, 周舸. 2004. 浅议建成环境的资本流向与上海城市发展. 城市规划汇刊, 149（1）: 25-30

何胜, 唐承丽, 周国华. 2014. 长江中游城市群空间相互作用研究. 经济地理, 34（4）: 46-53

贺灿飞, 谢秀珍. 2006. 中国制造业地理集中与省区专业化. 地理学报, 61（2）: 212-222

贺灿飞, 潘峰华, 孙蕾. 2007. 中国制造业的地理集聚与形成机制. 地理学报, 62（12）: 1253-1264

贺灿飞, 谢秀珍, 潘峰华. 2008. 中国制造业省区分布及其影响因素. 地理研究, 27（3）: 623-635

贺炎民. 2012. 我国中部地区制造业的产业专业化研究. 海南师范大学学报（自然科学版）, 25

（2）：201-205

胡彬. 2003. 长江三角洲区域的城市网络化发展内涵研究. 中国工业经济，（10）：35-42

胡鸿高. 2008. 论企业社会责任. 东方法学，（1）：105-113

胡序威，周一星，顾朝林. 2000. 中国沿海城镇密集地区空间集聚与扩散研究. 北京：科学出版社

黄洁，钟业喜. 2016. 长江中游城市群铁路客运联系及其空间格局演变. 世界地理研究，（2）：72-81

季菲菲，陈雯. 2014. 长三角地区金融机构网络分布格局与扩张机理——以城市商业银行为例. 地理科学进展，33（9）：1241-1251

江若玫，靳云汇. 2009. 企业利益相关者理论与应用研究. 北京：北京大学出版社

姜晓丽，张平宇. 2013. 基于 Huff 模型的辽宁沿海港口腹地演变分析. 地理科学，33（3）：282-290

蒋大亮，孙烨，任航，等. 2015. 基于百度指数的长江中游城市群城市网络特征研究. 长江流域资源与环境，24（10）：1654-1664

蒋志杰，吴国清，白光润. 2004. 旅游地意象空间分析——以江南水乡古镇为例. 旅游学刊，（2）：32-36

金利霞，李郇，曾献铁，等. 2015. 广东省新一轮制造业产业空间重组及机制研究. 经济地理，35（11）：101-109

金钟范. 2008. 中国城市体系外向性网络发展与结构特征. 上海：上海财经大学出版社

靳庭良，郭建军. 2004. 面板数据模型设定存在的问题及对策分析. 数量经济技术经济研究，21（10）：131-135

景建军. 2016. 中国产业结构与就业结构的协调性研究. 经济问题，（1）：60-65

鞠晴江. 2006. 道路基础设施、经济增长和减贫——基于四川的实证分析. 软科学，20（6）：52-55

孔媛. 2011. 城市"新二元结构"从分割到融合的新政治经济学分析. 上海：复旦大学

赖德胜. 2011. 教育、劳动力市场与创新型人才的涌现. 教育研究，（9）：8-13

郎孔山. 2008. 港口腹地范围界定方法应用研究. 大连：大连海事大学

李宝元. 2000. 人力资本与经济发展：跨世纪中国经济发展及其战略选择的人本视角与考察. 北京：北京师范大学出版社

李国平，张杰斐. 2015. 京津冀制造业空间格局变化特征及其影响因素. 南开学报（哲学社会科学版），（1）：90-96

李健，宁越敏. 2006. 西方城市社会地理学主要理论及研究的意义——基于空间思想的分析. 城市问题，（6）：84-89，94

李健，宁越敏，石崧. 2006. 长江三角洲城市化发展与大都市圈空间圈层重构. 城市规划学刊，（3）：16-21

李晶, 吕靖. 2007. 腹地经济发展对港口吞吐量影响的动态研究. 水运工程, (11): 49-51

李俊峰, 焦华富. 2010. 江淮城市群空间联系及整合模式. 地理研究, 29 (3): 535-544

李琳, 蔡丽娟. 2015. 中三角城市群城市经济联系的时空演变特征. 城市问题, (7): 62-70

李明明. 2005. 论欧盟区域认同的社会建构. 南开学报（哲学社会科学版）, (5): 8-14

李沛权, 曹小曙. 2011. 广佛都市圈公路网络通达性及其空间格局. 经济地理, 31 (3): 371-378

李谭, 王利, 王瑜. 2012. 辽宁省港口物流效率及其与腹地经济协同发展研究. 经济地理, 32 (9): 108-113

李仙德. 2014. 基于上市公司网络的长三角城市网络空间结构研究. 地理科学进展, 33 (12): 1587-1600

李仙德. 2015. 城市网络结构与演变. 北京：科学出版社

李仙德, 宁越敏. 2012. 城市群研究述评与展望. 地理科学, 32 (3): 282-288

李新荣. 2008. 高等教育规模与经济发展的协调性研究. 科技管理研究, 28 (1): 64-66

李学鑫, 李琳. 2011. 基于RIN的经济欠发达地区区域创新能力提升对策研究——以河南黄淮四市为例. 信阳师范学院学报（自然科学版）, 24 (1): 101-106

李郇, 许学强. 1993. 广州市城市意象空间分析. 人文地理, 8 (3): 27-35

李亚婷, 潘少奇, 苗长虹. 2014. 中原经济区县际经济联系网络结构及其演化特征. 地理研究, 33 (7): 1239-1250

李业明. 2012. 广东省高等教育发展对产业结构的影响研究. 高教探索, (5): 38-43

李跃旗, 王颖, 张欣, 等. 2009. 内河航运与区域经济相关关系. 交通运输工程学报, 9 (6): 97-101

李振福, 汤晓雯. 2014. 港口腹地划分的腹地烟羽模型研究. 地理科学, 34 (10): 1169-1175

李震, 顾朝林, 姚士谋. 2006. 当代中国城镇体系地域空间结构类型定量研究. 地理科学, 26 (5): 544-550

梁琦. 2003. 中国工业的区位基尼系数——兼论外商直接投资对制造业集聚的影响. 统计研究, (9): 21-25

廖重斌. 1999. 环境与经济协调发展的定量评判及其分类体系——以珠江三角洲城市群为例. 热带地理, 19 (2): 171-177

列斐伏尔 H. 2012. 空间、空间的生产和空间政治经济学. 城市与区域规划研究, 5 (2): 159-177

林森. 2010. 多层次区域发展视角下城市群一体化的思考. 财经问题研究, (6): 28-31

林先扬, 陈忠暖. 2003. 珠江三角洲城市群经济整合模式及策略研究. 经济前沿, (2): 32-34

林玉莲. 1995. 东湖风景区认知地图研究. 新建筑, (1): 34-36

刘冰. 2015. 社会网络视角下中国企业网络研究. 广州：中山大学出版社

刘秉镰, 杨晨. 2016. 基础设施影响城市规模分布的作用机理及实证研究. 经济与管理研究,

37（3）：20-28

刘波，朱传耿，车前进. 2007. 港口经济腹地空间演变及其实证研究——以连云港港口为例. 经济地理，27（6）：904-909

刘超群，李志刚，徐江，等. 2010. 新时期珠三角"城市区域"重构的空间分析——以跨行政边界的基础设施建设为例. 国际城市规划，（2）：31-38

刘承良，余瑞林，熊剑平，等. 2007. 武汉都市圈经济联系的空间结构. 地理研究，26（1）：197-209

刘传江，吕力. 2005. 长江三角洲地区产业结构趋同、制造业空间扩散与区域经济发展. 管理世界，（4）：35-39

刘浩，张毅，郑文升. 2011. 城市土地集约利用与区域城市化的时空耦合协调发展评价——以环渤海地区城市为例. 地理研究，30（10）：1805-1817

刘静玉，王发曾. 2004. 城市群形成发展的动力机制研究. 开发研究，（6）：66-69

刘君德. 2004. 中国转型期凸现的"行政区经济"现象分析. 理论前沿，（10）：20-22

刘可文，曹有挥，牟宇峰，等. 2013. 长江三角洲区域政策变迁与跨国公司布局演变. 地理科学进展，32（5）：797-806

刘生龙，胡鞍钢. 2011. 交通基础设施与中国区域经济一体化. 经济研究，46（3）：72-82

刘世清，田守花. 2010. 区域产业结构调整与高校专业设置——以上海地区为例. 高等工程教育研究，（5）：88-91

刘曙华. 2012. 生产性服务业集聚对区域空间重构的作用途径和机理研究——以长江三角洲地区为例. 上海：华东师范大学

刘伟，张辉，黄泽华. 2008. 中国产业结构高度与工业化进程和地区差异的考察. 经济学动态，（11）：4-8

刘贤龙. 1998. 高等教育与经济关系的统计分析. 统计与决策，（9）：38-40

刘晓丽，方创琳，王发曾. 2008. 中原城市群的空间组合特征与整合模式. 地理研究，27（2）：409-420

刘学华，张学良，彭明明. 2009. 交通基础设施投资与区域经济增长的互动关系——基于西部大开发的实证分析. 地域研究与开发，28（4）：57-61

刘艳军，李诚固，孙迪. 2006. 城市区域空间结构：系统演化及驱动机制. 城市规划学刊，（6）：73-78

陆大道. 2003. 中国区域发展的新因素与新格局. 地理研究，22（3）：261-271

路江涌，陶志刚. 2006. 中国制造业区域聚集及国际比较. 经济研究，（3）：103-114

路江涌，陶志刚. 2007. 我国制造业区域集聚程度决定因素的研究. 经济学（季刊），6（3）：801-816

罗可，张金荃. 2006. 当代中国城市规划中的利益博弈//规划50年——2006中国城市规划年会论文集（中册）. 广州：中国城市规划年会

罗小龙，沈建法. 2006a. 跨界的城市增长——以江阴经济开发区靖江园区为例. 地理学报，61（4）：435-445

罗小龙，沈建法. 2006b. 中国城市化进程中的增长联盟和反增长联盟——以江阴经济开发区靖江园区为例. 城市规划，(3)：48-52

罗小龙，沈建法. 2007.长江三角洲城市合作模式及其理论框架分析. 地理学报，62（2）：115-126

罗胤晨，谷人旭. 2014. 1980—2011年中国制造业空间集聚格局及其演变趋势. 经济地理，34（7）：82-89

罗勇，曹丽莉. 2005. 中国制造业集聚程度变动趋势实证研究. 经济研究，(8)：106-115，127

罗震东，张京祥. 2009. 全球城市区域视角下的长江三角洲演化特征与趋势. 城市发展研究，(9)：65-72

吕韬，姚士谋，曹有挥，等. 2010. 中国城市群区域城际轨道交通布局模式. 地理科学进展，29（2）：249-256

吕卫国，陈雯. 2009. 制造业企业区位选择与南京城市空间重构. 地理学报，(2)：142-152

马国霞，朱晓娟，田玉军. 2011. 京津冀都市圈制造业产业链的空间集聚度分析. 人文地理，(3)：116-121

马学广. 2011. 城市区域增长的网络化治理. 城市问题，(8)：72-76

马学广，王爱民，闫小培. 2010. 城市空间重构进程中的土地利用冲突研究——以广州市为例. 人文地理，(3)：72-77

马燕. 2004. 从区域经济发展的非均衡性分析中国高等教育区域化. 宜宾学院学报，4（4）：95-97

毛盛勇. 2009. 中国高等教育与经济发展的区域协调性. 统计研究，26（5）：82-85

米勒 D，波格丹诺 W. 2002. 布莱克维尔政治学百科全书. 邓正来，译. 北京：中国政法大学出版社

苗涛，李丁，徐晓天. 2010. 兰州主城区城市意象空间和意象元素分析研究. 现代城市研究，25（11）：75-79

苗长虹. 2005. 从区域地理学到新区域主义：20世纪西方地理学区域主义的发展脉络. 经济地理，25（5）：593-599

纳伊曼. 1982. 世界高等教育的探讨. 令华，严南德，译. 北京：教育科学出版社，162-177

年福华，姚士谋，陈振光. 2002. 试论城市群区域内的网络化组织. 地理科学，22（5）：568-573

宁越敏. 1998. 新城市化进程——90年代中国城市化动力机制和特点探讨. 地理学报，53（5）：470-477

宁越敏. 2010.中国大城市群的界定和作用——兼论长三角城市群的发展//宁越敏. 中国城市研究. 第三辑. 北京：商务印书馆

宁越敏. 2011.中国都市区和大城市群的界定——兼论大城市群在区域经济发展中的作用. 地理科学, 31（3）: 257-263

宁越敏, 高丰. 2008. 中国大都市区的界定和发展特点//宁越敏. 中国城市研究. 第一辑. 北京: 中国大百科全书出版社

宁越敏, 李健. 2009. 泛长三角地区城镇化的机制、模式和战略. 南京社会科学,（5）: 8-14

宁越敏, 施倩, 查志强. 1998. 长三角都市连绵区形成机制与跨区域规划研究. 城市规划, 22（1）: 16-20

宁越敏, 张凡. 2012. 关于城市群研究的几个问题. 城市规划学刊,（1）: 48-53

潘竟虎, 刘伟圣. 2014. 基于腹地划分的中国城市群空间影响范围识别. 地球科学进展, 29（3）: 352-360

潘文卿, 陈水源. 1994. 产业结构高度化与合理化水平的定量测算——兼评甘肃产业结构优化程度. 开发研究,（1）: 42-44

钱纳里, 鲁滨逊, 塞尔奎因, 等. 1989. 工业化和经济增长的比较研究. 上海: 上海三联书店

乔彬, 李国平. 2006. 城市群形成的产业机理. 经济管理,（22）: 78-83

覃成林, 桑曼乘. 2015. 城市网络与城市经济增长. 学习与实践,（4）: 5-11

秦尊文, 汤鹏飞. 2013. 长江中游城市群经济联系分析. 湖北社会科学,（10）: 52-56

邱灵, 方创琳. 2013. 北京市生产性服务业空间集聚综合测度. 地理研究, 32（1）: 99-110

曲建忠. 2013. 我国高等教育与经济发展协调性的定量评价. 湖南社会科学,（1）: 275-278

人民交通出版社. 2014. 中国物流超市地图集（2014）. 北京: 人民交通出版社

日野正辉. 1996. 城市的发展与支店的立地. 东京: 古今书院

日野正辉, 刘云刚. 2011. 1990年代以来日本大都市圈的结构变化. 地理科学, 31（3）: 302-308

申思, 薛露露, 刘瑜. 2008. 基于手绘草图的北京居民认知地图变形及因素分析. 地理学报, 63（6）: 625-634

申亚民, 吴润. 2003. 西安市教育投资经济效益计量分析. 西安联合大学学报, 6（2）: 87-90

沈建法. 2000. 城市政治经济学与城市管治. 城市规划, 24（11）, 8-11, 64

石崧. 2004. 城市空间结构演变的动力机制分析. 城市规划汇刊,（1）: 50-52

史育龙, 周一星. 2009. 关于大都市带（都市连绵区）研究的论争及近今进展述评. 国外城市规划, 24（S1）: 160-166

舒尔茨. 2002. 对人进行投资：人口质量经济学. 吴珠华, 译. 北京: 首都经济贸易大学出版社

司明. 2014. 空间经济网络的作用机理及效应研究. 天津: 南开大学

斯密A. 2008. 国民财富的性质和原因的研究（上卷）. 郭大力, 王亚南, 译. 北京: 商务印书馆

宋家泰, 崔功豪, 张同海. 1985. 城市总体规划. 北京: 商务印书馆

宋伟轩, 吕陈, 徐旳. 2011. 城市社区微观空间意象研究——基于南京居民250份手绘草图的比较. 地理研究, 30（4）: 709-722

宋周莺, 刘卫东. 2012. 信息时代的企业区位研究. 地理学报, 67（4）：479-489

苏海亮, 罗芳. 2011. 中部六省区制造业地理集中度分析. 资源开发与市场, 27（11）：1013-1016

汤放华, 陈立立. 2011. 1990年代以来长株潭城市群区域差异的演化过程. 地理研究, 30（1）：94-102

汤放华, 汤慧, 孙倩, 等. 2013. 长江中游城市集群经济网络结构分析. 地理学报, 68（10）：1357-1366

唐子来, 赵渺希. 2010. 经济全球化视角下长三角区域的城市体系演化：关联网络和价值区段的分析方法. 城市规划学刊, （1）：29-34

天域北斗数码科技有限公司. 2015. 2015中国交通地图册. 北京：中国地图出版社

汪鑫, 罗震东, 朱查松, 等. 2014. 中心与腹地的辩证：基于企业联系的苏州、宁波区域空间关系比较研究. 城市规划学刊, （5）：79-85

王成龙, 刘慧, 张梦天. 2016. 边界效应研究进展及展望. 地理科学进展, 35（9）：1109-1118

王聪, 曹有挥, 陈国伟. 2014. 基于生产性服务业的长江三角洲城市网络. 地理研究, 33（2）：323-335

王德忠, 庄仁兴. 1996. 区域经济联系定量分析初探——以上海与苏锡常地区经济联系为例. 地理科学, 16（1）：51-57

王关义. 2016. 我国行业特色类高校人才培养思路探析. 国家教育行政学院学报, （4）：12-16

王洪清, 祁春节, 刘欢. 2013. 港口对腹地经济贡献弹性的U型曲线及其理论解释. 地域研究与开发, 32（2）：22-26

王缉宪. 2010. 中国港口城市的互动与发展. 南京：东南大学出版社

王家赠. 2002. 教育对中国经济增长的影响分析. 上海经济研究, （3）：10-17, 31

王杰, 杨赞, 陆春峰. 2005. 港口腹地划分的两种新方法探讨——以大连国际航运中心为例. 中国航海, （3）：57-61

王俊松. 2014. 长三角制造业空间格局演化及影响因素. 地理研究, 33（12）：2312-2324

王磊, 段学军. 2010. 长江三角洲地区城市空间扩展研究. 地理科学, 30（5）：702-709

王丽, 邓羽, 牛文元. 2013. 城市群的界定与识别研究. 地理学报, 68（8）：1059-1070

王良举, 王永培. 2011. 基础设施、经济密度与生产率差异——来自中国地级以上城市数据的证据. 软科学, （12）：33-36

王圣云, 秦尊文, 戴璐, 等. 2013. 长江中游城市集群空间经济联系与网络结构——基于运输成本和网络分析方法. 经济地理, 33（4）：65-69

王维国. 1995. 论国民经济协调系数体系的建立. 统计研究, 12（4）：66-68

王伟强. 2005. 和谐城市的塑造：关于城市空间形态演变的政治经济学实证分析. 北京：中国建筑工业出版社

王小鲁, 樊纲, 余静文. 2017. 中国分省份市场化指数报告（2016）. 北京：社会科学文献出

版社

王业强, 魏后凯. 2007. 产业特征、空间竞争与制造业地理集中——来自中国的经验证据. 管理世界,（4）: 68-77

韦亚平. 2006. 国外城市空间研究发展态势的选择性综述——兼论我国城市区域研究的几个重点主题. 国外城市规划, 21（4）: 72-26

魏海涛. 2005. 投资与城市化. 上海: 华东师范大学

魏后凯, 朱焕焕. 2015. 长江中游城市群范围界定与一体化推进策略. 企业经济,（9）: 12-18

文玫. 2004. 中国工业在区域上的重新定位和聚集. 经济研究,（2）: 84-94

吴军, 张娇. 2018. 城市社会学理论范式演进及其21世纪发展趋势. 中国名城,（1）: 4-12

吴康, 方创琳, 赵渺希. 2015. 中国城市网络的空间组织及其复杂性结构特征. 地理研究, 34（4）: 711-728

吴三忙, 李善同. 2010a. 中国制造业地理集聚的时空演变特征分析: 1980-2008. 财经研究, 36（10）: 4-14, 25

吴三忙, 李善同. 2010b. 中国制造业空间分布分析. 中国软科学,（6）: 123-131, 150

肖菲, 陈晓燕. 2016. 基于利益相关者理论的学习型城市建设探究. 中国成人教育,（16）: 19-23

谢里, 罗能生. 2009. 中国制造业空间集聚水平及其演变趋势. 科学学研究, 27（12）: 1836-1844

徐丛春, 宋维玲, 李双建. 2011. 基于波士顿矩阵的广东省海洋产业竞争力评价研究. 特区经济,（2）: 35-37

徐建斌, 占强, 刘春浩, 等. 2015. 基于经济联系与空间流的长株潭城市群空间异质性分析. 经济地理, 35（10）: 36-43

徐建华. 2010. 计量地理学. 北京: 高等教育出版社

许洁, 王茂军, 王晓瑜. 2011. 北京城市空间认知的影响因素分析. 人文地理, 26（2）: 49-55

许玲. 2014. 区域高等教育与经济发展水平协调性研究——基于2004年和2011年横截面数据的分析. 教育发展研究,（1）: 24-29

许学强, 胡华颖. 1988. 对外开放加速珠江三角洲市镇发展. 地理学报, 43（3）: 201-212

许学强, 周一星, 宁越敏. 2009. 城市地理学. 第二版. 北京: 高等教育出版社

许云飞. 2003. 山东省港口经济腹地计算方法的研究. 山东交通学院学报, 11（1）: 39-42

薛凤旋, 杨春. 1997. 外资: 发展中国家城市化的新动力——珠江三角洲个案研究. 地理学报, 52（3）: 193-206

阎小培, 刘筱. 1997. 珠江三角洲乡村城市化特征分析. 地理学与国土研究, 13（2）: 29-35

杨柏如. 2002. 中国分省交通图集. 北京: 人民交通出版社

杨牡丹. 2013. 交通基础设施建设与城市群一体化发展研究. 上海: 华东师范大学

杨文智. 2008. 长三角城市可达性与FDI区位选择. 南京: 南京师范大学

姚士谋. 1992. 我国城市群的特征、类型与空间布局. 城市问题，（1）：10-15

姚士谋，陈振光，朱英明. 2006a. 中国城市群. 3 版. 合肥：中国科学技术大学出版社

姚士谋，王书国，陈爽，等. 2006b. 区域发展中"城市群现象"的空间系统探索. 经济地理，26（5）：726-730

叶阿忠. 2003. 非参数计量经济学. 天津：南开大学出版社

叶耀明，王胜. 2007. 长三角城市群金融发展对经济增长促进作用的实证分析——基于动态计量经济学分析方法的应用. 经济问题探索，（4）：128-133

叶玉瑶. 2006. 城市群空间演化动力机制初探——以珠江三角洲城市群为例. 城市规划，30（1）：61-66，87

易千枫，张京祥. 2007. 全球城市区域及其发展策略. 国际城市规划，22（5）：65-69

殷文伟，牟敦果. 2011. 宁波-舟山港腹地分析及对发展港口经济的意义. 经济地理，31（3）：447-452

张丙宣. 2010. 科层制、利益博弈与政府行为. 杭州：浙江大学

张闯. 2010. 中国城市间流通网络结构及其演化：理论与实证. 北京：经济科学出版社

张闯，孟韬. 2007. 中国城市间流通网络及其层级结构——基于中国连锁企业百强店铺分布的网络分析. 财经问题研究，（5）：34-41

张虹鸥，叶玉瑶，罗晓云，等. 2004. 珠江三角洲城市群城市流强度研究. 地域研究与开发，23（6）：53-56

张京祥，吴缚龙. 2004. 从行政区兼并到区域管治：长江三角洲的实证与思考. 城市规划，28（5）：25-30

张京祥，吴缚龙，马润潮. 2008. 体制转型与中国城市空间重构——建立一种空间演化的制度分析框架. 城市规划，（6）：55-60

张京祥，殷洁，罗震东. 2007. 地域大事件营销效应的城市增长机器分析：以南京奥体新城为例. 经济地理，（3）：452-457

张京祥，庄林德. 2000. 管治及城市与区域管治：一种新制度性规划理念. 城市规划，（6）：36-39

张莉. 2013. 可达性与区域空间结构. 北京：科学出版社

张莉，陆玉麒. 2001. 河北省城市影响范围及空间发展趋势研究. 地理学与国土研究，17（1）：11-15

张弥. 2007. 城市体系的网络结构. 北京：中国水利水电出版社

张敏琦，黎红梅. 2012. 交通基础设施状况的调查分析——以湖南省为例. 经济研究导刊，（7）：124-128

张盼盼. 2016. 公众视角的长江中游城市群空间范围认知研究——基于大学生的调查. 上海：华东师范大学

张萍. 2008. 长株潭城市群蓝皮书：长株潭城市群发展报告. 北京：社会科学文献出版社

张倩，胡云峰，刘纪远，等. 2011. 基于交通、人口和经济的中国城市群识别. 地理学报, 66（6）: 761-770

张荣天，焦华富. 2015. 江苏省城市网络空间结构演化特征与驱动机制. 世界地理研究, 24（1）: 68-75

张庭伟. 2001. 1990 年代中国城市空间结构的变化及其动力机制. 城市规划,（7）: 7-14

张晓平，孙磊. 2012. 北京市制造业空间格局演化及影响因子分析. 地理学报, 67（10）: 1308-1316

张学良. 2009. 交通基础设施、空间溢出与区域经济增长. 南京: 南京大学出版社

张学良，孙海鸣. 2008. 交通基础设施、空间聚集与中国经济增长. 经济经纬, 24（2）: 20-23

张亚斌，黄吉林，曾铮. 2006. 城市群、"圈层"经济与产业结构升级——基于经济地理学理论视角的分析. 中国工业经济,（12）: 45-52

张燕晖. 2005. 评《国际市场中的城市：北美和西欧城市发展的政治经济学》. 国外社会科学,（2）: 78-79

张应祥. 2005. 资本主义城市空间的政治经济学分析——西方城市社会学理论的一种视角. 广东社会科学,（5）: 82-87

赵杰，张军，孔曙光. 2014. 强制与整合——中国空间生产的政治经济学分析. 社会科学,（3）: 24-32

赵璟，党兴华，王修来. 2009. 城市群空间结构的演变——来自中国西部地区的经验证据. 经济评论,（4）: 27-34

赵渺希，黎智枫，钟烨，等. 2016. 中国城市群多中心网络的拓扑结构. 地理科学进展, 35（3）: 376-388

赵渺希，钟烨，徐高峰. 2015. 中国三大城市群多中心网络的时空演化. 经济地理, 35（3）: 53-59

赵勇. 2009. 国外城市群形成机制研究述评. 城市问题,（8）: 88-92

甄峰. 2004. 信息时代的区域空间结构. 北京: 商务印书馆

郑文晖，宋小冬. 2009. 全球化下经济空间结构演化趋势的解析. 城市规划学刊,（1）: 81-89

中建标公路委员会. 2004. 公路工程技术标准 JTG B01-2003. 北京: 人民交通出版社

钟铭，吴艳云，栾维新. 港口物流与城市经济协同度模型. 大连海事大学学报: 自然科学版, 2011, 37（1）: 80-82

周浩，余壮雄，杨铮. 2015. 可达性、集聚和新建企业选址——来自中国制造业的微观证据. 经济学（季刊）, 14（4）: 1393-1416

周健，卢孟. 2017. 基于 MODIS 影像和夜间灯光数据的长江中游城市群空间特征研究. 现代城市研究,（4）: 14-20, 50

周林，杨云龙，刘伟. 1987. 用产业政策推进发展与改革—关于设计现阶段我国产业政策的研究报告. 经济研究,（3）: 16-24

周一星. 1986. 关于明确我国城镇概念和城镇人口统计口径的建议. 城市规划,（3）: 10-15

周一星. 1991. 中国的城市地理学: 评价和展望. 人文地理, 6（2）: 54-58

周一星, 张莉. 2001. 中国大陆口岸城市外向型腹地研究. 地理科学, 21（6）: 481-487

周永红, 熊洋. 2013. 高等教育质量对我国经济发展的影响——基于省际面板数据的实证研究. 湖北大学学报（哲学社会科学版）, 40（4）: 114-119

朱传耿, 刘波, 李志江. 2009. 港口—腹地关联性测度及驱动要素研究——以连云港港口-淮海经济区为例. 地理研究, 28（3）: 716-725

朱杰, 管卫华, 蒋志欣, 等. 2007. 江苏省城市经济影响区格局变化. 地理学报, 62（10）: 1023-1033

朱顺娟, 郑伯红. 2010. 城市群网络化联系研究——以长株潭城市群为例. 人文地理, 25（5）: 65-68

朱希伟, 陶永亮. 2011. 经济集聚与区域协调. 世界经济文汇,（3）: 1-25

朱有志. 2008. 长株潭城市群重构:"两型社会"视域中的城市群发展模式. 北京: 社会科学文献出版社, 1-308

踪家峰, 曹敏. 2006. 地区专业化与产业地理集中的实证分析——以京津冀地区为例. 厦门大学学报（哲学社会科学版）,（5）: 122-128

邹阳, 李琳. 2008. 高等教育与区域经济协调发展程度的地区差异分析. 高教探索,（3）: 44-48

Agiomirgianakis G, Asteriou D, Monastiriotis V. 2002. Human capital and economic growth revisited: a dynamic panel data study. International Advances in Economic Research, 8（3）: 177-187

Aguiar-Díaz I, Díaz-Díaz N L, Ballesteros-Rodríguez J L, et al. 2016. University-industry relations and research group production: is there a bidirectional relationship? Industrial and Corporate Change, 25（4）: 611-632

Albrechts L, Healey P, Kunzmann K R. 2003. Strategic spatial planning and regional governance in Europe. Journal of the American Planning Association, 69（2）: 113-129

Alderson A S, Beckfield J. 2004. Power and position in the world city system. American Journal of Sociology, 109（4）: 811-851

Alexander S. 2011. Seventh Framework Programme（FP7）. Annual Research Conference 2011. Middlesbrough: Teesside University

Amin A, Thrift N. 1995. Institutional issues for the European regions: from markets and plans to socioeconomics and powers of association. Economy & Society, 24（1）: 41-66

Amiti M. 1998. New trade theories and industrial location in the EU: a survey of evidence. Oxford Review of Economic Policy, 14（2）: 45-53

Anderson W P. 2012. Economic Geography. London: Routledge

Ankrah S, Omar A L T. 2015. Universities-industry collaboration: a systematic review. Scandinavian Journal of Management, 31(3): 387-408

Ansoff H I. 1957. Strategies for diversification. Harvard Business Review, 35(5): 113-124.

Aoyama Y, Castells M. 2009. An empirical assessment of the informational society: employment and occupational structures of G-7 countries, 1920-2000. International Labour Review, 141: 123-159

Appleyard D. 1970. Styles and methods of structuring a city. Environment and Behavior, 2(1): 100-117

Aschauer D A. 1989a. Is public expenditure productive?. Journal of Monetary Economics, 23(2): 177-200

Aschauer D A. 1989b. Does public capital crowd out private capital?. Journal of Monetary Economics, 24(2): 171-188

Baigent E. 2004. Patrick, Geddes, Lewis Mumford and Jean Gottmann: divisions over 'megalopolis'. Progress in Human Geography, 28(6): 687-700

Baldersheim H, Wollmann H. 2006. The Comparative Study of Local Government and Politics: Overview and Synthesis. Leverkusen-Opladen: Verlag Barbara Budrich Publishers

Beaverstock J V, Taylor P J, Smith R G. 1999. A roster of world cities. Cities, 16(6): 445-458

Behrens K, Ottaviano G I P, Lamorgese A R, et al. 2004. Testing the home market effect in a multi-country world: the theory. Centre for Economic Policy Research, CEPR Discussion Paper: 4468

Bell S. 2002. Spatial cognition and scale: a child's perspective. Journal of Environmental Psychology, 22(1-2): 9-27

Benhabib J, Spiegel M M. 1994. The role of human capital in economic development evidence from aggregate cross-country data. Journal of Monetary Economics, 34(2): 143-173

Bergman E M. 2010. Knowledge links between European universities and firms: a review. Papers in Regional Science, 89(2): 311-333

Bestgen A K, Edler D, Dickmann F, et al. 2013. Grid or no grid: distance distortion in recognizing spatial information from complex cartographic maps. Proceedings of the Annual Meeting of the Cognitive Science Society, 35(35): 192-196

Bloom D E, Hartley M, Rosovsky H. 2006. Beyond private gain: the public benefits of higher education // Forest J, Altbach P. International Handbook of Higher Education. Dordrecht: Springer

Boamet M G. 1998. Spillovers and the locational effects of public infrastructure. Journal of Regional Science, 38(3): 381-400

Bonney R, Phillips T B, Ballard H L, et al. 2016. Can citizen science enhance public understanding of science?. Public Understanding of Science, 25(1): 2-16

Boschmann E E, Cubbon E. 2014. Sketch maps and qualitative GIS: using cartographies of individual spatial narratives in geographic research. The Professional Geographer, 66(2): 236-248

Boschmann E E. 2011. Job access, location decision, and the working poor: a qualitative study in the Columbus, Ohio metropolitan area. Geoforum, 42(6): 671-682

Brenner N, Theodore N. 2002. Cities and the geographies of actually existing neoliberalism// Brenner N, Theodore N. Spaces of Neoliberalism: Urban Restructuring in North America and Western Europe. Malden: Blackwell Publishing: 2-32

Brenner N. 2002. Decoding the newest metropolitan regionalism in the USA: a critical overview. Cities, 19(1): 3-21

Brenner N. 2004a. New State Spaces: Urban Governance and the Rescaling of Statehood. Oxford: Oxford University Press

Brenner N. 2004b. Urban governance and the production of new state spaces in western Europe, 1960-2000. Review of International Political Economy, 11(3): 447-488

Brin S, Page L. 1998. The anatomy of a large-scale hypertextual web search engine. Computer Networks & Isdn Systems, 30(1-7): 107-117

Burnett P. 1978. Time cognition and urban travel behavior. Geografiska Annaler: Series B, Human Geography, 60(2): 107-115

Callon M. 1986. The Sociology of an Actor-Network: The Case of the Electric Vehicle. London: Palgrave Macmillan UK

Castells M. 1989. The informational City: Information Technology, Economic Restructuring and the Urban-Regional Process. Oxford: Wiley-Blackwell

Christaller W. 1966. Central Places in Southern Germany. Englewood Cliffs. New Jersey: Prentice Hall

Clarke S E. 2006. Globalisation and the study of local politics: is the study of local politics meaningful in a global age? // Baldersheim H, Wollmann H. The Comparative Study of Local Government and Politics: Overview and Synthesis. Leverkusen-Opladen: Barbara Budrich Publishers: 33-65

Clarkson M E. 1995. A stakeholder framework for analyzing and evaluating corporate social performance. Academy of Management Review, 20(1): 92-117

Cox J. 1997. A light in the darkness. International Socialism: 109-116

Crampton J W. 2011. Mapping: A Critical Introduction to Cartography and GIS. New Jersey: John Wiley & Sons

D'Este P, Tang P, Mahdi S, et al. 2013. The pursuit of academic excellence and business engagement: is it irreconcilable?. Scientometrics, 95(2): 481-502

Dahl R, A. 1961. Who Governs? Democracy and Power in an American City. New Haven: Yale University Press

Dannestam T. 2008. Rethinking local politics: towards a cultural political economy of entrepreneurial cities. Space & Polity, 12 (3): 353-372

Deas I, Ward K G. 2000. From the "new localism" to the "new regionalism"? The implications of regional development agencies for city-regional relations. Political Geography, 19 (3): 273-292

Demurger S. 2001. Infrastructure development and economic growth: an explanation for regional disparities in China. Journal of Comparative Economics, 29 (1): 95-117

Denison E F. 1962. Education, economic growth, and gaps in information. Journal of Political Economy, 70 (5): 124-128

Denison E F, Poullier J P. 1967. Why Growth Rates Differ: Postwar Experience in nine Western Countries. Washington D C: Brookings Institution

Derudder, Witlox, Catalano. 2003. Hierarchical tendencies and regional patterns in the world city network: a global urban analysis of 234 cities. Regional Studies, 37 (9): 875-886

Devereux M P, Griffith R, Simpson H. 2004. The geographic distributions of productions activity in the UK. Regional Science and Urban Economics, 34 (5): 533-564

Dicken P, Tickell A, Yeung H. 1997. Putting Japanese investment in Europe in its place. Area, 29 (3): 200-212

Donald B. 2001. Economic competitiveness and quality of life in city regions: compatible concepts?. Canadian Journal of Urban Research, 10: 259-274

Dowding K, Dunleavy P, King D, et al. 1999. Regime politics in London local government. Urban Affairs Review, 34 (4): 515-545

Elwood S. 2010. Thinking outside the box: engaging critical geographic information systems theory, practice and politics in human geography. Geography Compass, 4 (1): 45-60

Engle R F, Yoo B S. 1987. Forecasting and testing in co-integrated systems. Journal of Econometrics, 35 (1): 143-159

Ennew C T, Fujia Y. 2009. Foreign universities in China: a case study. European Journal of Education, 44 (1): 21-36

Etherington D, Jones M. 2009. City-regions: new geographies of uneven development and inequality. Regional Studies, 43 (2): 247-265

Etzkowitz H, Leydesdorff L. 2000. The dynamics of innovation: From National Systems and "Mode 2" to a Triple Helix of university-industry-government relations. Research Policy, 29 (2): 109-123

Etzkowitz H. 2003. Innovation in innovation: the triple helix of university-industry-government relations. Social Science Information, 42 (3): 293-337

Evans G W, Pezdek K. 1980. Cognitive mapping: knowledge of real-world distance and location information. Journal of Experimental Psychology: Human Learning and Memory, 6 (1): 13-24

Fainstein N I, Fainstein S S. 1983. Regime strategies, communal resistance, and economic forces // Fainstein N I, Fainstein S S. Restructuring the City. New York: Longman Inc: 245-282

Fainstein S S. 1985. Restructuring the City: The Political Economy of Urban Redevelopment. New York: Longman Inc

Feagin J R. 1988. Free Enterprise City: Houston in Political-Economic Perspective. New Brunswick: Rutgers University Press

Feldman M P. 1994. The university and economic development: the case of Johns Hopkins University and Baltimore. Economic Development Quarterly, 8 (1): 67-76

Ferman B.1996. Challenging the Growth Machine: Neighborhood Politics in Chicago and Pittsburgh. Lawrence: University Press of Kansas

Fleisher B, Li H, Zhao M Q. 2010. Human capital, economic growth, and regional inequality in China. Journal of Development Economics, 92 (2): 215-231

Fragkias M, Seto K C. 2009. Evolving rank-size distributions of intra-metropolitan urban clusters in South China. Computers Environment and Urban Systems, 33 (3): 189-199

Freeman R E. 1994. Strategic Management: A Stakeholder Approach. Boston: Pitman Press

Freeman R E. 2010. Strategic Management: A Stakeholder Approach. Cambridge: Cambridge University Press.

Friedman J. 1986. The world city hypothesis. Development and Change, (17): 69-83

Fujita M, Thisse J F. 1986. Spatial competition with a land market: Hotelling and Von Thunen Unified. Review of Economic Studies, 53 (5): 819-841

Gereffi G. 1999. International trade and industrial upgrading in the apparel commodity chain. Journal of International Economics, 48 (1): 37-70

Gereffi G. 2005. The global economy: organization, governance, and development// Smelser N J, Swedberg R. The Handbook of Economic Sociology. New Jersey: Princeton University Press: 160-182

Gertler M S. 1988. The limits to flexibility: comments on the post-Fordist vision of production and its geography. Transactions of the Institute of British Geographers, 13 (4): 419-432

Gieseking J J. 2013. Where we go from here: the mental sketch mapping method and its analytic components. Qualitative Inquiry, 19 (9): 712-724

Gilens M, Page B I. 2014. Testing theories of American politics: elites, interest groups, and average citizens. Perspectives on politics, 12 (3): 564-581

Golledge R G, Stimson R J. 1997. Spatial Behavior: a Geographic Perspective. New York: Guilford Press

Goodchild B, Hickman P. 2006. Towards a regional strategy for the north of England? An assessment of the northern way. Regional Studies, 40（1）: 121-133

Goodehild B. 1974. Class differences in environmental perception: An exploratory study. Urban Studies, 11（2）: 157-169

Gottmann J. 1957. Megalopolis or the urbanization of the northeastern seaboard. Economic Geography,（33）: 189-200

Gottmann J. 1961. Megalopolis: The Urbanized Northeastern Seaboard of the United States. New York: The Twentieth Century Fund

Grossman G M, Helpman E. 1991. Innovation and Growth in the World Economy. Cambridge: MIT Press

Haklay M. 2013. Citizen Science and Volunteered Geographic Information: Overview and Typology of Participation//Sui D, Elwood S A, Goodclild M. Crowdsourcing Geographic Knowledge: Volunteered Geographic Information（VGI）in Theory and Practice. Berlin: Springer: 105-122

Hall P. 2009. Looking backward, looking forward: The city region of the mid-21st century. Regional Studies, 43（6）: 803-817

Hanushek E A. 1979. Conceptual and empirical issues in the estimation of educational production functions. Journal of Human Resources, 14（3）: 351-388

Harding A.1997. Urban regime in a Europe of the cities?. European Urban and Regional Studies 4: 291-314

Harris T, Weiner D. 1998. Empowerment, marginalization and "community-integrated" GIS. Cartography and Geographic Information Systems, 25（2）: 67-76

Harrison J. 2007. From competitive regions to competitive city-regions: a new orthodoxy, but some old mistakes. Journal of Economic Geography, 7（3）: 311-332

Harrison J. 2008. City-regions and governance// Johnson C, Hu R, Abedin R, et al. Connecting Cities: City-regions. Sydney: Metropolis: 49-70

Harrison J. 2010. Networks of connectivity, territorial fragmentation, uneven development: the new politics of city-regionalism. Political Geography, 29（1）: 17-27

Harrison J, Hoyler M. 2014. Governing the new metropolis. Urban Studies, 51（11）: 2249-2266

Harvey D. 1989. From managerialism to entrepreneurialism: the transformation in urban governance in late capitalism. Geografiska Annaler: Series B, Human Geography, 71（1）, 3-17

Haughton G, Rowe I, Hunter C. 1997. The thames gateway and the re-emergence of regional strategic planning: the implications for water resource management. The Town Planning Review, 68（4）: 407-422

Hawley W D. 1972. A Historical Overview of the Study of Community Power. California: ABC Clio

Hawley W D, Svara J H. 1972. The Study of Community Power: A Bibliographic Review. California: ABC Clio

He D, Ning Y M. 2008. Formation of pro-growth urban regime and urban development in Shanghai since 1990// Keiner M. Sustainable Urban Development in China: Wishful Thinking or Reality? Münster: MV-Wissenschaft: 85-106

Heft H. 2013. Environment, cognition, and culture: reconsidering the cognitive map. Journal of Environmental Psychology, 33: 14-25

Helpman E, Krugman P R. 1985. Market Structure and Foreign Trade. Cambridge: MIT Press

Hesse M, Rodrigue J-P. 2004. The transport geography of logistics and freight distribution. Journal of Transport Geography, 12 (3): 171-184

Hojo M. 2003. An indirect effect of education on growth. Economics Letters, 80 (1): 31-34

Holl A. 2004a. Manufacturing location and impacts of road transport infrastructure: empirical evidence from Spain. Regional Science & Urban Economics, 34 (3): 341-363

Holl A. 2004b. Transport Infrastructure, agglomeration economies, and firm birth: empirical evidence from Portugal. Journal of Regional Science, 44 (4): 693-712

Holtz-Eakin D, Lovely M E. 1996. Scale economies, returns to variety, and the productivity of public infrastructure. Regional Science and Urban Economics, 26 (2): 105-123

Hunter F. 1953. Community Power Structure: a Study of Decision Makers. Chapel Hill: The University of North Carolina Press

Johansen S. 1988. Statistical analysis of cointegration vectors. Journal of Economic Dynamics and Control, 12 (2-3): 231-254

Johnston R J. 1973. Spatial patterns in suburban evaluations. Environment and Planning A, 5 (3): 385-395

Jonas A E G, Ward K. 2007. Introduction to a debate on city-regions: new geographies of governance, democracy and social reproduction. International Journal of Urban and Regional Research, 31 (1): 169-178

Kaplinsky R, Readman J. 2005. Globalization and upgrading: What can (and cannot) be learnt from international trade statistics in the wood furniture sector?. Industrial and Corporate Change, 14 (4): 679-703

Karpov A. 2017. The Modern university as a driver of economic growth. Problems of Economic Transition, 59 (11-12): 909-930

Keating M. 1998. The New Regionalism in Western Europe: Territorial Restructuring and Political Change. Cheltenham: Edward Elgar

Keating M. 2001. Governing cities and regions: territorial restructuring in a global age// Scott A J. Global City-regions: Trends, Theory, Policy. Oxford: University Press: 371-390

Kelley A C. 1972. Uses and abuses of course evaluations as measures of educational output. The Journal of Economic Education, 4（1）: 13-18

Kim T J, Knaap G. 2001. The spatial dispersion of economic activities and development trends in china: 1952-1985. The Annals of Regional Science, 35（1）: 39-57

Kitchin R M, Blades M, Golledge R G. 1997. Relations between psychology and geography. Environment and Behavior, 29（4）: 554-573

Kitchin R M. 1994. Cognitive maps: What are they and why study them?. Journal of Environmental Psychology, 14（1）: 1-19

Kitchin R M. 1996. Exploring approaches to computer cartography and spatial analysis in cognitive mapping research: CMAP and MiniGASP prototype packages. The Cartographic Journal, 33（1）: 51-55

Knigge L, Cope M. 2006. Grounded visualization: integrating the analysis of qualitative and quantitative data through grounded theory and visualization. Environment and Planning A, 38（11）: 2021-2037

Krugman P. 1980. Scale economies, product differentiation, and the pattern of trade. American Economic Review, 70（5）: 950-959

Krugman P R. 1991. Increasing returns and economic geography. The Journal of Political Economy, 99（3）: 483-499

Kruss G, McGrath S, Petersen I H, et al. 2015. Higher education and economic development: the importance of building technological capabilities. International Journal of Educational Development, 43: 22-31

Kumar K B. 2003. Education and technology adoption in a small open economy: theory and evidence. Macroeconomic Dynamics, 7（4）: 586-617

Kwan M P, Ding G. 2008. Geo-narrative: extending geographic information systems for narrative analysis in qualitative and mixed-method research. The Professional Geographer, 60（4）: 443-465

Kwan M P, Gu Z L, Ta N, et al. 2013. The application of the qualitative GIS in space-time research. Progress in Geography, 32（9）: 1316-1331

Kwan M P, Knigge L. 2006. Doing qualitative research using GIS: an oxymoronic endeavor? Environment and Planning A, 38（11）: 1999-2002

Lang R E, Dhavale D. 2005. Beyond Megalopolis: Exploring America's New "Megapolitan" Geography. New York: Brookings Mountain West Publication

Laquian A. 2005. Beyond metropolis: The Planning and Governance of Asia's Mega-urban Regions. Washington D C: Woodrow Wilson Center Press

Lau Y, Ng A K Y. 2015. The motivations and expectations of students pursuing maritime education.

WMU Journal of Maritime Affairs, 14 (2): 313-331

Lee K W, Chung M. 2015. Enhancing the link between higher education and employment. International Journal of Educational Development, 40: 19-27

Lee Y, Schmidt C G. 1988. Evolution of urban spatial cognition: patterns of change in Guangzhou, China. Environment and Planning A, 20 (3): 339-351

Lee Y F. 1991. Rural nonagriculture development in an extended metropolitan region: The case of Southern Jiangsu//Ginsburg N S, Koppel B, McGee T G. The Extended Metropolis: Settlement Transition is Asia. Honolulu: University of Hawaii Press

Leibovitz J. 2003. Institutional barriers to associative city-region governance: the politics of institution-building and economic governance in 'Canada's technology triangle. Urban Studies, 40: 2613-2642

Liu X, Derudder B, Taylor P. 2014. Mapping the evolution of hierarchical and regional tendencies in the world city network, 2000-2010. Computers Environment & Urban Systems, 43 (1): 51-66

Lloyd R. 1989. Cognitive maps: encoding and decoding information. Annals of the Association of American Geographers, 79 (1): 101-124

Lloyd R, Heivly C. 1987. Systematic distortions in urban cognitive maps. Annals of the Association of American Geographers, 77 (2): 191-207

Loebach J, Gilliland J. 2016. Neighbourhood play on the endangered list: examining patterns in children's local activity and mobility using GPS monitoring and qualitative GIS. Children's Geographies, 14 (5): 573-589

Logan J R, Molotch H L. 1987. Urban Fortunes: The Political Economy of Place. Berkeley: University of California Press

Lourdel N, Gondran N, Laforest V, et al. 2007. Sustainable development cognitive map: a new method of evaluating student understanding. International Journal of Sustainability in Higher Education, 8 (2): 170-182

Lynch K. 1960. The Image of the City. Cambridge: The MIT Press

MacKay D B, Olshavsky R W, Sentell G. 1975. Cognitive maps and spatial behavior of consumers. Geographical Analysis, 7 (1): 19-33

MacLeod G. 2001. Beyond soft institutionalism: accumulation, regulation, and their geographical fixes. Environment and Planning A, 33 (7): 1145-1167

Markusen A. 1999. Fuzzy concepts, scanty evidence, policy distance: the case for rigour and policy relevancein critical regional studies. Regional Studies, 33: 869-884

Marshall A. 1920. Principles of Economics. London: MacMillan

Martin K S, Hall-Arber M. 2007. Environment and Development: (Re) connecting Community and Commons in New England fisheries, USA. London: Routledge

McGee T G. 1991. The emergence of desakota regions in Asia: expanding a hypothesis. // Ginsburg N. The Extended Metropolis: Settlement Transition in Asia. Honolulu: University of Hawaii Press: 3-26

McGuirk P. 2007. The political construction of the city-region: notes from Sydney. International Journal of Urban and Regional Research, 31 (1): 179-187

McMahon W W. 1987. The relation of education and R&D to productivity growth in the developing countries of Africa. Economics of Education Review, 6 (2): 183-194

Meijers E, Hoogerbrugge M, Cardoso R. 2018. Beyond polycentricity: does stronger integration between cities in polycentric urban regions improve performance?. Tijdschrift Voor Economische En Sociale Geografie, 109 (1): 1-21

Merrifield, A. 2006. Henri Lefebvre: A Critical Introduction. New York: Rouledge Taylor & Francis

Michelson S. 1970. The Association of Teacher Resources with Children's Characteristics// Mood A. Do Teachers Make a Difference? A Report on Recent Research on Pupil Achievement. Washington D C: US Government Printing Office

Moar I, Bower G H. 1983. Inconsistency in spatial knowledge. Memory and Cognition, 11: 107-113

Mowery D C, Nelson R R, Sampat B N, et al. 2001. The growth of patenting and licensing by U.S. universities: an assessment of the effects of the Bayh-Dole act of 1980. Research Policy, 30: 99-119

Mowery D C, Nelson R R, Sampat B N, et al. 2004. Ivory Tower and Industrial Innovation: University-industry Technology Transfer before and after the Bayh-Dole Act. California: Stanford University Press

Moyart L. 2005. The role of producer services in regional development: what opportunities for medium-sized cities in Belgium?. The Service Industries Journal, 25 (2): 213-228

Mu L, Wang X. 2006. Population landscape: a geometric approach to studying spatial patterns of the US urban hierarchy. International Journal of Geographical Information Science, 20 (6): 649-667

Mumford P B. 1938. Emulsifying bases in dermatology. British Journal of Dermatology, 50 (10): 540-543

Murayama Y. 1994. The impact of railways on accessibility in the Japanese urban system. Journal of Transport Geography, 2 (2): 87-100

Naughton B, Tsai K S. 2015. State Capitalism, Institutional Adaptation, and the Chinese Miracle. Cambridge: Cambridge University Press

Nelson C R, Plosser C R. 1982. Trends and radom walks in macroeconomic time series: some evidence and implications. Journal of Monetary Economics, 10 (2): 139-162

Newman M E J, Girvan M. 2004. Finding and evaluating community structure in networks. Physical Review E, 69 (2): 1-16

Ng A K Y, Ducruet C, Jacobs W, et al. 2014. Port geography at the crossroads with human geography: between flows and spaces. Journal of Transport Geography, (41): 84-96

Ngoc C T. 2006. Universities as drivers of the urban economies in Asia: the case of Vietnam. Washington D C: World Bank Publications

Nolan P. 2012. Is China buying the world? Challenge, 55 (2): 108-118

Notteboom T E, Rodrigue J P. 2005. Port regionalization: towards a new phase in port development. Maritime Policy and Management, 32 (3): 297-313

Oates W. 1972. Fiscal Federalism. Cheltenham: Edward Elgar Publishing

OECD. 2010. Higher Education in Regional and City Development: Catalonia, Spain. Paris: OECD Publishing

Ohlin B. 1933. Interregional and International Trade. Cambridge: Harvard University Press

Okabayashi H, Glynn S M. 1984. Spatial cognition: systematic distortions in cognitive maps. The Journal of General Psychology, 111 (2): 271-279

Orleans P. 1973. Differential cognition of urban residents: effects of social scale on mapping// Downs R M, Stea D. Image and Environment: Cognitive Mapping and Spatial Behavior. Piscataway: Transaction Publishers: 115-130

Ottaviano G I P, Pinelli D. 2006. Market potential and productivity: evidence from Finnish regions. Regional Science and Urban Economics, 36 (5): 636-657

Pavlovskaya M. 2006. Theorizing with GIS: a tool for critical geographies?. Environment and Planning A, 38 (11): 2003-2020

Peterson P. 1981. City Limits. Chicago: University of Chicago Press

Petrakis P E, Stamatakis D. 2002. Growth and educational levels: a comparative analysis. Economics of Education Review, 21 (5): 513-521

Pflieger G, Rozenblat C. 2010. Introduction. Urban networks and network theory: the city as the connector of multiple networks. Urban Studies, 47 (13): 2723-2735

Pillay P. 2011. Higher Education and Economic Development: Literature Review. Cape Town: Centre for Higher Education Transformation

Pocock D C D. 1976. Some characteristics of mental maps: an empirical study. Transactions of the Institute of British Geographers, 1: 493-512

Ponte S, Ewert J. 2009. Which way is "Up" in upgrading? Trajectories of change in the value chain for South African wine. World Development, 37 (10): 1637-1650

Porter M E. 1985. Competitive Advantage: Creating and Sustaining Superior Performance. New York: Simon and Schuster

Potter R. 2012. Urbanisation and Planning in the Third World: Spatial Perceptions and Public Participation. London: Routledge

Richards P. 1974. Kant's geography and mental maps. Transactions of the Institute of British Geographers, 61: 1-16

Robinson D. 2005. The search for community cohesion: key themes and dominant concepts of the public policy agenda. Urban studies, 42(8): 1411-1427

Romer P M. 1990. Endogenous technological change. Journal of Political Economy, 98(5): 70-102

Rosvall M, Bergstrom C T. 2010. Mapping change in large networks. Plos One, 5(1): 1-7

Sampat B N, Mowery D C, Ziedonis A A. 2003. Changes in university patent quality after the Bayh-Dole act: A re-examination. International Journal of Industrial Organization, 21: 1371-1390

Sassen S. 1991. The Global City: New York, London, Tokyo. Princeton: Princeton University Press

Saunders C, Summers D H, Neville T. 1981. Hospice: The Living Idea. London: Edward Arnold Ltd

Schoenberger E. 1985. Foreign manufacturing investment in the united states: competitive strategies and international location. Economic Geography, 61(3), 241-259

Schott P K. 2004. Across-product versus within-product specialization in international trade. The Quarterly Journal of Economics, 119(2): 647-678

Schwering A, Wang J, Chipofya M, et al. 2014. SketchMapia: Qualitative representations for the alignment of sketch and metric maps. Spatial Cognition & Computation, 14(3): 220-254

Scott A J. 1988. Social network analysis. Sociology, 22(1): 109-127

Scott A J. 2001. Globalization and the rise of city-regions. European Planning Studies, 9(7): 813-826

Scott A J, Storper M. 2003. Regions, globalization, development. Regional Studies, 37: 579-593

Scott A J, Agnew J S, Soja E W, et al. 2001. Global City-regions: Trends, Theory, Policy. Oxford: Oxford University Press

Shalev K. 2008. Sketch map: an old technique with new applications. Issues in Forensic Psychology, 8: 56-67

Sharma S D. 2009. China and India in the Age of Globalization. Cambridge: Cambridge University Press

Sheppard E. 2001, Quantitative geography: Representations, practices, and possibilities. Environment and Planning D: Society and Space, 19(5): 535-554

Sherman R C, Croxton J S, Giovanatto J. 1979. Investigating cognitive representations of spatial relationships. Environment and Behavior, 11 (2): 209-226

Shirk J L, Ballard H L, Wilderman C C, et al. 2012. Public Participation in Scientific Research: A Framework for Deliberate Design. Ecology and Society, 17 (2): 26

Sieber R. 2006. Public participation geographic information systems: a literature review and framework. Annals of the Association of American Geographers, 96 (3): 491-507

Sloan N, Doran B, Markham F, et al. 2016. Does base map size and imagery matter in sketch mapping?. Applied Geography, 71: 24-31

Solow R M. 1957. Technical change and the aggregate production function. Review of Economics and Statistics, 39 (3): 312-320

Song W X, Chen L, Xu Y. 2011. Study on spatial image of community based on comparison of 250 sketchmaps drawn by residents in Nanjing. Geographical Research, 30 (4): 709-722

Spector A N. 1982. Towards integrating a model of urban socioeconomic structure and urban imagery. Environment and Planning A, 14 (6): 765-787

Spencer C, Weetman M. 1981. The microgenesis of cognitive maps: a longitudinal study of new residents of an urban area. Transactions of the Institute of British Geographers, 6 (3): 375-384

Stimson R J, Stough R R, Roberts B H. 2006. Regional Economic Development: Analysis and Planning Strategy. Berlin: Springer Science & Business Media

Stoker G, Mossberger K. 1994. Urban Regime Theory in Comparative Perspective. 1994 Environment and Planning C: Government and Policy, 12 (2): 195-212

Stone C N. 1993. Urban regimes and the capacity to govern: a political economy approach. Journal of Urban Affairs, 15 (1): 1-28

Stone C N. 1989. Regime politics: Governing Atlanta, 1946-1988. Lawrence: University Press of Kansas

Stone C N, Heywood T S. 1987. The Political of Urban Development. Lawrence: University Press of Kansas

Strenger N, Frerich S, Petermann M. 2016. Higher education institutions as key actors in the global competition for engineering talent: Germany in international comparison// Frerich S, Meisen T, Richert A, et al. Engineering Education 4.0. Cham: Springer

Swyngedouw E A. 1989. The heart of the place: the resurrection of locality in an age of hyperspace. Geografiska Annaler: Series B, Human Geography, 71 (1): 31-42

Tang Z B, Shi W P. 2017. On the logic and process of collaborative innovation in higher vocational education and industrial development. Chinese Education & Society, 50: 458-468

Taylor P J. 2004. Regionality in the world city network. International Social Science Journal, 56 (181): 361-372

Taylor P J, Catalano G, Walker D R F. 2002. Measurement of the world city network. Urban

Studies,(39): 2367-2376

Taylor P J, Evans D M, Hoyler M, et al. 2009. The UK space economy as practised by advanced producer service firms: Identifying two distinctive polycentric city-regional processes in contemporary Britain. International Journal of Urban and Regional Research, 33(3): 700-718

Tewdwr-Jones M, McNeill D. 2000. The politics of city-region planning and governance: reconciling the national, regional and urban in the competing voices of institutional restructuring. European Urban and Regional Studies, 7: 119-134

Tu H N, Doherty S T. 2007. Digital sketch-map drawing as an instrument to collect data about spatial cognition. Cartographica: The International Journal for Geographic Information and Geovisualization, 42(4): 285-296

Tversky B. 1981. Distortions in memory for map. Cognitive Psychology, 13(3): 407-433

Tversky B. 1992. Distortions in cognitive maps. Geoforum, 23(2): 131-138

Uchiyama Y, Mori K. 2017. Methods for specifying spatial boundaries of cities in the world: The impacts of delineation methods on city sustainability indices. Science of the Total Environment, (592): 345-366

Venables A J. 1996. Equilibrium locations of vertically linked industries. International Economic Review, 37(2): 341-359

Vu T B, Hammes D L, Im E I. 2012. Vocational or university education? A new look at their effects on economic growth. Economics Letters, 117(2): 426-428

Wang J, Schwering A. 2015. Invariant spatial information in sketch maps—a study of survey sketch maps of urban areas. Journal of Spatial Information Science, (11): 31-52

Wang S. 1996. A dynamic perspective of differences between cognitive maps. The Journal of Operational Research Society, 47(4): 538-549

Ward K, Jonas A E G. 2004. Competitive city-regionalism as a politics of space: A critical reinterpretation of the new regionalism. Environment and Planning A, 36(12): 2119-2139

Ward S L, Newcombe N, Overton W F. 1986. Turn left at the church, or three miles north: A study of direction giving and sex differences. Environment and Behavior, 18(2): 192-213

Waterman S, Gordon D. 1984. A quantitative-comparative approach to analysis of distortion in mental maps. The Professional Geographer, 36(3): 326-337

Webber D A, Ehrenberg R G. 2009. Do expenditures other than instructional expenditures affect graduation and persistence rates in American higher education?. Economics of Education Review, 29(6): 947-958

Wei Y H D. 2000. Regional Development in China: States, Globalization, and Inequality. London: Routledge

Welsh R, Glenna L, Lacy W, et al. 2008. Close enough but not too far: Assessing the effects of university-industry research relationships and the rise of academic capitalism. Research Policy, 37: 1854-1864

Wen M. 2004. Relocation and agglomeration of Chinese industry. Journal of Development Economics, 73（1）: 329-347

Wright M, Clarysse B, Lockett A, et al. 2008. Mid-range universities' linkages with industry: Knowledge types and the role of intermediaries. Research Policy, 37（10）: 1205-1223

Wu F. 2000. The global and local dimensions of place-making: Remaking Shanghai as a world city. Urban Studies, 37（8）: 1359-1377

Wu F. 2003. The post-socialist entrepreneurial city as a state project: Shanghai's regionalization in question. Urban Studies, 40: 1673-1689

Yang F F, Yeh A G O. 2013. Spatial development of producer services in the Chinese urban system. Environment and Planning A, 45（1）: 159-179

Yaping W, Min Z. 2009. Urban spill over vs. local urban sprawl: Entangling land-use regulations in the urban growth of China's megacities. Land Use Policy, 26（4）: 1031-1045

Yu N, Yu B, de Jong M, et al. 2015. Does inequality in educational attainment matter for China's economic growth?. International Journal of Educational Development,（41）: 164-173

Zhang T. 2002. Urban development and a socialist pro-growth coalition in Shanghai. Urban Affairs Review, 37（4）: 475-499

Zhao M, Zhang Y. 2009. Development and urbanization: a revisit of Chenery-Syrquin's patterns of development. The Annals of Regional Science, 43（4）: 907-924

Zhen F, Cao Y, Qin X, et al. 2017. Delineation of an urban agglomeration boundary based on Sina Weibo microblog 'check-in' data: A case study of the Yangtze River Delta. Cities,（60）: 180-191

Zhu J. 1999. Local growth coalition: The context and implications of China's gradualist urban land reforms. International Journal of Urban and Regional Research, 23（3）: 534-548

Ziman J. 1991. Public understanding of science. Science, Technology, & Human Values. 16（1）: 99-105